"十三五"国家重点出版物出版规划项目

"一带一路"核心区语言战略研究丛书

邢欣　总主编

明朝韵书海外传播研究

——以朝鲜时代《洪武正韵译训》为例

郭安　著

南开大学出版社

天　津

图书在版编目(CIP)数据

明朝韵书海外传播研究 ：以朝鲜时代《洪武正韵译训》为例 / 郭安著. —天津:南开大学出版社，2022.5(2023.9 重印)

("一带一路"核心区语言战略研究丛书 / 邢欣总主编)

ISBN 978-7-310-06265-2

Ⅰ. ①明… Ⅱ. ①郭… Ⅲ. ①韵书－文化传播－研究－中国－明代 Ⅳ. ①H11

中国版本图书馆 CIP 数据核字(2022)第 002019 号

明朝韵书海外传播研究
——以朝鲜时代《洪武正韵译训》为例
MINGCHAO YUNSHU HAIWAI CHUANBO YANJIU
——YI CHAOXIAN SHIDAI《HONGWU ZHENGYUN YIXUN 》WEILI

南开大学出版社出版发行
出版人:陈　敬
地址:天津市南开区卫津路 94 号　　邮政编码:300071
营销部电话:(022)23508339　营销部传真:(022)23508542
https://nkup.nankai.edu.cn

河北文曲印刷有限公司印刷　全国各地新华书店经销
2022 年 5 月第 1 版　　2023 年 9 月第 2 次印刷
235×165 毫米　16 开本　20.5 印张　2 插页　354 千字
定价:98.00 元

如遇图书印装质量问题,请与本社营销部联系调换.电话:(022)23508339

"十三五"国家重点出版物出版规划项目"'一带一路'核心区语言战略研究丛书"结项成果

国家语委 2015 年度重大项目"'一带一路'核心区语言战略研究"（ZDA125－24）成果

中国传媒大学"双一流"建设重大项目"新媒体中的'一带一路'对外语言传播策略及语言服务研究"（CUC18CX07）成果

深入语言生活　回答时代提问（代序）

2013 年 9 月与 10 月，习近平主席在出访哈萨克斯坦和印度尼西亚时，提出了"一带一路"倡议，这是中国向世界提出的一个新概念，也是一个涉及国内外的新行动。2015 年 3 月，《推动共建丝绸之路经济带和 21 世纪海上丝绸之路的愿景与行动》发布，"一带一路"的概念逐渐清晰，行动逐渐有序。2017 年 5 月，"一带一路"国际合作高峰论坛在北京举行，"一带一路"建设进入全面推进阶段，并产生了重要的国际影响和国际互动。

"一带一路"倡议首先是经济愿景，但经济愿景也必须与政治、文化、科技等联动并发。"一带一路"倡议不是中国的独角戏，而是互动的，共赢的。在"一带一路"建设推进的过程中，中国将构建全方位开放的新格局，深度融入世界经济体系；同时，它也强调国家间发展规划的相互对接，区域合作、国际合作将得到前所未有的加强，从而惠及他国，造福人类。

"一带一路"需要语言铺路，这已经成为四年多来关于"一带一路"建设的共识。但是，"一带一路"建设中究竟存在哪些语言问题，语言将怎样发挥"铺路"的功能，还是一个具有时代意义的课题，也是一个时代性的提问。邢欣教授主编的"'一带一路'核心区语言战略研究丛书"，正是立时代潮头，得风气之先，在研究这一时代性的课题，在尝试回答这一时代性的提问。

这套丛书有许多特点，最大的特点是其系统性和应用性。所谓系统性，是丛书较为全面地研究了"一带一路"的语言问题，涉及国家语言安全战略、对外语言传播策略、领域语言人才培养模式、媒体传播话语体系建设、语言文化冲突消解策略等话题。可以说，这套丛书已经建构起了语言战略研究的系统的学术网络。所谓应用性，是指丛书从现实入手，收集材料，透彻观察，深入分析，探索最佳发展模式，提出具体解决措施，以求应用于相关政策的制定和相关工作的实施。

能够在如此短暂的时间内，深入实际，发现问题，提出举措，并形成一整套丛书，是与这一研究团队的组成密切相关的。丛书主编邢欣教授，长期在新疆生活和工作，对新疆充满感情，对新疆的语言文字事业充满激情。后来，不管是求学于复旦大学，还是任教于南开大学、中国传媒大学，她都时时不忘新疆，承担了多个有关新疆的语言研究课题。特别是"一带一路"倡议的提出，更是激发了她的研究热情，促使她多次到新疆、到中亚实地调研，有亲身感受，有第一手资料，成为我国研究"一带一路"语言问题的先行者。

丛书各卷作者，有年长者，也有年轻人，但都是"学术老手"，在应用语言学的多个领域有学术根基，有丰富经验。同时，中国传媒大学和新疆大学、新疆师范大学几所高校在媒体传播研究、汉语国际教育等领域有平台优势，与"一带一路"沿线国家有频繁的文化、学术交流。该丛书的研究，也进一步促进了我国与中亚地区的学术合作，产生了较好的学术影响。丛书的这种工作模式是值得赞赏的。

语言学是经验学科，第一手研究资料，对研究对象的亲身感知，都很重要。获取第一手资料，感知研究对象，就必须多做田野工作。当然，不同的语言学科有不同的"田野"，现实语言调查、社会语言实践、古籍文献阅读、语言教学的对比实验、计算语言学的实验室等，都是语言学家的"田野"，都是现实的语言生活。本丛书的学术团队有着强烈的学术使命感，更有良好的学风，到"田野"去，到语言生活中去，去研究国家发展最需要解决的语言问题。这种学术精神，是值得提倡的。

李守明

2018 年 2 月 19 日

农历雨水之日

序

"一带一路"倡议提出以来，我国在经济、文化、教育等各领域的相关工作逐渐展开，政策沟通、设施联通、贸易畅通、资金融通、民心相通已经被明确为愿景方略和行动目标。沿线国家和地区也对我国的倡议积极响应，为展开全面合作进行对接。在这一双向交流的过程中产生的语言文化问题，引发了学术界对"一带一路"中语言的重要作用的关注和讨论。

邢欣教授主编的"'一带一路'核心区语言战略研究丛书"以学术研究服务国家发展为己任，从语言战略构建的高度，深入研究服务于"一带一路"实施的语言问题，无论于学术还是于社会实践，都具有重要的价值。

几年来，在不同场合，邢欣教授都在不断地阐释"'一带一路'核心区"的理念。她认为，"丝绸之路经济带"核心区将在"一带一路"建设中发挥窗口作用。作为重要的交通枢纽、商贸物流和文化科教中心，它涉及的多国家、多语种的语言问题尤为典型。这一判断是基于邢欣教授及其团队的大量调查而形成的。

这套丛书提出了以语言服务为主的语言战略新思路，它符合"一带一路"建设的目标和需求，是切实而有远见的。丛书中关注的国际化专业汉语人才培养、媒体报道语言热点等问题，也紧紧扣住了语言服务这一核心点，把握了"一带一路"总体布局下的语言战略问题的脉搏。同时，丛书中包含的旨在促进"民心相通"的留学生的文化碰撞与适应、语言适应和语言传承等研究内容，紧密贴合了"一带一路"的框架思路，表明了丛书作者对语言与国家方略的关系的透彻理解和深刻立意。

邢欣教授具有语言本体、民族语言和语言应用等多方面的研究经验，成果丰硕。近年来组织一批语言学、语言规划、语言教育等各方面的专家，就"一带一路"核心区之一：新疆的语言问题进行专门研究，形成了一支有机配合的研究团队，赴多个"一带一路"沿线国家进行了多次调研，组织了多场学术研讨会，陆续发表了一批有重要影响的文章。这套丛书就是在此基础上完成的。

丛书的作者有民族语言学、社会语言学方面的知名学者，有活跃在教学科研第一线的高校骨干教师，也有近几年获取博士学位走上相关岗位的青年新秀。集中多方面研究力量形成的研究成果具有视角新颖、内容丰富、应用性强的特点，将对语言战略研究理论和"一带一路"建设各领域的实践都会产生积极影响。

　　在这套丛书申请立项过程中，我有幸成为先读者，深为他们的精神所感动。值丛书出版之际，邢欣教授要我写几句话，就有了上面这段文字。

　　是为序。

2018 年 2 月 25 日

丛书前言

　　"一带一路"倡议是我国政府提出的以经济发展带动世界各国繁荣和谐的新愿景和行动纲领，是"具有原创性、时代性的概念和理论"，这一倡议是为构建人类命运共同体、为当今的全球治理提供中国智慧的一种新理念，具有重大而深远的意义。目前，"一带一路"建设已"逐渐从理念转化为行动，从愿景转变为现实"。截至2018年底，全球已有122个国家和29个国际组织积极支持和参与"一带一路"建设，在政策沟通、设施联通、贸易畅通、资金融通、民心相通五个方面全面推进。交流互鉴、合作共赢、共同发展已成为我国与沿线国家的共识，政治互信、经济融合、文化包容的利益共同体、命运共同体和责任共同体正在一步步形成。"一带一路"建设的核心点在各国共建上，而国际上的政治、经济、法律、商贸、文化、教育等交流活动都离不开"语言"这一物质载体，语言成为合作共建、民心相通的关键要素。因此，构建符合时代需求的语言发展战略，成为"一带一路"建设中的基础性工程。

　　"一带一路"倡议提出以来，国内各个领域的相关研究蓬勃开展。从2014年起，语言学界也逐渐投入到这一研究中来，接连发表了一系列研究成果，提出了许多有建设性的观点和建议。特别是李宇明先生于2015年9月22日在《人民日报》上发表的《"一带一路"需要语言铺路》一文，为"一带一路"研究中的语言政策研究提供了依据。从语言学界的研究来看，大家已经基本达成了共识，即"一带一路"建设的顺利进行离不开语言保障，围绕"一带一路"的语言研究势在必行。我们这一研究课题正是产生于"一带一路"建设的大背景下，不是只与语言学相关，而是具有跨学科的性质；其成果也将不仅应用于语言学相关领域，还将与社会各层面相对接。因此，在研究思路上，我们搭建了一个理论与应用相结合的框架。在理论上，解决好语言政策与对外语言传播政策的对接，汉语教学与汉语国际教育语言人才培养政策的对接，以及国家语言安全战略与"一带一路"语言服务的对接；在应用上，把握服务于语言需求这一主线，在语言人才培养、媒体语言传播、"互联网+"语言公共服务平台建设等方面提供策略建议。在研究方法上，以实地调查为重心，深入调研，充分占有第一手资料。

根据基本的研究框架，我们先后组建了"'一带一路'核心区语言战略研究"课题组和"面向中亚国家的语言需求及语言服务研究"项目组，获得了国家语委重大项目、国家社科基金重点项目，以及新疆大学和中国传媒大学"双一流"大学专项建设资金的支持；同时，规划了预期研究成果，形成了"'一带一路'核心区语言战略研究丛书"。南开大学出版社以该套丛书申报了"十三五"国家重点出版物出版规划项目和2017年度国家出版基金项目，并顺利获批，为丛书的出版和成果的传播提供了保障。

我们希望这套丛书可以实现它的预期价值，主要包括以下几个方面：第一，提出面向"一带一路"沿线国家，以语言服务为主的语言发展战略，为国家语言规划和语言政策的新布局提供理论依据，为"一带一路"语言战略智库建设提供策略建议；第二，丰富和完善语言文化研究的内涵，为对外语言文化交流提供建议，为促进民心相通提供语言服务；第三，研究语言文化冲突消解策略，为"一带一路"建设中潜在的，或可能出现的语言文化冲突提供化解方案，为跨文化交际的研究提供理论和实践的补充；第四，提出满足"一带一路"建设需求的语言人才培养模式和急需人才语言培训模式，为领域汉语教学提供理论依据；第五，为汉语国际传播提供新的思路；第六，在"互联网+"思维下，提出建立语言需求库、人才资源库，以及搭建"语言公共服务+语言咨询服务"平台的理论方案。

在丛书撰写过程中，研究团队的各位作者发挥资源和平台优势，以严谨的科研态度和务实的工作作风开展研究，希望这些成果能经得起实践的检验。我们的研究团队成员主要是新疆大学、新疆师范大学、新疆教育学院、新疆喀什大学等新疆高校的研究者和中国传媒大学的硕士生和博士生，感谢这些高校的大力支持，特别是新疆大学和中国传媒大学的大力支持。在本研究进行过程中，同行专家、各领域相关研究者给予了很多支持、帮助和指导；在实地调研中接受访谈和咨询的中资企业、孔子学院、高校、语言学院、华商协会组织、媒体等相关人员给予了大力配合和宝贵建议，这些都为本研究提供了实施条件和重要启发，在此一并深致谢忱！还要特别感谢李宇明教授、郭熙教授为丛书慨然作序，沈家煊先生在国家出版基金项目申请时对丛书给予肯定和推荐，给了我们莫大的鼓励和支持。最后要感谢南开大学出版社的无私相助，特别是田睿等编辑为本丛书出版殚精竭虑，付出了大量精力和心血，特此表示诚挚的谢意。

在编写本套丛书的过程中，我国提出的"一带一路"倡议得到了国际上越来越多国家的响应和支持，"一带一路"建设正在全面而深入地推进。这对语言应用研究提出了更多的课题和更高的要求。服务于"一带一路"建设，服务于国家和社会的发展需求，希望我们的研究能起到一定的积极作用。学术研究服务于社会发展和时代需要，是科研工作者的使命。我们最大的荣幸，是能得到广大读者的反馈和指正，使我们在研究的道路上能循着正确的方向探索，并获得源源的动力，坚持到底。

邢欣

2019 年 1 月

目　录

引　言 ……………………………………………………………………… 1

第一章　《洪武正韵》与《洪武正韵译训》的研究情况 …………………… 7
　　第一节　《洪武正韵》的研究情况 ……………………………………… 9
　　第二节　《洪武正韵译训》的研究情况 ……………………………… 12

第二章　《洪武正韵》与《洪武正韵译训》的编写 ……………………… 17
　　第一节　《洪武正韵》的编写背景 …………………………………… 19
　　第二节　《洪武正韵》编写中出现的问题 …………………………… 20
　　第三节　《洪武正韵译训》的诞生 …………………………………… 23

第三章　《洪武正韵译训》注音中的谚文 ………………………………… 25
　　第一节　谚文的创制 …………………………………………………… 27
　　第二节　《洪武正韵译训》中的谚文字母 …………………………… 27
　　第三节　《洪武正韵译训》中的谚文读音 …………………………… 29
　　第四节　《洪武正韵译训》与《四声通解》 ………………………… 33

第四章　《洪武正韵译训》平声部分的注音与明朝官话音 …………… 37
　　第一节　平声卷一与平声卷二 ………………………………………… 40
　　第二节　平声卷三 ……………………………………………………… 42
　　第三节　平声卷四 ……………………………………………………… 54
　　第四节　平声卷五 ……………………………………………………… 66
　　第五节　平声卷六 ……………………………………………………… 77

第五章　《洪武正韵译训》上声部分的注音与明朝官话音 …………… 99
　　第一节　上声卷七与上声卷八 ……………………………………… 101
　　第二节　上声卷九 …………………………………………………… 133

第六章 《洪武正韵译训》去声部分的注音与明朝官话音 ········ 167

  第一节 去声卷十 ··· 169

  第二节 去声卷十一 ··· 177

  第三节 去声卷十二 ··· 196

  第四节 去声卷十三 ··· 216

第七章 《洪武正韵译训》入声部分的注音与明朝官话音 ········ 241

  第一节 入声卷十四 ··· 245

  第二节 入声卷十五 ··· 262

  第三节 入声卷十六 ··· 272

  第四节 入声消失的规律 ··· 287

结　语 ··· 289

参考文献 ··· 295

附录一 《洪武正韵译训》平声卷一转写表 ···················· 299

附录二 《洪武正韵译训》平声卷二转写表 ···················· 307

引　言

　　"一带一路"倡议自提出以来便受到了世界普遍的积极响应和广泛支持。根据"中国一带一路网"的官方统计，截至 2021 年 6 月 23 日，已经有 140 个国家和 32 个国际组织同中国签署了 206 份共建"一带一路"合作文件。"一带一路"建设也由"大写意"进入深耕细作、共同绘制的"工笔画"发展阶段，在构筑人类命运共同体这一目标上已经初现成果。

　　"一带一路"中的"一路"指的是"21 世纪海上丝绸之路"，其前身正是古代中国与世界其他地区进行经济文化交流的海上通道"海上丝绸之路"。古代"海上丝绸之路"主要可以分为两条航路：一条是由中国通往东南亚及印度洋地区的南海航线，也是我们传统认识中的海上丝绸之路；另外一条是东海丝绸之路，即由中国通往朝鲜半岛及日本列岛的东海航线。东海航线构建了东北亚地区海上交通航路网络，在中国、日本和朝鲜半岛之间的交流中发挥了重要的作用。"东方海上丝绸之路"古已有之、源远流长，它推进了东亚地区的交通发展、贸易往来以及文化交流，可以看作中华文化向海外传播的重要途径之一。因此从历史的角度来看，中国和周边国家，特别是和朝鲜半岛的交往，促进了多方经济的发展，也延续着友好交往的传统。

　　正是通过"东方海上丝绸之路"，中国文化得以输入朝鲜半岛，对当时朝鲜半岛的王朝产生了深远的影响。这种文化传播主要反映在大量中国古籍流入朝鲜半岛并对其文化产生影响上。其中，对汉字音的科学考察——声韵学的相关理论以及韵书也通过"东方海上丝绸之路"传入了朝鲜半岛。

　　音韵学也称声韵学，是研究汉语声、韵、调系统及其发展规律的学问。关于韵书的研究，在音韵学中占有重要地位，它能够帮助我们更好地了解古音的相关情况。对古韵书的挖掘整理也是音韵学不可缺少的重要内容，值得高兴的是，近代以来有不少这方面的著述问世。①在中国浩瀚的历史长河中，出现过许多经典的韵书，通过这些韵书，我们能够了解中国古代的语音面貌。这些韵书中，被后人研究最多的非《广韵》《切韵》莫属。需要特别指出的是，明代是近代汉语发展的重要历史阶段，也是汉语向汉字文化圈传播的重要时期，彼时的韵书以《洪武正韵》为代表。

　　根据朝鲜文献记载，中国有很多的经典韵书在朝鲜半岛均有所流传。虽然目前对朝鲜何时从中国引入声韵学和韵书并没有明确的记载，但朝鲜的史学家李圭景说：

---

　　① 如张民权著述的《万光泰音韵学稿本整理与研究》一书，将清代著名诗人、学者万光泰的 7 种鲜为人知的音韵学稿本辑录成册，以丰富的文献资料加以整理考释，系统地发掘出了万光泰的音韵学思想、研究方法及研究成果，为音韵学界提供了一批新材料。

"虽不能以史书的记载来考证,新罗百济,高句丽时已与中国有交流,三国亦有文人,韵书之传也必是其时。"据他推测:"高丽光宗朝时科举取士,韵书应该是使用了中国的《切韵》,此后历代也会通行。"大量中国韵书通过"海上丝绸之路"被引入朝鲜半岛,特别是在高丽王朝末期,受中国宋朝性理学传入朝鲜的影响,声韵学在朝鲜形成了独立的学问。到朝鲜时代的开化时期,声韵学已经成为朝鲜语学界的重要学问。朝鲜创制谚文字母以后,当地学者开始把中国的汉字音用谚文字母直接标记并编撰成韵书,这些韵书都可以作为明朝韵书在海外传播的重要证据。

朝鲜时代的用汉字编写的韵书在韵书史上具有划时代的意义,它们保留了同时代的汉字语音体系,根据韵书中对汉字的谚文注音研究汉语语音,比之根据反切等方法更为直观。当时朝鲜语中的大量汉字也要借助明朝的语音来读,这样反过来也促使他们进一步学习和了解汉语。这种朝鲜韵书流传到现在,又成了指导我们研究明朝官话音的参考。因此将这些文献借鉴利用,能够帮助我们更好地读懂明朝及其后的文献,对已有的汉语音韵学研究成果具有重要的补充价值,为我们进一步了解明朝的语音面貌提供佐证。

随着近年来"一带一路"倡议在国际上不断深化,中韩两国之间的交流亦随之增加,韩国也在积极参与"一带一路"倡议,寻求韩中携手发展的"最大公约数"。中韩两国在 2015 年已经签署了《关于在丝绸之路经济带和 21 世纪海上丝绸之路建设以及欧亚倡议方面开展合作的谅解备忘录》。许多韩国学者专家也在研究韩国现任总统文在寅提出的"新北方政策"和"新南方政策"与"一带一路"倡议对接的潜在机遇和相互打通的合作方案。文在寅总统在 2020 年曾表示,韩方将同中方继续加强文化等领域交流,扩大两国人员往来。同时,韩国也将继续加快同"一带一路"倡议的对接和推进步伐。也正是在这种背景下,朝鲜时期编写的一些只保留于韩国的珍贵汉字韵书也随着中韩之间新的"海上丝绸之路"文化交流进入了中国,为我们研究明朝韵书文献的海外传播提供了更多的资料。

传入朝鲜的文献典籍中,有一部韵书至关重要,那就是《洪武正韵》。随着明朝对朝鲜的影响逐渐增强,朝鲜世宗大王认定明朝编写的官方韵书《洪武正韵》为正统,他先后派多名官员来到明朝迁都后的北京城考察融合后的新官话的语音系统,采取朝鲜新创制的谚文字母注音的方式,编写了《洪武正韵译训》。这一部明朝官韵的译训版本,对朝鲜的音韵学界产生了深远的影响。本书将以《洪武正韵译训》为例,阐释明朝流传海外的文献对明朝官话音研究的重要性。

现在可以看到的《洪武正韵译训》由高丽大学校出版部影印出版，发行量较少，在韩国也仅有个别大学图书馆有收藏。该版本是以明朝最初的 76 韵版《洪武正韵》为底本编撰而成，共有小韵 2223 个，收录韵字 14555 个。

本书的研究方法主要是将影印版《洪武正韵译训》中所有小韵的反切字、正俗音谚文注音及注释等内容进行文字转写后一一列出，用国际音标拼写出其中的谚文注音的发音，列出每个小韵对应的汉语拼音，然后进行语音方面的分析，最后将它们与现存的嘉靖四十年刊本的影印版《洪武正韵》的内容进行对比，通过逐韵对照分析法，力求还原明初官话音的原貌。此外，这些转写的内容，尤其是对谚文注音用国际音标拼写，也为研究明朝官话音的演变与发展提供语料资源。

本书将《洪武正韵译训》所有的小韵整理为文字内容，对书中的谚文注音进行了音值考证，用国际音标注音，并据此分析官话音的读音情况。将《洪武正韵译训》与《洪武正韵》对比，指出两者之间每个小韵的反切字与注释的异同之处，进行记录并加以分析说明。此外，通过对比可以发现《洪武正韵》前后版本的异同，虽然后版对前版做了一定的修正，但同时也出现了一定的讹误。

鉴于朝鲜世宗大王当时创立的拼音文字"谚文"的语音在几百年内几乎没有太大的变化，因此《洪武正韵译训》中的谚文注音，可以反映出明初官话的实际读音，可以拼读出《洪武正韵》中的韵字读音，这种通过海外的对汉字注音的文献来考证近代语音演变的研究方法也是一种对音韵研究方法的补充。

第一章
《洪武正韵》与《洪武正韵译训》的
研究情况

《洪武正韵》是朱元璋建立明朝定都南京后编写的官方韵书,编者主要来自南方,有学者①认为此书保留了大量南音。《洪武正韵译训》是朝鲜世宗时期的朝鲜学者对《洪武正韵》的对译及注音,由于当时明朝已迁都,因此书中俗音的谚文注音更多地结合了当时明朝北方地区(尤其是北京)实际的官话读音,从这个角度来看,《洪武正韵译训》中的谚文注音能更多地反映明初官话音及其特点,在汉语音韵研究中具有更大的价值。

第一节 《洪武正韵》的研究情况

一、《洪武正韵》的研究意义

《洪武正韵》作为明朝官方修订的韵书,反映了当时的用韵标准,当时的南曲创作者将其作为用韵典范,形成了"北叶《中原》,南遵《洪武》"②的局面。但与其他几部经典韵书(如《广韵》《中原音韵》)相比,学界对《洪武正韵》的评价并不高,甚至一度被后世学者认为其研究意义不大,因此有关《洪武正韵》的研究长期以来相对薄弱。

近些年来,明清官话音研究持续升温,《洪武正韵》逐渐受到学界的重视,其价值被重新审视。随着研究的不断深入,一批重要成果陆续涌现。其中,叶宝奎在《〈洪武正韵〉与明初官话音系》中提出《洪武正韵》的语音基础是实际的读书音,他表示尽管有的学者认为《洪武正韵》保留入声和入声韵是遵从南音,但这种意见是值得商榷的。即便《洪武正韵》音系可能带有一些因袭的成分和人为的色彩,但并非杜撰拼凑的产物,它基本上如实地记录了隋唐至明初读书音的变化情况。在文中,叶宝奎指出元明之际不仅南方方音保存了入声和入声韵,基础方言口语音的入声和入声韵也还没有最后消失。他认为《中原音韵》中指出的入派三声还不是入变三声,入声与阴平、阳平、上声、去声以及入声韵与阴声韵依然有别,何况读书音的变化

---

① 叶宝奎、张世禄等人。
② 这一说法是明末曲论家沈宠绥最早提出来的,他在《度曲须知》"入声收诀"中说:"北叶《中原》,南遵《洪武》,音韵分清,乃称合谱。"

明显慢于基础方言口语音。因此《洪武正韵》保留入声和入声韵是符合当时实际情况的。他还指出有的学者根据《洪武正韵》编撰者多为南方人就认定《洪武正韵》音系杂糅南北方音的看法值得商榷，按作者的籍贯来确定韵书的性质，其理由是不充分的。《洪武正韵》是集体奉诏编撰的，在编写过程中"复恐拘于方言，无以达于上下"，曾多次请人审查，几经修改，目的就是要以雅音为正。关于如何避免或减少方音成分的掺杂，编撰者当时的认识已经十分清楚。①

　　由此看来，《洪武正韵》保留了明初以南音为主的官话音特点，起到了承上启下的作用，在近代音韵研究中应占有一席之地。

二、《洪武正韵》的研究现状

　　流传至今的《洪武正韵》有多个版本，不少学者对《洪武正韵》进行过校勘整理工作并撰写了文章，如裴银汉的《〈洪武正韵〉校勘记》②、童琴的《〈洪武正韵〉小韵校勘札记》③、高龙奎的《〈洪武正韵〉反切校勘记》④。根据高龙奎的介绍，20世纪以来音韵学界对《洪武正韵》的研究主要可以分为三个方面，即声类、韵部和语音的音系。⑤

　　在声类研究方面，刘文锦曾做过较为深入且全面的考订，他遍考《洪武正韵》全书后，在《洪武正韵声类考》中归纳出 31 个声类：古类（见），苦类（溪），渠类（群），五类（疑），呼类（晓），胡类（匣），乌类（影），以类（喻及疑母一部分），陟类（知、照），丑类（彻、穿），直类（澄、床及禅母一部分），所类（审），时类（禅），而类（日），子类（精），七类（清），昨类（从及床母 4 字、澄母 1 字），苏类（心），徐类（邪），都类（端），佗类（透），徒类（定），奴类（泥、娘），卢类（来），博类（帮），普类（滂），蒲类（并），莫类（明），方类（非、敷），符类（奉），武类（微）。⑥

　　在韵部研究方面，成果则相对薄弱，可以看作重要成果的主要是宁忌浮的系列研究。长久以来，我们常见的《洪武正韵》是 76 韵的版本。宁忌浮经过多年的考证，

---

① 叶宝奎：《〈洪武正韵〉与明初官话音系》，《厦门大学学报》（哲学社会科学版），1994 年第 1 期。
② 〔韩〕裴银汉：《〈洪武正韵〉校勘记》，载北京大学汉语语言学研究中心《语言学论丛》编委会编：《语言学论丛》（第 27 辑），商务印书馆，2003 年版，第 172 页。
③ 童琴：《〈洪武正韵〉小韵校勘札记》，《盐城工学院学报》（社会科学版），2008 年第 3 期。
④ 高龙奎：《〈洪武正韵〉反切校勘记》，《安徽文学》（下半月），2009 年第 11 期。
⑤ 高龙奎：《〈洪武正韵〉的研究回顾与前瞻》，《临沂师范学院学报》，2007 年第 2 期。
⑥ 刘文锦：《洪武正韵声类考》，《国立中央研究院历史语言研究所集刊》（第三本第二分），1931 年版，第 238-247 页。

复原出 80 韵版本的《洪武正韵》,这也是近年来《洪武正韵》研究的重大突破。而关于韵部方面,他着重于《洪武正韵》与《增修互注礼部韵略》、80 韵本与 76 韵本的比较研究。在他的《〈洪武正韵〉支微齐灰分并考》一文及著作《洪武正韵研究》下编第四节中,讨论了 80 韵本中"支""微""齐""灰"的分并,以及 80 韵本与 76 韵本的差异。80 韵本"支""纸""寘"三韵是清一色的齿音字,76 韵本"支""纸""寘"三韵的牙喉唇音字与"齐""荠""霁"三韵的喉唇音字合并立为 80 韵本的"微""尾""未"三韵。① 《〈洪武正韵〉质术陌分并考》及著作《洪武正韵研究》下编第五节讨论了入声韵"质""术""陌"在 80 韵本与 76 韵本中的不同分合。

关于《洪武正韵》的音系,不少学者各抒己见,评述较多。

张世禄在《中国音韵学史》中提到,《洪武正韵》"是当时文人杂采古今韵书,调和新旧主张的一种著作,同时又掺杂了南方方音,不像《中原音韵》那样纯粹的属于北音系统"②;认为《洪武正韵》一方面迁就了旧韵书,一方面又掺杂了当时南方的方音。

王力在《汉语音韵学》中指出:"《洪武正韵》并不能代表当时的中原音,并且恐怕不是一地的音,而是许多方音的杂糅。"③邵荣芬在《中原雅音研究》中说,《洪武正韵》是"不南不北的人造音系"④。刘静在《试论〈洪武正韵〉的语音基础》中认为:"《洪武正韵》所代表的音系无疑是十四世纪共同语语音,是以'中原雅音'为其语音基础的。"⑤李新魁在《汉语音韵学》中认为,《洪武正韵》的"语音系统与《中原音韵》基本上是一致的",因此"它基本上反映了明代初年中原共同语的读书音系统"。⑥张玉来在《韵略易通研究》中认为,《洪武正韵》是"以'存雅求正'为目的审定的读书音系(即正音音系)⑦的代表性例证"。此外,李红、岳辉的《从朝鲜对音文献看〈洪武正韵〉语音基础》一文,将上述学者的观点进行了归纳总结。

除了音韵学方面的研究,近年来,又有其他领域的学者开始从不同方面着手,研究《洪武正韵》的传播与影响,这是非常难能可贵的。王泉在他的《〈洪武正韵〉的文字学价值》一文中认为:第一,《洪武正韵》是明朝的官方汉字规范;第二,相

① 忌浮(宁忌浮):《〈洪武正韵〉支微齐灰分并考》,《古汉语研究》,1998 年第 3 期。
② 张世禄:《中国音韵学史》(下册),上海书店,1984 年版,第 229 页。
③ 王力:《汉语音韵学》,中华书局,1956 年版,第 512 页。
④ 邵荣芬:《中原雅音研究》,山东人民出版社,1981 年版,第 5 页。
⑤ 刘静:《试论〈洪武正韵〉的语音基础》,《陕西师大学报》(哲学社会科学版),1984 年第 4 期。
⑥ 李新魁:《汉语音韵学》,北京出版社,1986 年版,第 70、74 页。
⑦ 张玉来:《韵略易通研究》,天津古籍出版社,1999 年版,第 7 页。

较唐、宋汉字规范,《洪武正韵》有了不少变化;第三,《洪武正韵》对宋体字字形的定型产生了很大的影响;第四,《洪武正韵》对于"新旧字形"问题的研究至关重要。①

　　张志云更是在《〈洪武正韵〉在明代的传播及其效用》中从文化政策方面来解读《洪武正韵》,着眼于国家对《洪武正韵》的传播及社会回应,探讨该书在明朝的实际表现与传播效果。②

第二节　《洪武正韵译训》的研究情况

一、《洪武正韵译训》的研究意义

　　明朝刚刚建立时,朱元璋定都南京,当时的明朝官话夹杂着大量的南音,导致《洪武正韵》的编者乐韶凤、宋濂等人坚持以南音为主导。朱棣即位后于 1420 年迁都北京,这使得明朝的官话开始逐渐夹杂了北音(即当时的中原雅音),进而融入北音(特别是北京话),形成明朝初期具有北音特点的官话音。《洪武正韵译训》的编撰在明朝迁都 30 年之后,此时的官话音中北音已经占据主导地位。《洪武正韵译训》的编者申叔舟等人看到了明朝官话音的演变,为了更好地反映实际官话读音,他们将《洪武正韵译训》韵字标为正音,又多次前往明朝北方地区(特别是北京)进行实地语音勘察,同时记录明朝官员所说的官话音,标为俗音。《洪武正韵译训》的正俗音谚文标注,更为详细地记录了明初官话音的两种读音,反映了明朝官话音由南音向北音逐渐过渡的演变历程。这为明朝官话音的演变研究提供了依据。

　　由此,《洪武正韵译训》已经不仅是一本翻译或注音的韵书,可以看作超越了原版的、用以研究明初官话音的宝贵资料。因此,在关于明朝初期官话音的研究中,该书的实际地位是超过《洪武正韵》的。

---

① 王泉:《〈洪武正韵〉的文字学价值》,《中国文字研究》,2015 年第 1 期。
② 张志云:《〈洪武正韵〉在明代的传播及其效用》,《中国文化研究》,2006 年第 2 期。

二、《洪武正韵译训》的研究现状

《洪武正韵译训》一书编成后，开始在朝鲜半岛推广使用，对当时的士大夫阶层产生了深远的影响。

首先，这种影响体现在朝鲜的音韵学界。由于朝鲜十分重视《洪武正韵》，数次对其进行翻刻，因此《洪武正韵译训》的成功刊行，对当时的编者们是一种巨大的鼓舞。申叔舟又编写了《四声通考》[①]，删除了《洪武正韵译训》小韵的释义，在仅标记谚文注音的同时，还对体例做了改动，是阅读起来更加方便的简编本韵书。16世纪初，崔世珍在编写《续添洪武正韵》[②]的基础上，更是在《四声通考》后对韵书中有音无释这一缺点加以改进，把朝鲜文的注音和释义结合起来，编成对后世学界影响较大的《四声通解》。由此，也形成了朝鲜时代"《洪武正韵》系"的韵书。

其次，它对当时其他领域的朝鲜学者也有一定的影响。例如，朝鲜著名哲学家、诗人徐敬德的《声音解》就是受到了《洪武正韵译训》的影响；朝鲜哲人李睟光的韵书《芝峰类说》也有对《洪武正韵译训》的举例论证。此外，同一时期的朝鲜语言学家、汉学家都或多或少地在著作中讨论过《洪武正韵译训》的相关内容。

随着时间的推移，由于种种原因，《洪武正韵译训》一书逐渐消失在历史的长河中。19世纪末20世纪初，该书在朝鲜半岛一度被认为已经佚失，令学界叹息不已。虽然仍有学者对该书进行研究，但终究是从其他书籍的记载里"管中窥豹"，无法得其全貌。这种情况一直持续到20世纪50年代才出现转机，韩国著名音韵学家李崇宁在介绍《洪武正韵译训》的文章中，兴奋地写下了如下内容："根据《震檀学报》1959年8月刊第20期报道，世宗大王的重要的业绩之一，已经被认为是湮灭在历史中的《洪武正韵译训》一书，最近被发现仍有藏本存在。这一宝物是已故的华山书林主人李圣仪先生的遗孀在保管。"[③]被认为已经佚失的韵书重现世间，对相关领域的研究起到了巨大的推动作用。自此，学界重新兴起了研究《洪武正韵译训》的热潮。根据李崇宁的介绍，被发现的《洪武正韵译训》全书共16卷，8册，其中第一册（卷一和卷二）缺失，第二册到第八册也各有一些内容缺失。卷三的"八真"韵目的字音中，缺少"照""审""穿""並""明""床"等字的彦文表音。卷七中上

---

① 现已失传。
② 现仅存上卷。
③〔韩〕李崇宁：《洪武正韵译训的研究》，《震檀学报》，1959年第20期。

声"一熏""二纸""三荠""四语"的各韵目的字音也是缺失的。卷八中的"五姥""六解""七贿""八轸""九旱""十产""十一铣"中只留下了的字目,"八轸"的字母"穿、心"相当于字音的部分,其余部分的谚文表音也都缺失。想要对缺失的部分进行再构的话是十分困难的,需要进行大量的考证工作。此外,这部《洪武正韵译训》印刷时,其中字元音部分是属于阴刻,而朝鲜语部分使用的则是阳刻的手法;大字部分使用了朝鲜安平大君时代(也就是世宗大王)的字体,小字部分则是朝鲜的甲寅字字体。《洪武正韵译训》的序言记载,《洪武正韵》的翻译工作,也就是《洪武正韵译训》一书的编纂,是在朝鲜世宗二十六年(1444)开始的,于朝鲜景泰六年(1455)宣告完成,历时10余年。

该书真正面向广大研究者是在 1974 年,即韩国高丽大学将馆藏的《洪武正韵译训》影印发行,从而为学者进一步深入研究提供了方便。时任高丽大学校出版部部长的宋敏镐在序文中对此次出版进行了说明:"众所周知,朝鲜世宗大王的语言政策产生出了几部重要的书籍,并由此产生了三大文化事业,第一是编纂了《训民正音》,进而创制了朝鲜文;第二是编纂了《东国正韵》来作为汉字标准音字典,从而规范并校正了当时朝鲜半岛上较为混乱的汉字音体系;第三是根据《洪武正韵》,编成了影响后世的《洪武正韵译训》。"①他还指出,在《训民正音》解例中,解释说明了朝鲜文的文字原理;《洪武正韵》的"译训"为朝鲜字的创制提供了言语哲学的原理,这也使得朝鲜可以编纂与中国的《洪武正韵》比肩的汉字音韵书《东国正韵》。这大大推进了与朝鲜世宗关联密切的连带事业。同时,宋敏镐还说:"众所周知的事实是,这一贵重的事业不仅是朝鲜民族文化的灿烂财产,也是韩国国内研究朝鲜时期言语史不可或缺的文献。很不幸的是,人们虽然知道《洪武正韵译训》发行过,但是一直是认为其已经湮灭了。不过,最近这本书在私人藏书中被发现了。在一九七二年六月二十一日,本书的收藏者,已故的华山李圣仪先生的遗孀申英妊继承先夫的遗志,将其毕生收集的古书和古书研究资料捐赠给高丽大学的中央图书馆。"②随后,高丽大学校出版部将这些珍本影印面世。

朝鲜世宗十分重视中国当时通用的标准韵书《洪武正韵》,认为是"天下万国所宗",于是让申叔舟、成三问、曹变安、金曾、孙寿山等人将《洪武正韵》用新造出

---

① 〔韩〕宋敏镐:《洪武正韵译训·序文》,载申叔舟等:《洪武正韵译训》,高丽大学校出版部,1974 年版,第 1 页。

② 同上。

的谚文进行了译训，将当时的明朝汉音和朝鲜谚文标准音并立，将其作为新造文字的试金石，谋求实用并树立权威。如此，《洪武正韵译训》是将明朝的《洪武正韵》的表音文字用谚文进行了译音，是当时的现实朝鲜语汉字音和改正汉字音的《东国正韵》式的朝鲜语汉字音。同时，不论是当时中国的《洪武正韵》还是已有的各国汉字音的研究，《洪武正韵译训》这本韵书都为朝鲜语音韵体系的研究开创了新的局面。

对《洪武正韵译训》缺失的卷一、卷二内容，韩国的朴炳采教授在经过细致的考证研究后，将其内容全部复原。为使文字风格与其他内容一致，以明隆庆版《洪武正韵》为底本，由韩国权东载进行书写，最终使得此书成为完本。

韩国对《洪武正韵译训》的研究也取得了丰硕的成果，主要有河慧静的《朝鲜韵书的正音观分析》[1]、郑然粲的《洪武正韵译训的研究》[2]、李崇宁的《洪武正韵译训的研究》[3]、朴炳采的《洪武正韵译训的新研究》[4]、金武林的《洪武正韵译训研究》[5]等。

就目前中国国内研究来看，还未见专门研究《洪武正韵译训》音系的著作。但叶宝奎在其《明清官话音系》一书中，通过对比明朝前期、后期及清朝前期、后期的韵书，研究了明清官话音的历史变革；书中第一章第四节重点介绍了朝鲜早期译音文献，其中对《洪武正韵译训》正音的研究，主要是将其与《洪武正韵》音系的声母、韵母对比分析，考订出《洪武正韵译训》正音声母为 31 类，韵母平声 46 类、上声 45 类、去声 45 类、入声 25 类，共 161 类；关于俗音音系，叶宝奎认为"俗音声母系统与正音大体相同，所异者唯疑母略有不同"，韵母部分"与正音系统相比变化是比较大的"。[6]其他相关的研究成果还有金基石的《朝鲜韵书与明清音系》[7]、宁忌浮的《洪武正韵研究》[8]。此外，李得春介绍过《洪武正韵译训》的韵母译音[9]，金基石也专门撰文探讨过《洪武正韵译训》的文献价值，介绍了该书在编纂中遇到的困难与折中解决的方法："《正韵》的体系和字序，反切几乎完全保留，在各小韵

---

① 〔韩〕河慧静：《朝鲜韵书的正音观分析》，《东洋古典研究》，1997 年第 8 期。

② 〔韩〕郑然粲：《洪武正韵译训的研究》，一潮阁，1972 年版。

③ 〔韩〕李崇宁：《洪武正韵译训的研究》，《震檀学报》，1959 年第 20 期。

④ 〔韩〕朴炳采：《洪武正韵译训的新研究》，高丽大学民族文化研究出版部，1983 年版。

⑤ 〔韩〕金武林：《洪武正韵译训》，新丘文化社，2006 年版。

⑥ 叶宝奎：《明清官话音系》，厦门大学出版社，2001 年版，第 96、99 页。

⑦ 金基石：《朝鲜韵书与明清音系》，黑龙江朝鲜民族出版社，2003 年版。

⑧ 宁忌浮：《洪武正韵研究》，上海辞书出版社，2003 年版。

⑨ 李得春：《介绍〈洪武正韵译训〉的韵母译音》，《延边大学学报》（社会科学版），1990 年第 2 期。

的代表字旁表记声母……；声母和代表字之间用'训民正音'表示小韵的字音；有时在代表字下边的反切后表记其俗音；在韵字下方标示出有两种读音的又音；如有时遇到难字，根据情况附加注释，对其读音方法进行说明。"[1]

① 金基石：《论〈洪武正韵译训〉与〈洪武正韵〉的关系及其文献价值》，载金强一、全莹主编：《东亚的文化交流——延边大学朝鲜韩国研究论集》（第7辑），社会科学文献出版社，2014年版，第95页。

第二章

《洪武正韵》与《洪武正韵译训》的编写

第一节 《洪武正韵》的编写背景

《洪武正韵》在中国古代的韵书中有着特殊的地位与意义，它的编纂的历史背景源于朝代的更迭和语音的变化。

北宋时期，为适应科举的需要，主办科考的礼部颁布了比《广韵》较为简略的《礼部韵略》，并在科举中以此为官方标准。到了南宋时期，随着国都南迁，北方人口大量迁移到南方，南北音互相影响和交融，语音发生了很大变化。到了元朝，民族多元化进一步影响当时的语音系统。明朝建立后，旧时的韵书体系已经不能完全代表"中原雅音"。

在南宋至明初这两百多年中，并没有编撰用以确定语音标准的官韵，而是一直沿用着北宋的《礼部韵略》作为规范。尤其是到了明朝建立时，元代所编的《蒙古字韵》仅存 15 个韵，距离唐宋时期产生的 206 个音韵的体系相差甚远。

明朝建立后，以唐宋时期的制度为基础，重新恢复了科举制度。在科举制度中，订立新的官韵标准尤为重要，甚至可以说是大势所趋。据《明史》和《洪武正韵》序文记载，朱元璋"亲阅韵书，见其比类失伦，声音乖舛"，由此产生编撰新的韵书的想法。《洪武正韵》序中这样记载：

> 自梁之沈约拘以四声八病，始分为平上去入，号曰《类谱》，大抵多吴音也。及唐以诗赋设科，益严声律之禁，因礼部之掌贡举，易名曰《礼部韵略》，遂至毫发弗敢违背。……皇上召词臣论之曰：韵学起于江左，殊失正音，有独用当并为通用者，如东、冬、清、青之属，亦有一韵当析为二韵者，如虞、模、麻、遮之属，若斯之类，不可枚举。"……研精覃思，一以中原雅音为定。①

"一以中原雅音为定"充分显示了朱元璋编修此韵书的决心，即对官韵进行系统的编排与正音。洪武八年（1375），翰林学士乐韶凤、宋濂等 11 人奉诏编纂了官方韵书，由朱元璋赐名《洪武正韵》并下旨刊行。朱元璋编纂《洪武正韵》的目的非

---

① 〔明〕乐韶凤、宋濂等：《洪武正韵》（四库全书本），上海古籍出版社，2012 年版，第 2-3 页。

常明确，理想也十分宏大，就是通过一部韵书，制定出国家科举的官韵。

《洪武正韵》刊行后对明朝的文化事业产生了深远影响。由于这是一部官方指定的官韵书籍，地位非常特殊，在明朝经过了多次翻印出版，因此《洪武正韵》有了很多版本，得以流传的版本也很多。《洪武正韵》在明朝，至少是在明朝的中前期是作为重要的官方韵书来进行推广和传播的，但是到了明朝后期，对《洪武正韵》一书的批评声也逐渐增大，一些编写中出现的问题也逐渐被披露。

第二节　《洪武正韵》编写中出现的问题

明朝之后，对《洪武正韵》问题的批评导致该书在音韵学领域始终处于尴尬的位置，名声虽大，但评价不高，亦鲜有研究。对《洪武正韵》的批评主要针对编者在编纂过程中并未归纳实际的官话音，而是在旧有的韵书基础上修订、改编、合并韵部。由于对《洪武正韵》的编纂要求高，时间紧，因此也只能使用旧有韵书为基础。虽然《洪武正韵》的编者们也意识到这部书出现的种种问题，并尝试避免之，但仍留下了很多缺漏。正如《洪武正韵·凡例》中所指出的那样：

> 按三衢毛居正云，《礼部韵略》有独用当并为通用者，平声如微之与脂、鱼之与虞、欣之与谆、青之与清、覃之与咸，上声如尾之与旨、语之与麌、隐之与轸、迥之与静、感之与豏，去声如未之与志、御之与遇、焮之与稕、径之与劲、勘之与陷，入声如迄之与术、锡之与昔、合之与洽是也。也有一韵当析而为二者，平声如麻字韵自奢字以下，上声如马字韵自写字以下，去声如祃字韵自藉字以下是也。至于诸韵当并者，不可概举。又按昭武黄公绍云，礼部旧韵所收有一韵之字而分入数韵不相通用者，有数韵之字而混为一韵不相谐叶者，不但如毛氏所论而已。今并遵其说以为证据，其不及者补之，其及之而未精者以中原雅声正之。[①]

---

① 〔明〕乐韶凤、宋濂等：《洪武正韵·凡例》（《四库全书》本），上海古籍出版社，2012 年版，第 1-2 页。

《洪武正韵》系根据朱元璋"一以中原雅音为定"编纂，乐韶凤、宋濂等人根据他们认为的"中原雅音"，辅以南宋毛晃、毛居正父子所编《增修互注礼部韵略》，对旧有韵书进行改编，并重新归并了旧韵。《洪武正韵》全书初成时，按照四声分为了5册①，共有16卷，总计76个韵部。

根据现存的较完整版的《洪武正韵》，这76个韵部名称如下：

平声二十二韵：

一东、二支、三齐、四鱼、五模、六皆、七灰、八真、九寒、十删、十一先、十二萧、十三爻、十四歌、十五麻、十六遮、十七阳、十八庚、十九尤、二十侵、二十一覃、二十二盐。

上声二十二韵：

一董、二纸、三荠、四语、五姥、六解、七贿、八轸、九旱、十产、十一铣、十二筱、十三巧、十四哿、十五马、十六者、十七养、十八梗、十九有、二十寝、二十一感、二十二琰。

去声二十二韵：

一送、二寘、三霁、四御、五暮、六泰、七队、八震、九翰、十谏、十一霰、十二啸、十三效、十四箇、十五祃、十六蔗、十七漾、十八敬、十九宥、二十沁、二十一勘、二十二艳。

入声十韵：

一屋、二质、三曷、四辖、五屑、六药、七陌、八缉、九合、十叶。

到了明初，唐宋时期流传下来的音韵体系已经发生了变化，明朝的官话音，即真正的中原雅音已经出现了"平分阴阳，入派三声"的现象。中原雅音中浊音清化也较为明显，入声在北方地区开始消失，分别派入平、上、去三声中。这在周德清的《中原音韵》中记载为："浊音清化，入派三声。"但由于《洪武正韵》在编写中沿用旧的韵书，更多地使用了南音作为编纂的基础，进而将读书音作为编书的依据，认为这就是中原雅音，从而造成音韵上的"复古"。为适应这一音韵体系，《洪武正韵》也使用了全新的反切字，这让后世的学者对当时的"中原雅音"感到困惑。

当时明朝官话已经开始杂糅南北音，因此《洪武正韵》在编写过程中或多或少地受到了北音的影响，但编者并未区分读书音和实际读音，将杂糅了北音的实际读

---

① 其中平声又分为阴平册和阳平册，故一共有5册。

音也作为读书音标注，从而形成了一部如王力所评述的"古今南北杂糅的韵书"：

> 这是古今南北杂糅的一部韵书。在声调方面，它维持传统的入声；在声母方面，它维持全浊声母；但是，在韵部方面，它却大事合并。拿平声来说，它把"平水声"三十个韵部并成了二十二个，比起《中原音韵》的十九部来只多出三个。宋濂在《洪武正韵·序》里说："有独用当并为通用者，如东冬、清青之属；亦有一韵当析为二韵者，如鱼模、麻遮之属。"这样，从声调、声母两方面看，《洪武正韵》偏重于存古；从韵部方面看，它又偏重于从今。而存古与从今都做得不彻底，所以说是古今南北杂糅的一部韵书。①

王力还认为，《洪武正韵》的作者，也就是乐韶凤、宋濂等人，是对《切韵》系统有所排斥的，他们认为"韵学起于江左，殊失正音"，于是遵循朱元璋"一以中原雅音为定"的旨意，排斥《切韵》为吴音。王力继而得出了结论："所谓'以中原雅音为定'的话是不明确的，中原区域很大，不知指的是什么城市；参加编写工作的共十一人，据籍贯可知者看来，除了一个蒙古人以外，都是南方人，其中有三个浙江人，难免受到自己方言的影响。"②

也正是在各般因由下，全书编成后，朱元璋对初版的《洪武正韵》并不太满意。该书刊行后，他"审阅观览，以其中尚有未谐协者"。因此，朱元璋又重新召集人手进行多次修改，却一直未得到满意的版本。

明朝（特别是中后期）的文人对《洪武正韵》改变约定俗成的古韵的做法无法适应，导致《洪武正韵》受重视的程度不够。明朝灭亡后，清朝学者对《洪武正韵》的批评更加激烈，认为其编纂粗糙、错误百出、纰漏连篇，这也导致《洪武正韵》在韵书学界的地位更低，直至无人问津。《四库全书》虽然收录了《洪武正韵》，但是《四库全书总目》里也批评道：

> 是太祖亦心知其未善矣。其书本不足录，以其为有明一代同文之治，削而不载，则韵学之沿革不备。③

---

① 王力：《中国语言学史》，复旦大学出版社，2006年版，第68页。
② 同上。
③〔清〕永瑢等：《四库全书总目》，中华书局，1965年版，第363-364页。

第三节 《洪武正韵译训》的诞生

《洪武正韵》作为明朝官方韵书，同其他朝代的官韵相比，尽管影响力不大，但是仍对当时明朝的邻国产生了深远的影响。其中受到影响最大的是朝鲜，这与当时朝鲜王朝使用汉字有关。《洪武正韵》作为明朝的官修韵书，虽有种种问题，但是朝鲜仍十分重视，因此被引入朝鲜国内大力推广。这也直接促使了朝鲜韵书史上至关重要的一部韵书——《洪武正韵译训》的诞生。

朝鲜世宗二十六年（1444），原计划是将《古今韵会举要》的谚文（也就是朝鲜文）解读本来作为朝鲜官方韵书，大臣崔万里上书反对，认为应该遵从明朝的官韵，也就是对《洪武正韵》一书进行谚文解读，所以发行《古今韵会举要》谚文版本这一计划并没有实施。而后，世宗大王着手召集学者编写用谚文标注《洪武正韵》韵字读音的韵书——《洪武正韵译训》作为朝鲜的官方韵书。编纂者之一申叔舟在序文中说道：

> 声韵之学最为难精，盖四方风土不同，而气亦从之。声，生于气者也。故所谓四声七音随方而异。宜自沈约著《谱》杂以南音，有识病之，而历代未有厘正之者。洪惟皇明太祖高皇帝愍其乖舛失伦，命儒臣一以中原雅音为定，《洪武正韵》实是天下万国所宗。
>
> 我世宗庄宪大王留意韵学，穷研底蕴，创制"训民正音"若干字，四方万物之声无不可传。吾东邦之士，始知四声七音自无所不具，非特字韵而已也。于是以吾东国世事中华而语音不通必赖传译，首命译《洪武正韵》。[1]

世宗大王高度重视《洪武正韵译训》的编纂，任命两个儿子，即朝鲜首阳大君李瑈和桂阳君李璔执掌全局，集合了成三问、曹变安、金曾、孙寿山、申叔舟（主要编纂者）等学者合力编写。世宗过世，朝鲜文宗即位后，又进行"重加双校"，增加了鲁参、权引和壬元浚三人参与撰写工作。

---

[1] 〔朝〕申叔舟等：《洪武正韵译训》，高丽大学校出版部，1974年版，第349页。

在编纂《洪武正韵译训》过程中，由于仅凭《洪武正韵》的反切法是无法判断字音正误的，再加上当时朝鲜所了解的汉语读音也主要是以北方音为主的"中原雅音"，编者们又不敢轻易变更明太祖钦定的官方韵书，这就使朝鲜学者陷入进退两难的局面。为此，朝鲜学者开始长达数年的实地语音勘察工作。在此过程中，申叔舟等人多次前往明朝北方地区，特别是都城北京调查当时当地的语音，同时多次向明朝学者请教有关《洪武正韵》的韵字读音等问题。《洪武正韵译训》复原版序言中对此记载道：

> 然语音既异，传讹亦甚。乃命臣等就正中国之先生学士，往来至于七八，所与质之者若干人。燕都为万国会同之地，而其往返道途之远，所尝与周旋讲明者又为不少。以至殊方异域之使，释老卒伍之微，莫不与之相接，以尽正俗异同之变。且天子之使至国，而儒者则又取正焉。凡誊十余稿，辛勤反复，竟八载之久。[1]

经过数年的读音勘察，朝鲜学者意识到既要保证《洪武正韵》的正统地位，也无须完全照搬《洪武正韵》的正音。为此，《洪武正韵译训》的编者在记录《洪武正韵》中的反切音的同时，也加入了他们了解到的明朝北方地区特别是北京城中广泛使用的俗音（或者说是时音）。这样一来，《洪武正韵译训》中便同时保存了明朝当时汉字的正音和俗音两种注音。这使得明朝官话音的读书音和说话音得以同时保留。这种变通的注音方式也为后世的语音调查研究带来了新的方向。

《洪武正韵译训》中用谚文标注的读音，大部分是明朝时期的汉字官话正音，从明朝到现在，中国的官话正音发生了较大的变化，而《洪武正韵译训》中的谚文读音基本保留了明朝初期官话的读音，这使得我们能够非常容易了解几百年前明朝的语音。《洪武正韵译训》的读音准确地反映了明朝时期韵字读音的实际情况，书中的谚文注音为我们研究和分析明初官话音提供了实际读音语料，能够帮助我们还原明朝初期官话音的实际读法，也为汉字语音的演变和发展提供了极为珍贵的对比素材。

---

[1]〔朝〕申叔舟等：《洪武正韵译训》，高丽大学校出版部，1974 年版，第 349 页。

第三章
《洪武正韵译训》注音中的谚文

第一节 谚文的创制

谚文，现在称为朝鲜文，是朝鲜半岛使用的文字，它是 15 世纪李氏朝鲜王朝第四代君主世宗大王李祹命人创制的一种表音文字。虽然谚文在推广中一度遇到不少问题，但是它现今已经成为中国朝鲜族以及朝鲜、韩国的通用文字。谚文创制的时期，亦是《洪武正韵译训》编写的时期，所以二者间也有着密不可分的关联。

公元 15 世纪以前，朝鲜只有语言没有文字，以汉字为书写工具。由于朝鲜语与汉语是完全不同的语系，使用汉字记录朝鲜语是一件很不容易的事，能够学习和使用汉字的多是贵族阶层，普通民众多为文盲，这非常不利于文化的交流与发展。有感于此，1443 年朝鲜世宗大王命郑麟趾、申叔舟、崔桓等学者在多年研究朝鲜语的音韵和一些外国文字的基础上，着手创造朝鲜自己的拼音文字，从而创造了适合标记朝鲜语语音的文字体系——谚文（也就是后来的朝鲜文），称为"训民正音"，意为"教老百姓以正确的字音"，用以解决当时朝鲜人民书写文字的问题。正如《训民正音》的序文所述：

国之语音，异乎中国，与文字不相流通。故愚民有所欲言而终不得伸其情者多矣。予为此悯然，新制二十八字，欲使人人易习，便于日用矣。[1]

第二节 《洪武正韵译训》中的谚文字母

《洪武正韵译训》对明朝汉字正音和俗音进行了朝鲜文注音，所使用的正是世宗大王时期所创制的谚文。

---

① 〔朝〕世宗大王：《训民正音》，辞书出版社，1965 年版，第 1 页。

一、《训民正音》中的谚文字母

《训民正音》的谚文是表音文字。在参照了汉字的书写方式与汉语的音韵规则后，学者最终创制了 28 个字母来拼写当时朝鲜的语言，在《世宗庄宪大王实录》卷第一百二中有如下记载：

> 是月，上亲制谚文二十八字，其字仿古篆，分为初中终声，合之然后乃成字，凡于文字及本国俚语，皆可得而书，字虽简要，转换无穷，是谓《训民正音》。

这 28 个字母包含了 17 个辅音（子音）和 11 个元音（元音）。

17 个辅音：

牙音：ㄱ、ㅋ、ㆁ；

舌音：ㄷ、ㅌ、ㄴ；

唇音：ㅂ、ㅍ、ㅁ；

齿音：ㅈ、ㅊ、ㅅ；

喉音：ㆆ、ㅎ、ㅇ；

半舌音：ㄹ；

半齿音：ㅿ。

11 个元音：

·、ㅡ、ㅣ、ㅗ、ㅏ、ㅜ、ㅓ、ㅛ、ㅑ、ㅠ、ㅕ。

随着时间的推移，现代朝鲜语中·、ㅿ、ㆁ、ㆆ这四个字母已经不再使用，因此现代朝鲜语中的基本字母只剩下 24 个。

二、《洪武正韵译训》中新出现的谚文字母

《洪武正韵译训》的谚文，除了《训民正音》所使用的基本字母ㅿ、ㆁ、ㆆ之外，还有一些变形字母，用以标注时音的不同之处。

《洪武正韵译训》对齿音ㅅ、ㅆ、ㅈ、ㅉ、ㅊ等进行了左右拉长的变形，向左拉长的ᄼ、ᄽ、ᅎ、ᅏ、ᅔ表示齿头音，向右拉长的ᄾ、ᄿ、ᅐ、ᅑ、ᅕ则表示正齿音。这使《洪武正韵》的韵字声母得到更为准确的谚文注音。

由于朝鲜语的音系中没有[f]音，《洪武正韵译训》中创制并使用了ᄫ、ᅗ、ᄬ、

ㅸ来表示类似的音。具体到字母上，分别为：非母ㅸ（f），敷母ㆄ（fʰ），奉母ㅹ（v），微母ㅱ（ɱ→ʋ）。不过《洪武正韵》的字母是"非敷混"，因此《洪武正韵译训》中并未出现敷母ㆄ（fʰ）。

这种变化后的谚文字母并未在当时朝鲜社会上流通开来，一般只在朝鲜古韵书中出现，而到了现代朝鲜语中，这些谚文字母则早已不再使用了。

第三节 《洪武正韵译训》中的谚文读音

《洪武正韵译训》中的正音和俗音这两种谚文注音是我们了解和研究明朝官话音的特点及演变的重要资料。谚文从创制至今在读音上基本没有太大的变化，仅仅是一些音值相似的声母在现代朝鲜语中的合并及韵母音值的微小改变。因此在语音的保留上来看，《洪武正韵译训》的谚文注音使用现今的朝鲜语来进行拼读也是基本正确的，所以这就给我们研究明朝的语言提供了直接的材料，这也是《洪武正韵译训》一书对明朝官话音研究最重要的贡献。

一、《洪武正韵译训》中的 31 个声母谚文字母读音

《洪武正韵》共 31 个声母，整个体系延续了宋朝时期创制的汉语 36 个字母，同时保留了全浊音。而与传统 36 个声母"见""溪""群""疑""端""透""定""泥""知""彻""澄""娘""帮""滂""并""明""非""敷""奉""微""精""清""从""心""邪""照""穿""床""审""禅""影""晓""匣""喻""来""日"相比，《洪武正韵》的声母在数量上少了 5 个，具体则是"非敷混，知照混，彻穿混，澄床混，泥娘混"。虽然现代朝鲜语中已经不再区分具体的变形谚文字母并将其读音进行了合并，但为了更好地区分明朝官话音，我们仍需要了解每一个声母的音值，特别是那些变形后用来标注不同字母的谚文读音。

近百年来，对于古韵声母字母的拟声，中国多位音韵学者有着深入的研究，具体见表 3.1。

表 3.1　音韵学者声母拟音表

学者		高本汉	李方桂	王力	周法高	陆志韦	董同龢	李荣	邵荣芬	郑张尚芳	潘悟云	蒲立本
唇音	帮	p	p	p	p	p	p	p	p	p	p	p
	滂	pʰ	pʰ	pʰ	pʰ	pʰ	pʰ	pʰ	pʰ	pʰ	pʰ	pʰ
	並	bʱ	b	b	b	b	bʱ	b	b	b	b	b
	明	m	m	m	m	m	m	m	m	m	m	m
舌头音	端	t	t	t	t	t	t	t	t	t	t	t
	透	tʰ	tʰ	tʰ	tʰ	tʰ	tʰ	tʰ	tʰ	tʰ	tʰ	tʰ
	定	dʱ	d	d	d	d	dʱ	d	d	d	d	d
	泥	n	n	n	n	n	n	n	n	n	n	n
舌上音	知	ʈ	ʈ	ʈ	ʈ	ʈ	ʈ	ʈ	ʈ	ʈ	ʈ	ʈ
	彻	ʈʰ	ʈʰ	ʈʰ	ʈʰ	ʈʰ	ʈʰ	ʈʰ	ʈʰ	ʈʰ	ʈʰ	ʈʰ
	澄	ɖʱ	ɖ	ɖ	ɖ	ɖ	ɖʱ	ɖ	ɖ	ɖ	ɖ	ɖ
	娘	ɳ	ŋ	n	ɳ	n	n	n	n	ɳ	ɳ	ɳ
齿头音	精	ts	ts	ts	ts	ts	ts	ts	ts	ts	ts	ts
	清	tsʰ	tsʰ	tsʰ	tsʰ	tsʰ	tsʰ	tsʰ	tsʰ	tsʰ	tsʰ	tsʰ
	从	dzʱ	dz	dz	dz	dz	dzʱ	dz	dz	dz	dz	dz
	心	s	s	s	s	s	s	s	s	s	s	s
	邪	z	z	z	z	z	z	z	z	z	z	z
正齿音庄系	庄	tʂ	tʂ	tʃ	tʂ	tʃ	tʃ	tʃ	tʃ	tʃ	tʂ	tʂ
	初	tʂʰ	tʂʰ	tʃʰ	tʂʰ	tʃʰ	tʃʰ	tʃʰ	tʃʰ	tʃʰ	tʂʰ	tʂʰ
	崇	dʐʱ	dʐ	dʒ	dʐ	dʒ	dʒʱ	dʒ	dʒ	dʒ	dʐ	dʐ
	生	ʂ	ʂ	ʃ	ʂ	ʃ	ʃ	ʃ	ʃ	ʃ	ʃ	ʂ
	俟	dʐʱ	dʐ	ʒ	ʐ	dʐ	ʒ	ʒ	ʒ	ʒ	ʐ	ʐ
正齿音章系	章	tɕ	tɕ	tɕ	tɕ	tɕ	tɕ	tɕ	tɕ	tɕ	tɕ	c
	昌	tɕʰ	tɕʰ	tɕʰ	tɕʰ	tɕʰ	tɕʰ	tɕʰ	tɕʰ	tɕʰ	tɕʰ	cʰ
	常	ʑ	ʑ	ʑ	dʑ	ʑ	ʑ	ʑ	dʑ	dʑ	dʑ	dʑ
	书	ɕ	ɕ	ɕ	ɕ	ɕ	ɕ	ɕ	ɕ	ɕ	ɕ	ɕ
	船	dʑʰ	dʑ	dʑ	dʑ	dʑ	dʑʱ	dʑ	ʑ	ʑ	ʑ	ʑ
牙音	见	k	k	k	k	k	k	k	k	k	k	k
	溪	kʰ	kʰ	kʰ	kʰ	kʰ	kʰ	kʰ	kʰ	kʰ	kʰ	kʰ
	群	gʱ	gʱ	g	g	g	gʱ	g	g	g	g	g
	疑	ŋ	ŋ	ŋ	ŋ	ŋ	ŋ	ŋ	ŋ	ŋ	ŋ	ŋ

续表

学者		高本汉	李方桂	王力	周法高	陆志韦	董同龢	李荣	邵荣芬	郑张尚芳	潘悟云	蒲立本
喉音	晓	x	x	x	x	x	x	x	x	h	h	h
	匣	ɣ	ɣ	ɣ	ɣ	ɣ	ɣ	ɣ	ɣ	ɦ	ɦ	ɦ
	影	ʔ	ʔ		ʔ		ʔ	ʔ	ʔ	ʔ	ʔ	ʔ
	云			ɣ	j		ɣ	ɣ	ɣ			ɦ
	以		j	j		j				j	j	j
半舌音	来	l	l	l	l	l	l	l	l	l	l	l
半齿音	日	ȵʑ	ȵʑ	ȵʑ	ȵʑ	ȵʑ	ȵ	ȵ	ȵʑ	ȵ	ȵ	ȵ

参考各位学者的看法，并结合延世大学和韩国歌曲艺术研究所公布的最新版朝鲜语字母国际音标，同时对比韩国最具权威的百科全书网站"树木百科"[①]中关于朝鲜语字母国际音标的相关内容，本书对《洪武正韵译训》中的 31 个字母的谚文的国际音标进行如下总结，见表 3.2。

表 3.2 《洪武正韵译训》中谚文的国际音标表

唇音	重唇音	帮 ㅂ /p/	滂 ㅍ /pʰ/	並 ㅃ /b/	明 ㅁ /m/
	轻唇音	非 ㅸ /f/		奉 ㅹ /v/	微 ㅱ /ɱ/
舌音	舌头音	端 ㄷ /t/	透 ㅌ /tʰ/	定 ㄸ /d/	泥 ㄴ /n/
齿音	齿头音	精 ㅈ /ts/	清 ㅊ /tsʰ/	从 ㅉ /dz/	
		心 ㅅ /s/		邪 ㅆ /z/	
	正齿音	照 ㅈ /tʂ/	穿 ㅊ /tʂʰ/	床 ㅉ /dʐ/	
		审 ㅅ /ʂ/		禅 ㅆ /ʐ/	
牙音		见 ㄱ /k/	溪 ㅋ /kʰ/	群 ㄲ /g/	疑 ㆁ /ŋ/
喉音		影 ㆆ /ʔ/			喻 ㅇ /j/
		晓 ㅎ /x/		匣 ㆅ /ɣ/	
半舌音					来 ㄹ /l/
半齿音					日 ㅿ /ȵ/

后文对谚文标注的正俗音进行音值转写，也将使用表 3.2 中的 31 个字母的国际音标。

朝鲜语的实际读音中，喻母并没有读音，实际读音为[Ø]，因此后文在标注谚

---

① "树木百科"（朝鲜语 나무위키）是韩国排名第一的百科全书网站，关于朝鲜语及古谚文字母的音值等相关条目该网站有详细的学者研究资料。

文注音的音值时，当声母字母为喻母时则不做标注，音节中仅标注喻母之后的韵母的国际音标。

二、《洪武正韵译训》中的韵母读音

相对于变形声母谚文字母，《洪武正韵译训》中注音所使用的韵母字母基本与现代朝鲜语一致。朝鲜语读音数百年来基本上没有变化，如今的朝鲜语国际音标基本上与《洪武正韵译训》中的韵母读音相同。本书结合延世大学和韩国歌曲艺术研究所公布的最新版朝鲜语字母国际音标，同时对比韩国最具权威的百科全书网站"树木百科"中关于朝鲜语字母国际音标的相关内容，梳理出《洪武正韵译训》的具体韵母的读音如下：

（1）ㅏ [ɐ]，可读作[a]或者[ɑ]，而现在的朝鲜语的音值更接近[ɐ]，因此后文中也用[ɐ]进行标记；

（2）ㅑ [jɐ]；

（3）ㅓ [ʌ]；

（4）ㅕ [jʌ]，在实际读音中，[jɔ]音和[jə]音两者均可；

（5）ㅗ [o]；

（6）ㅛ [jo]；

（7）ㅜ [u]；

（8）ㅠ [ju]；

（9）ㅡ [ɯ]；

（10）ㅣ [i]。

以上是基本的韵母的读音。另外，还有不同的韵母组合起来的情况，读音会有一些变化，这些组合及其读音同样在现代朝鲜语中被沿用。

（1）ㅏ + ㅣ = ㅐ [ɛ]；

（2）ㅑ + ㅣ = ㅒ [jɛ]；

（3）ㅗ + ㅣ = ㅚ [ø]，或者读作[we]，《洪武正韵译训》并未出现这一组合；

（4）ㅗ + ㅏ + ㅣ = ㅙ [wɛ]；

（5）ㅡ + ㅣ = ㅢ [ɯi]；；

（6）ㅓ + ㅣ = ㅔ [e]；

（7）ㅕ + ㅣ = ㅖ [je]；

（8）ㅜ + ㅣ = ㅟ ［wi］；

（9）ㅜ + ㅓ + ㅣ = ㅞ ［we］；

（10）ㅗ + ㅏ = ㅘ ［wɐ］；

（11）ㅜ + ㅓ = ㅝ ［wʌ］。

此外，《洪武正韵译训》中还出现了一个现代朝鲜语中不再使用的韵母组合ㅠㅣ，在创制时的读音是［juj］。

三、《洪武正韵译训》中入声读音

《洪武正韵译训》的入声韵尾分作三种，在谚文注释中分别是ㄱ、ㄷ、ㅂ，这些韵尾在目前的朝鲜语中沿袭下来，音值不变。结合延世大学和韩国歌曲艺术研究所公布的最新版朝鲜语字母国际音标，同时对比韩国最具权威的百科全书网站"树木百科"，谚文注音音值如下：[①]

（1）ㄱ［k̚］；

（2）ㄷ［t̚］；

（3）ㅂ［p̚］。

第四节　《洪武正韵译训》与《四声通解》

《四声通解》在 16 世纪初期由朝鲜学者崔世珍撰成，该书以其编写的《续添洪武正韵》为底本，参考了《洪武正韵译训》编者之一申叔舟编撰的《四声通考》。从传承的角度来看，《四声通解》是对《洪武正韵译训》的延伸与增补。《四声通考》失传及《洪武正韵译训》佚失后的数百年间，朝鲜的音韵学者对明朝官话音的读音研究大多通过《四声通解》中的记载。

与传统韵书不同，《四声通解》并非以平、上、去、入分卷，而是按 23 韵分配汉字字头，字头又用中声分开。分配情况如图 3.1 所示：

---

① 汉语中对入声韵尾的标音一般使用［k］、［t］、［p］。这里出现的国际音标是朝鲜语中对"终声"进行标音的，由于本书的研究对象为谚文注音，文中使用朝鲜语标注法，用［k̚］、［t̚］、［p̚］来标注入声读音。

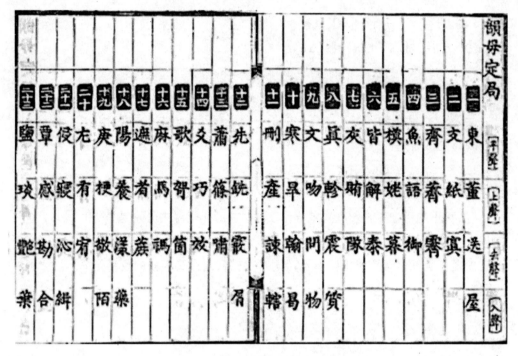

图 3.1 《四声通解》韵字分布情况

　　《四声通解》中全面记录了《洪武正韵译训》已经标注的正俗音，崔世珍还记录了他所处时期的读音，即"今俗音"。虽然书中记录的读音与当时明朝中原地区的官话读音较为相似，甚至大部分相同，不过由于编者在编写时不能像申叔舟等人编写《洪武正韵译训》时那样大规模地记录时音，因此"今俗音"更应该被看作是当时在明朝局部地区流传的汉字读音。同时《四声通解》主要记录韵字读音，对其他方面的内容记录较少，并简化了《洪武正韵译训》小韵的释义。《四声通解》与《洪武正韵译训》的局部内容对比如图 3.2 所示①：

---

　　① 本书对比图中的《洪武正韵译训》是已知的现存唯一版本的扫描图，由于原书有些文字不甚清晰，因此本书中的对比图也会受此影响出现个别文字不易识别的情况。

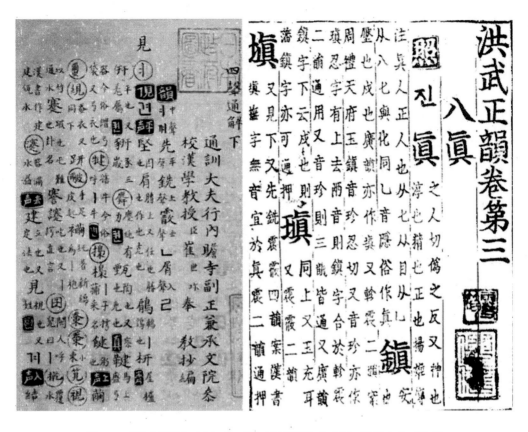

图 3.2 《四声通解》（左）与《洪武正韵译训》（右）局部内容对比图

第四章

《洪武正韵译训》平声部分的
注音与明朝官话音

　　《洪武正韵译训》中使用谚文对全书的小韵进行了读书音的标注，记为正音；对部分小韵，编者还根据他们当时在明朝实地堪察中听到的读音进行了注音，记为俗音。通过对全书小韵谚文注音的详解，可以了解明朝迁都后官话音的面貌。

　　《洪武正韵译训》全书总计 76 大韵，2223 小韵，有 288 个小韵标注了俗音，另有 45 个小韵有读音说明。

　　笔者用国际音标对《洪武正韵译训》中的所有小韵的谚文注音进行了拼读，以便对各韵字更好地进行拟音分析；同时为了对比读音，也使用现代汉语拼音[①]对小韵进行了今音的标注。因朝鲜语本身并无音调，是以拼读后不标音调。此外，笔者还将影印版《洪武正韵译训》中每个小韵的反切字、注释等内容全面整理并以表格的形式呈现；将影印版的图片内容转为文字，这样辨认与阅读更为方便；切字释义等内容原为繁体字，为保证原义，本书不进行简体化处理；同时因原书仅有孤本存在，为避免人为因素干扰，注释中亦不另加标点符号。转写内容可以构建出明朝官话音的语料数据库，也能为进一步深入研究明朝官话音的演变提供翔实的资料。

　　本书通过《洪武正韵译训》的俗音（说话音）谚文注音，分析出明朝当时实际的官话音；将俗音与正音（读书音）加以对比，进而探讨明初南北融合型新官话的语音特点及语言风貌；与现代汉语普通话进行对比分析，总结明朝官话音的演变发展情况。此外，本书将《洪武正韵译训》中 76 个大韵中的所有小韵的内容用表格形式列出并进行分析，在此基础上，将《洪武正韵译训》与明嘉靖四十年（1561）刘以节刊版《洪武正韵》进行了反切字及注释两方面的对比，说明两部韵书中各个小韵之间的异同，从而最大限度地避免了材料出现讹误，此外，还梳理和阐述了两版《洪武正韵》中反切注释从明初到明中期百年间的变化情况。

　　本书中的国际音标是对朝鲜语相应的谚文字母的标注，实际上这些谚文字母的读音相当于音位读音，不包括语流音变中的变体形式；同理，汉语拼音也是用来标注汉字的。在需要对谚文注音和今音做对比时，行文中将做出说明，另用脚注的形式对各小韵中出现的读音说明进行叙述。

---

① 本书中的汉语拼音和对比使用的现代汉语指国家通用语即普通话。

第一节　平声卷一与平声卷二

不同于明朝中后期的一些《洪武正韵》版本将平声部分分为上平声与下平声，《洪武正韵译训》一书并未对平声进行划分。

根据统计，《洪武正韵译训》的平声部分分为 6 卷，总共有 22 个大韵，664 个小韵，其中有 104 个小韵标注了俗音（时音），另有 12 个小韵有专门的读音说明。

如前所述，《洪武正韵译训》现存版本的卷一、卷二缺失，后来韩国学者朴炳采对这两卷进行了复原。复原后的卷一含 3 个大韵，75 个小韵，1080 个韵字，其中标注有俗音的 26 个，有读音说明的 2 个；卷二有 4 个大韵，99 个小韵，867 个韵字，其中标注有俗音的 9 个，有读音说明的 2 个。具体情况如下：

一东韵中共有 355 个韵字；

二支韵中共有 485 个韵字；

三齐韵中共有 240 个韵字；

四鱼韵中共有 279 个韵字；

五模韵中共有 210 个韵字；

六皆韵中共有 124 个韵字；

七灰韵中共有 254 个韵字。

《洪武正韵译训》补完之后，韩国高丽大学校出版部将它影印发行，其中复原后的平声部分的卷一与卷二的内容，列在全书最后。朴炳采对《洪武正韵译训》前两卷的复原具体做了如下工作。

首先，在卷首的复原方面：

（1）《洪武正韵译训》序文的复原工作基于朝鲜时期《保闲斋集》所载译训序文。

（2）《洪武正韵》的序文使用的是明版隆庆本《洪武正韵》的序文部分。

（3）《洪武正韵》的三十一字母之图使用的是《四声通解》卷头所载字母图。

（4）《洪武正韵译训》凡例部分使用《四声通解》卷末所载《四声通考》凡例。

（5）《洪武正韵》的凡例使用的是明版隆庆本《洪武正韵》的凡例部分。

（6）《洪武正韵译训》的目录也即《洪武正韵》的目录，因此也是使用明版隆庆本《洪武正韵》的目录。[①]

其次，在文本的复原方面：

（1）字母分入；
（2）字韵的朝鲜文译音；
（3）俗音的朝鲜文译音及注记；
（4）读音的注释和喻母的古韵等。[②]

其中字母的分入是按照《洪武正韵》的相关内容展开的，同时也参考了《东国正韵》相关内容。这是由于《东国正韵》的编写受到了《洪武正韵译训》的影响，所以《东国正韵》的字母分入、注音、反切等内容，采用了和《洪武正韵》相同的形式，这也给《洪武正韵译训》的补编工作带来了莫大的帮助。

在谚文注音等译音方面则是对照了《四声通解》一书记载的内容进行的补完。《洪武正韵译训》成书后，作者申叔舟又在此基础上编写了《四声通考》，里面记录了不少《洪武正韵译训》的相关内容，虽然现在已经失传，但是流传至今的《四声通解》是多年后对《四声通考》进一步完善的成果，所以对其中的内容仍有记载。因此《四声通解》中的注音内容对于完善和补足《洪武正韵译训》的谚文注音有着极大的帮助。

最后，印影版中缺失部分的文字书写工作，则是由韩国的书法家权东载完成，他用与原版《洪武正韵译训》统一的文字风格进行书写，使得《洪武正韵译训》最终得以完秩。

以上是对《洪武正韵译训》卷一、卷二复原工作的简要介绍，具体的语音情况无法考证，不再进行分析，现仅将这两卷的 7 个大韵的内容及读音对比以表格的形式放在本书的最后，具体见附录。

---

① 〔韩〕申叔舟等：《洪武正韵译训》，高丽大学校出版部，1974 年版，第 435 页。
② 同上书，第 436 页。

第二节　平声卷三

现在我们看到的影印版《洪武正韵译训》从卷三开始，呈现的是朝鲜时代最初编写时的面貌，由此有着更为重大的研究价值。在对影印内容进行统计处理的同时，本书也对比嘉靖年间的《洪武正韵》，对一些现象进行分析。

《洪武正韵译训》平声卷三包含真、寒、删 3 个大韵，共计 112 个小韵。其中有标注俗音的 25 个，有读音说明的 1 个，共 737 个韵字。

真韵包含 61 个小韵，其中有标注俗音的 8 个，具体见表 4.1。

表 4.1　八真韵文字转写表

序号	小韵	反切上字	反切下字	字母	谚文注音及国际音标		俗音及国际音标		汉语拼音	注释
1	眞	之	人	照	진	tɕin			zhen	偽之反又神也淳也精也正也揚雄傳注眞人正人也从匕从目从乚从八匕與化同乚音隱俗作眞
2	申	升	人	審	심	ɕim			shen	伸也重也容也明也闡也又姓辰名漢志申堅於申又明約束也易申命漢文紀申教食又欠申翼奉傳欠申動於貌後漢馮衍論屈申無常古唯申字後加立人以別之从曰从丨當作申亦作申又震韻莊子熊經鳥申有兩音
3	瞋	稱	人	穿	친	tɕʰin			chen	怒而張目也
4	辰	丞	眞	禪	씬	zin			chen	時也又日也左傳日月所會是謂辰北極謂之北辰漢志振美於辰大火謂之大辰日月斗三辰
5	人	而	鄰	日	신	ŋin			ren	人者神也人者仁也說文最靈也奇字作儿兒禿亮禿皆从儿亦作几虎微之類从儿亦作亻

续表

序号	小韵	反切上字	反切下字	字母	谚文注音及国际音标		俗音及国际音标		汉语拼音	注释
6	辛	斯	鄰	心	신	sin			xin	金味說文秋時也又日名漢志悉新於辛爾雅太歲在辛曰重光又姓又葷味又苦辛亦取辛酸之意
7	親	七	人	清	친	tsʰin			qin	愛也近也躬也姻眷也又近之也禮記親之也者親之也又震韻古从亲亲音臻省文作亲
8	津	資	辛	精	진	tsin			jin	水渡又水會處篆作津聿與津同爾雅析木謂之津杜預曰箕斗之閒有天漢故曰津又液也又津津溢也
9	秦	慈	鄰	從	찐	dzin			qin	禾名國名又姓
10	繽	紕	民	滂	핀	pʰin			bin	繽紛雜亂之貌說文作𡧩
11	賓	卑	民	幫	빈	pin			bin	客也恭也迎也列也遵也服也又震韻
12	頻	毗	賓	並	삔	bin			pin	厓也亦作瀕又頻顣亦作顰蹙又數也比也漢書比年注頻年也从中今作少音他達切从少誤
13	民	彌	鄰	明	민	min			min	說文眾萌也民泯也泯然無知也古作𠰠象形
14	陳	池	鄰	牀	찐	dzin			chen	列也張也眾也布也故也久也國名又姓又敷告也玉篇云或作敕塵此字與東柬二字不同今多作陳又震韻
15	鄰	離	珍	來	린	lin			lin	比也近也親也古作厸周禮五家爲鄰書臣哉鄰哉俗作隣又動也敝也考工記不甋於鑒亦作鄰又震韻
16	因	伊	眞	影	힌	ʔin			yin	託也由也仍也就也春秋傳因重固
17	氳	紆	倫	影	훈	ʔjun			yun	氤氳氣貌易作絪縕說文作壹注云元氣也
18	紉	尼	鄰	泥	닌	nin			ren	索之也方言楚謂擘爲紉郭璞曰今亦以綫貫針爲紉禮記紉鍼請補綴離騷紉秋蘭以爲佩又單繩从系从刄从刀兩旁有距楚良切傷也
19	雲	于	分	喻	윤	jun			yun	說文山川气易坎爲雲

序号	小韵	反切上字	反切下字	字母	谚文注音及国际音标		俗音及国际音标		汉语拼音	注释
20	鈞	規	倫	見	균	kjun			jun	三十斤又陶車賈誼賦大鈞播物音義陶者謂模下圓轉者為鈞以其能制器為大小比之於天也鄒陽曰獨化陶鈞之上師古曰陶家謂轉者爲鈞盖取周回調鈞耳言聖王制馭天下亦猶陶人轉鈞也亦作均詩秉國之均漢律歷志作鈞又均平也書厥罪惟鈞左傳年鈞以德鈞均古通用若陶鈞與平均不妨分押
21	巾	居	銀	見	긴	kin			jin	蒙首衣釋名巾謹也二十成人士冠庶人巾當自謹脩於四教曰帉也冪也周禮巾車注巾猶衣被之衣
22	勤	渠	巾	群	낀	gin			qin	孜孜也勞也盡也詩林杜勤歸也勞來其勤曰勤歸俗作懃
23	銀	魚	巾	疑	인	ŋin			yin	白金又與垠同荀子守其銀
24	囷	區	倫	溪	큔	kʰjun			qun	圓廩又輪囷屈曲盤戾貌又軫韻
25	熏	許	云	曉	훈	xjun			xun	煙上出又以火熏物也氣烝也詩穹室熏鼠路溫舒傳虛美熏心毛晃曰熏烝字不从艸古人或假借用之如易厲薰心漢馬廖傳聲薰天地注薰猶蒸也唐書薰為太平又詩公尸來止熏熏毛傳和說也箋坐不安之意篆作燻今作熏中从𠔿𠔿與囪同俗从田
26	羣	渠	云	群	꾼	gjun			qun	輩也眾也聚也隊也俗作群
27	欣	許	斤	曉	힌	xin			xin	喜也亦作忻訢
28	諄	朱	倫	照	쥰	tɕjun			zhun	至也誨言重複也說文告曉熟也一曰懇誠貌或作肫肫亦作哼俗作諄凡从享者俗皆作享又震韻
29	春	樞	倫	穿	츈	tɕʰjun			chun	歲之始春秋說題辭春蠢也蠢興也又軫韻
30	純	殊	倫	禪	쓘	zjun			chun	粹也篤也至也好也大也文也誠也不雜也亦作醇又支軫震韻

续表

序号	小韵	反切上字	反切下字	字母	谚文注音及国际音标		俗音及国际音标		汉语拼音	注释
31	荀	須	倫	心	슌	sjun			xun	草名又姓
32	逡	七	倫	清	춘	tsʰjun			qun	復也退也逡巡却退貌春秋外傳已復放事而逡亦作夋俊竣
33	存	徂	尊	從	쯘	dzun			cun	說文恤問也从子在在亦存也廣韻亦察也又省視也
34	旬	詳	倫	邪	쓘	zjun			xun	十日爲旬又均也徧也
35	倫	龍	春	來	륜	ljun			lun	次序也等也比也道理也亦作論又伶倫漢志作泠綸
36	文	無	分	微	문	mjun	믄	mɰun	wen	文章也美也善也兆也華也斑也法也又姓考工記青與赤謂之文又持文法深刻謂之深文法刻曰文深以文法致人於罪謂之文致左傳經緯天地曰文
37	芬	敷	文	非	푼	fun	픈	fɰun	fen	芬芳詩燔炙芬芬篆文作芬草初生香分布也今作芬
38	汾	符	分	奉	뿐	vun	쁜	vɰun	fen	水名
39	䰟	胡	昆	匣	훈	ɣun			hun	神䰟亦作魂左傳人生始化爲魄既生魄陽曰䰟
40	昆	公	渾	見	군	kun			kun	同也兄也並也咸也後也書昆命于元龜又明也莊子音義云昆獐也又昆蟲昆侖山名西夷名亦作混夷
41	溫	烏	昆	影	훈	ʔun			wen	和也暖也又水名又姓又州名亦作温从昷音同昷仁也說文以皿食囚亦作温凡从昷者俗皆作昷又軫震二韻
42	昏	呼	昆	曉	훈	xun			hun	日冥也闇也蒙昧也又昏姻俗作昬婚
43	坤	枯	昆	溪	쿤	kʰun			kun	地道也卦名古作巛象六斷連則爲古川字
44	奔	逋	昆	幫	분	pun	븐	pɰun	ben	疾走亦作賁漢書多作犇又震韻
45	歕	鋪	䰟	滂	푼	pʰun	픈	pʰɰun	pen	吹氣也吐也
46	盆	蒲	奔	並	뿐	bun	쁜	bɰun	pen	盎也缶也考工記盆實二鬴又姓
47	門	謨	奔	明	문	mun	믄	mɰun	men	兩戶說文合兩戶謂之門
48	孫	蘇	昆	心	숀	sun			sun	子之子爲孫女之子爲外孫又姓又震韻

序号	小韵	反切上字	反切下字	字母	谚文注音及国际音标		俗音及国际音标		汉语拼音	注释
49	村	倉	尊	清	춘	tsʰun			cun	聚落亦作邨
50	尊	租	昆	精	준	tsun			zun	尊卑又重也高也貴也恭也又酒器說文作罇从木者後人所加
51	啍	他	昆	透	툰	tʰun			tun	日始出貌
52	屯	徒	孫	定	뚠	dun			tun	聚也漢律勒兵而守曰屯本作屯與屯字不同屯本株倫切屯亶也經史多用屯爲屯聚之屯今相仍用之
53	論	盧	昆	來	룬	lun			lun	說也議也思也紬繹討論也又決罪曰論又震及本韻
54	敦	都	昆	端	둔	tun			dun	說文怒也詆也一曰大也勉也誰何也廣韻又迫也詩王事敦我又姓敦洽衛王醜人也又寒蕭隊銑霰灰震韻
55	臻	側	詵	照	즌	tɕun			zhen	至也乃也亦作臻溱案說文从秦聲也是諧秦聲聲與眞同又先韻
56	莘	疏	臻	審	슨	ɕun			shen	地名又長貌詩有莘其尾又赤貌亦作絲
57	榛	鉏	臻	牀	쯘	dʑun			zhen	木叢生
58	痕	胡	恩	匣	흔	ɣun			hen	瘢也
59	根	古	痕	見	근	kun			gen	柢也本也又天根氏星金根車名秦始皇作以金爲飾本商之乘根也
60	恩	烏	痕	影	은	ʔun			en	澤也惠也又愛也隱也
61	垠	五	根	疑	은	ŋun	은	un	yin	垠堮亦作圻又本韻

真韵中共有 444 个韵字。

从表 4.1 中标注了俗音的小韵 36—38、44—47 可以看出，真韵中所标注的正音中，唇音后的韵母[un]实际上在北方地区已经开始被[ɯn]音取代，并已经开始出现了不同的时音，这种现象也保留至今，用汉语拼音标注是/en/，音标是[ən]。

而根据小韵 61，我们可以看到明朝北方地区的语音中，疑母与喻母合流的现象开始出现。

此外，小韵 37 与 38 的声母字母非和奉在正俗音中都保持着原本的读音，但是在现代汉语中却都读为[f]，这表示非母与奉母虽然在明朝迁都后尚未合流，但在明中后期的官话音发展中，不只是《洪武正韵》中归纳的非母、敷母合并，非母与奉母同样出现了合流现象，也就是说，送气声不再具有音位价值，声母的对立转变为声调高低的对立。这正是中古汉语演变为近代汉语过程中，整个音系中全浊声母消失的结果，即浊音清化现象的表现。在卷一东韵中同样出现了这种现象。

与嘉靖本进行对比，有如下不同之处：

（1）小韵 1“眞”，《译训》的注释文字中少了一个“眞”字，如图 4.1 所示，应为抄录中出现的错误。

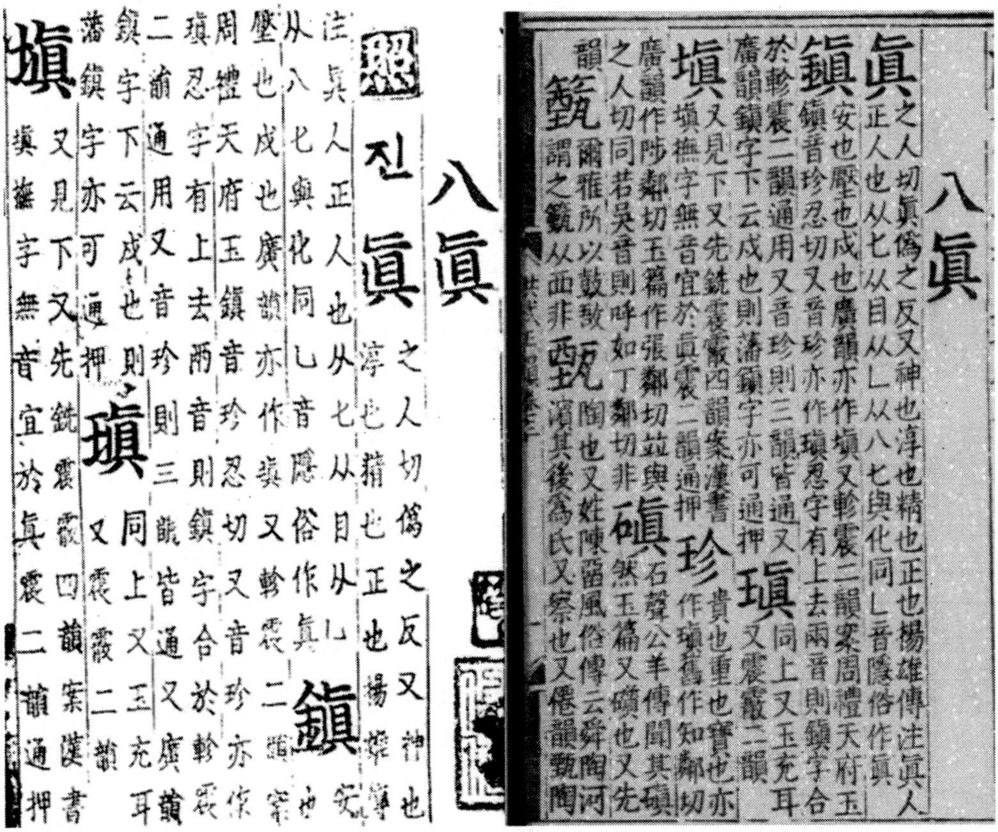
八眞
眞 진 眞 之人切僞之反又神也淳也精也正也揚雄傳注眞人正人也从匕从目从乚从八匕與化同乚音隱俗作眞
鎭 安也壓也戍也廣韻亦作塡又軫震二韻案周禮天府玉鎭音珍忍切又音珍亦作瑱忍字有上去兩音則鎭字合於軫震二韻通用又音珍則三韻皆通又廣韻鎭字下云戍也則諸鎭字亦可通押
瑱 同上又玉充耳又震霰二韻
塡 又見下又先銑霰四韻案漢書塡撫字無音宜於眞震二韻通押

八眞
眞 之人切眞僞之反又神也淳也精也正也揚雄傳注眞人正人也从匕从目从乚从八匕與化同乚音隱俗作真
鎭 安也壓也戍也廣韻亦作塡又軫震二韻案周禮天府玉鎭音珍忍切又音珍亦作瑱忍字有上去兩音則鎭字合於軫震二韻通用又音珍則三韻皆通又廣韻鎭字下云戍也則諸鎭字亦可通押
瑱 同上又玉充耳又震霰二韻
塡 又見下又先銑霰四韻案漢書塡撫字無音宜於眞震二韻通押
珍 貴也重也寶也亦作珍舊作知鄰切廣韻作陟鄰切玉篇作張鄰切竝與之人切同若吳音則呼如丁鄰切非
磌 石聲公羊傳聞其磌然玉篇又磌也又先韻
籈 爾雅所以鼓敔謂之籈从西非
甄 陶也又姓陳留風俗傳云舜陶河濱其後爲氏又察也又僊韻甄陶

图 4.1　小韵“眞”在《洪武正韵译训》与嘉靖本《洪武正韵》中的对比①

（2）小韵 13“民”，嘉靖本“說文民為古體”，该字体到现在已经很少见。

① 各大韵中两个版本仅列出一个对比图作为示例，其余不同之处采用文字说明。对比图左边为《洪武正韵译训》，右边为嘉靖版《洪武正韵》，下同。

（3）小韵 25 "熏"，注释最后的部分，《译训》"俗从田"，嘉靖本"俗从由"。

（4）小韵 56 "莘"，注释最后的部分，《译训》"亦作緈"，嘉靖本"亦作鮮"。

寒韵包含 22 个小韵，其中有标注俗音的 11 个，具体见表 4.2。

表 4.2　九寒韵文字转写表

序号	小韵	反切上字	反切下字	字母	谚文注音及国际音标		俗音及国际音标		汉语拼音	注释
1	寒	河	干	匣	ᅘᅡᆫ	ɣʌn	ᅘᅡᆫ	ɣɐn	han	寒暑之對又姓又國名
2	看	丘	寒	溪	컨	kʰʌn	칸	kʰɐn	kan	視也又翰韻
3	干	居	寒	見	건	kʌn	간	kɐn	gan	盾也方言自關而東或謂之㥦或謂之干關西謂之盾郭璞曰干者扞也亦作杆又荀子西方有木名曰射干玉篇鳶尾射干也又澗也詩秩秩斯干凡水畔水旁水厓曰干又閒也凡言闌干謂闌板之間也又與竿同詩干旄又忓也求也犯也又闌干盛貌薛令之詩苜蓿長闌干又闌干流貌白居易詩玉容寂寞淚闌干又眼眶謂之闌干又若干數未定之辭猶言幾許也又翰韻
4	安	於	寒	影	헌	ʔʌn	한	ʔɐn	an	徐也寧也止也平也定也何也心無愧也又姓
5	歡	呼	官	曉	훤	xwʌn			huan	喜也亦作懽驩上从卝卝音寡俗作歡非
6	寬	枯	官	溪	퀀	kʰwʌn			kuan	愛也裕也緩也廣也舒也不猛也从宀从莧莧胡官切與莧字不同監本从莧
7	官	沽	歡	見	권	kwʌn			guan	宦也職也使也公也荀子注官司主也又謂天子爲縣官又官舍曰官賈誼傳學者所學之官也

续表

序号	小韵	反切上字	反切下字	字母	谚文注音及国际音标		俗音及国际音标		汉语拼音	注释
8	剜	烏	歡	影	원	ʔwʌn			wan	刻削
9	岏	吾	官	疑	원	ŋwʌn	원	wʌn	wan	巑岏小山貌又銳上也高也
10	潘	蒲	官	滂	퓐	pʰwʌn	펀	pʰʌn	pan	姓又見下及先韻
11	般	逋	潘	幫	뷘	pwʌn	번	pʌn	ban	旋也運也多也辟也又見下及刪韻
12	槃	蒲	官	並	뻰	bwʌn	뺜	bjʌn	pan	盛器籒文作盤又槃礴也
13	瞒	謨	官	明	뭔	mwʌn	먼	mʌn	man	平目又目不明
14	酸	蘇	官	心	숸	swʌn			suan	酢也
15	鑽	祖	官	精	줜	tswʌn			zuan	穿也亦作攢又翰韻
16	欑	徂	官	從	쭨	dzwʌn			cuan	積竹杖一曰木叢亦作攢又翰韻
17	端	多	官	端	둰	twʌn			duan	正也首也直也萌也緒也等也通作耑漢志感物造耑小爾雅倍丈謂之端倍端謂之兩倍兩謂之疋杜預曰二丈爲端二端爲兩所謂疋也又玄端朝服又銑韻
18	湍	他	官	透	퉌	tʰwʌn			tuan	激湍急瀬
19	團	徒	官	定	뚨	dwʌn			tuan	圜也聚也亦作圓
20	鸞	盧	官	來	뤈	lwʌn			luan	神鳥出女牀山孫柔之瑞應图鸞者赤神之精鳳凰之佐雞身赤毛色被五采鳴中五音人君進退有度親疏有序則至又和鸞車軨
21	桓	胡	官	匣	뾋	ɣwʌn	원	wʌn	huan	說文亭郵表徐曰表雙立爲桓今亭郵立木交於其端或謂之華表禮記檀弓三家視桓楹注云四植謂之桓一曰木名似柳又水名又桓桓威也又謚法辟土服遠曰桓又姓
22	嘆	許	干	曉	헌	xʌn	한	xɛn	han	乾也旱也亦作熯又翰韻

寒韵中共有 143 个韵字。

从表 4.2 中的小韵 1—4 和 22 可以看到，寒韵正音中的[ʌn]在俗音中已经读作[ɐn]，这种现象也保留至今，用汉语拼音是/an/，音标是[an]。

小韵 9—13 的俗音中[wʌn]简化为[ʌn]，而在现今的汉语拼音中是/an/，虽有不同，但是结合上面的情况，可以得出官话音在后续的演变中也会发生变化，最终变成[an]。

与嘉靖本进行对比，有如下不同之处：

小韵 10 "潘"中，反切字出现了不同，《译训》为"蒲官切"，而嘉靖本为"铺官切"，如图 4.2 所示。

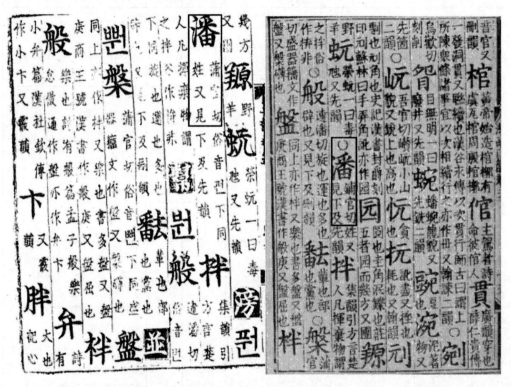

图 4.2　小韵"潘"在《洪武正韵译训》与嘉靖版《洪武正韵》中的对比

删韵包含 29 个小韵，其中有标注俗音的 6 个，有 1 个读音说明，具体见表 4.3。

表 4.3 删韵文字转写表

序号	小韵	反切上字	反切下字	字母	谚文注音及国际音标		俗音及国际音标		汉语拼音	注释
1	删①	師	姦	審	산	ʂɐn			shan	除削也定也
2	散	相	關	心	산	sɐn			san	琴曲廣陵散又白居易詩閒散作平聲押又產諫二韻
3	關	姑	還	見	관	kɐn			guan	城塞門也門牡也扃也閉也塞也又姓又關戾機也又要會處又聯絡也又關白王褒頌進退得關其忠爾雅關關音聲和也又閒關崎嶇展轉貌又見下
4	彎	烏	還	影	좐	ʔwɐn			wan	持弓關矢亦作關
5	還	胡	關	匣	좐	ɣwɐn			huan	返也退也顧也復也迴也歸也償也又先諫霰三韻
6	跧	阻	頑	照	좐	tɕwɐn			quan	蹲也屈也伏也蹴也又先韻
7	姦	居	顏	見	간	kjɐn			jian	私也詐也婬也左傳亂在外爲姦在内爲宄揚子不姦姦而詐詐俗作奸二女爲奻音女閒切又奻還切訟也三女爲姦
8	顏	牛	姦	疑	얀	njɐn	얀	jan	yan	領角曰顏方言湘江之閒謂之顠中夏謂之領東齊謂之顙汝潁淮泗之閒謂之顏又商顏山名當作顏凡从彥者皆然
9	頑	五	還	疑	완	ŋwɐn	완	wan	wan	癡也鈍也左傳心不則德義之經爲頑
10	班	逋	還	幫	반	pɐn			ban	列也分也又姓爾雅賦也布與也書班瑞于羣后記請班諸兄弟之貧者漢書班勞策勳注布也亦作頒肦般
11	虤	五	閑	疑	얀	njɐn	얀	jɐn	yan	虎怒也
12	攀	披	班	滂	판	pʰɐn	펀	pʰʌn	pan	自下援上也中从廾古文作舟相如賦仰舟橑而捫天師古曰古攀字象兩手相攀今偏旁作廾

① 《洪武正韵译训》中对小韵"删"有附注读音说明"韻内中聲卜音諸字其聲稍深當以卜•之間讀之唯脣音正齒音以卜讀之"。

续表

序号	小韵	反切上字	反切下字	字母	谚文注音及国际音标		俗音及国际音标		汉语拼音	注释
13	蠻	謨	還	明	만	men			man	南夷山海經崇丘之山有鳥如梟一翼一目相得乃飛名曰蠻亦作鸞
14	潺	鉏	山	牀	짠	dzen			chan	潺湲水流聲又先韻
15	餐	千	山	清	찬	tsʰen			can	熟食也字林水澆飯又吞食亦作飡
16	斓	離	閑	來	란	len			lan	斒斕色不純又文貌亦作瓓
17	閑	何	艱	匣	햔	ɣjen			xian	闌也散也冗也暇也習也詩既閑且馳亦作嫻荀子多見曰閑又衛也防也易閑邪存其誠孟子閑先聖之道
18	瓣	蒲	閑	並	빤	ben			ban	瓜中實又舮𦩍又片也又諫韻詩碩人注瓠瓣陸德明有平去二音
19	慳	丘	閑	溪	컨	kʰjen			qian	固也悭也說文作掔
20	黫	烏	閒	影	햔	ʔjen			yan	黑色從黑從西从土从西誤
21	翻	孚	艱	非	판	fwen	반	fen	fan	反也覆也飛也亦作飜幡反拚
22	煩	符	艱	奉	뽠	vwen	뽠	ven	fan	不簡也悶也勞也說文熱頭痛
23	殘	財	艱	從	짠	dzen			can	餘也賊也凋傷也零落也通作戔又害也詩廢爲殘賊孟子賊義者謂之殘古作殘
24	單	都	艱	端	단	ten			dan	單複之對又大也詩俾爾單厚又孤也薄也又竭也莊子單千金之家又先產銑霰四韻俗書作單蓋厽與叩同船若說銳衰治字从口亦作厽句字从口無作勾者今俗作勾罩字从叩俗亦作𡮟唯晉字上本从兩至字非从叩今作晉
25	灘	他	丹	透	탄	tʰen			tan	水灘瀨說文亦作潬又諫韻
26	壇	唐	闌	定	딴	den			tan	封土爲壇除地爲場又銑霰諫三韻
27	儇	呼	關	曉	환	xwen			xuan	慧也利也方言疾也荀子鄉曲之儇子注謂輕薄巧慧之子又先韻
28	難	那	壇	泥	난	nen			nan	艱也不易也重大也又木難珠名色黄生東夷曹植詩珊瑚閒木難說文作𪄿鳥名又歌翰二韻
29	橻	數	還	審	솬	ɕwen			suan	關門機

删韵中共有 150 个韵字。

表 4.3 中，《洪武正韵译训》中对小韵 1 "删"的读音进行了说明，这也是对时音的补充说明。

小韵 8、9、11 中更多的则是体现了疑母与喻母合流的现象。小韵 21、22 中的正音[wen]在俗音中变化为[en]，这种现象保留至今，汉语拼音中用/an/标注，音标是[an]。

与嘉靖本进行对比，有如下不同之处：

（1）小韵 12 "攀"，《译训》"偏旁作卝"，嘉靖本"偏旁作屮"，如图 4.3 所示。

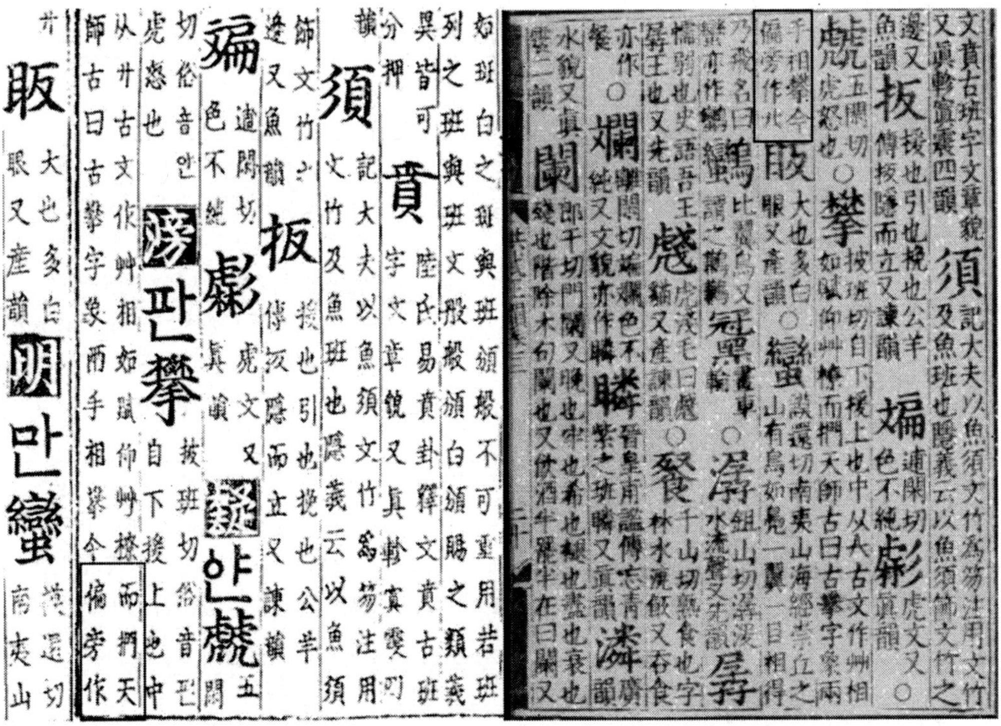

图 4.3 小韵 "攀" 在《洪武正韵译训》与嘉靖版《洪武正韵》中的对比

（2）小韵 20 "黰"反切下字不同，《译训》为"乌闲切"，嘉靖本为"乌閒切"。

（3）小韵 23 "殘"的异体字不同，《译训》"古作戔"，嘉靖本为"古作殘"。

（4）小韵 24 "單"中"晉"字使用了不同的异体字，《译训》"今作晉"，嘉靖本"今作晉"。

第三节　平声卷四

　　《洪武正韵译训》卷四包含先、萧、爻、歌 4 个大韵，共计 121 小韵，其中有标注俗音的 7 个，有读音说明的 3 个，共 1069 个韵字。

　　先韵包含 44 个小韵，具体见表 4.4。

表 4.4　先韵文字转写表

序号	小韵	反切上字	反切下字	字母	谚文注音及国际音标		俗音及国际音标		汉语拼音	注释
1	先	蘇	前	心	션	sjʌn			xian	前也又姓又铣霰二韻毛晃曰凡在前者謂之先則平聲先王先公孝經必有先也漢書爲天下先老子象帝之先之類是也先而導前與當後而先之則去聲易先天而天弗違詩曰予曰有先後記先立春先雷孟子先長者老子先天地生弦高以乘韋先十二牛光武沈幾先物祖生先吾著鞭之類是也他做此
2	天	他	前	透	텬	tʰjʌn			tian	說文天顚也至高無上古作兲象積氣之形毛詩傳尊而稱之則稱皇天釋名曰豫司兗冀以舌腹言之天顯也在上高顯也青徐以古頭言之天坦也坦然而高遠也
3	千	倉	先	清	쳔	tsʰjʌn			qian	十百也漢志大於千
4	箋	則	前	精	젼	tsjʌn			jian	表也識也書也亦作牋鄭康成衍毛氏詩傳之未盡者名曰箋
5	前	才	先	從	쪈	dzjʌn			qian	前後之對先也進也玉篇不行而進也又銑韻古作歬
6	邊	卑	眠	幫	변	pjʌn			bian	岸也陲也側方也旁近也又姓
7	篇	紕	連	滂	편	pʰjʌn			pian	簡成章也
8	眠	莫	堅	明	면	mjʌn			mian	翕目也說文作瞑又茂密貌陸機賦清麗芊眠

续表

序号	小韵	反切上字	反切下字	字母	谚文注音及国际音标		俗音及国际音标		汉语拼音	注释
9	顛	多	年	端	뎐	tjʌn			dian	頂也傾斜也仆也倒也又顚顚專一也見莊子廣韻亦作顛又見下
10	田	亭	年	定	뗜	djʌn			tian	土已耕曰田大鼓曰田又姓又獵也又霰韻
11	年	寧	田	泥	년	njʌn			nian	說文越歷二十八宿宣徧陰陽曰歲穀熟曰年爾雅周曰年取穀一熟古作秊
12	蓮	靈	年	來	련	ljʌn			lian	芙蓉實
13	堅	經	天	見	견	kjʌn			jian	固也勁也剛也
14	牽	苦	堅	溪	켠	kʰjʌn			qian	引也連也又牲腥曰饋生曰牽又霰韻
15	賢	胡	田	匣	현	ɣjʌn			xian	善也能也大也又愈也過也詩我從事獨賢
16	延	夷	然	喻	연	jʌn			yan	長也引也納也施及也陳也進也遠也稅也又姓又冕覆禮記玉藻前後邃延又邅延淹久貌又卻退貌左傳襄十四年邅延之役又霰韻
17	煙	因	肩	影	현	ʔjʌn			yan	火鬱氣亦作烟从西誤
18	涓	圭	淵	見	권	kjujʌn			juan	小流滴也潔也从口从肉俗作肙
19	椽	重	圓	牀	쭨	dzjujʌn			chuan	說文秦名爲屋椽周謂之榱齊魯謂之桷
20	玄	胡	涓	匣	鄭	ɣjujʌn			xuan	黑也寂也幽遠也易天玄記九族注玄孫微昧者
21	攣	閭	圓	來	륀	ljujʌn			luan	係也又霰韻
22	淵	縈	圓	影	쀠	ʔjujʌn			yuan	止水也水盤旋處爲淵
23	然	如	延	日	션	njʌn			ran	燒也从肉从犬从火漢召信臣傳作䎐陸佐公石闕銘刑酷䎐炭俗作燃又是也語辭又燕然山
24	涎	徐	延	邪	쎤	zjʌn			xian	口中液也亦作次
25	羶	尸	連	審	션	ɕjʌn			shan	羊臭牛脂玉篇作羴又庚韻
26	鋋	時	連	禪	쎤	zjʌn			chan	小矛曰鋋
27	饘	諸	延	照	젼	tɕjʌn			zhan	糜也亦作饘餰飦酏
28	蟬	呈	延	牀	쪋	dzjʌn			chan	蜩也說文以旁鳴者又銑韻

序号	小韵	反切上字	反切下字	字母	谚文注音及国际音标		俗音及国际音标		汉语拼音	注释
29	梴	抽	延	穿	쳔	$t\mathrm{c}^h j\Lambda n$			chan	長木詩松桷有梴
30	軒	虛	延	曉	현	$xj\Lambda n$			xuan	車曲輈也廂也卿車曰犀軒闌板曰軒夫人車魚皮爲飾曰魚軒又前頓曰輊後頓曰軒詩如輊如軒馬援傳居前不能令人輊居後不能令人軒注言爲人無所輕重也又見霰韻
31	乾	渠	焉	群	껸	$gj\Lambda n$			qian	建也勤也純陽卦名佩觿集曰俗別爲乹又寒韻
32	緶	蒲	眠	並	뼌	$bj\Lambda n$			bian	說文交枲也一曰緶衣也顏曰緶音妾謂編諸緶著之也
33	宣	息	緣	心	션	$sjuj\Lambda n$			xuan	布也盡也明也徧也通也緩也散也又姓又召也
34	詮	且	緣	清	쳔	$ts^h juj\Lambda n$			quan	擇言也平也具也註也
35	鐫	子	全	精	젼	$tsjuj\Lambda n$			juan	刻也斷也雕也謫也剗也
36	旋	旬	緣	邪	쎤	$zjuj\Lambda n$			xuan	周旋旌旗之指麾又盤旋回也斡也疾也還也又溲便左傳定三年夷射姑旋焉又霰韻
37	全	才	緣	從	쪈	$dzjuj\Lambda n$			quan	備也具也保也又姓从入从工入音襲上从出入之入亦作仝
38	穿	昌	緣	穿	쳔	$t\mathrm{c}^h juj\Lambda n$			chuan	孔也委曲入也鑽也貫也鑿也又霰韻
39	專	朱	緣	照	젼	$t\mathrm{c}juj\Lambda n$			zhuan	壹也擅也獨也自是也純篤也亦作顓剸又寒韻
40	瑌	而	宣	日	쎤	$\eta juj\Lambda n$			ruan	城下田亦作壖又銑霰箇三韻監本从犬誤
41	暄	呼	淵	曉	훤	$xjuj\Lambda n$			xuan	日暖也溫也亦作煊暖
42	員	于	權	喻	원	$juj\Lambda n$			yuan	官數物數又周也幅員亦作隕俗作負今从員者皆然又見眞震二韻
43	圈	驅	圓	溪	퀀	$k^h juj\Lambda n$			quan	禮記杯圈鄭曰圈屈木所爲卮匜之屬也又畜閑也又銑霰二韻
44	權	逵	員	群	꿘	$gjuj\Lambda n$			quan	稱錘又量輕重也反經合道也攝官也機權權柄權譎又姓上从艹監本从卝誤

先韵中共有 387 个韵字。

由表 4.4 可以看出，《洪武正韵译训》中的先韵下诸小韵并无俗音，其注音的国际音标读音是[jʌn]或[jujʌn]。

与嘉靖本进行对比，有如下不同之处：

嘉靖本中的小韵"潺"，锄连切，《译训》中不算作小韵[①]，如图 4.4 所示。

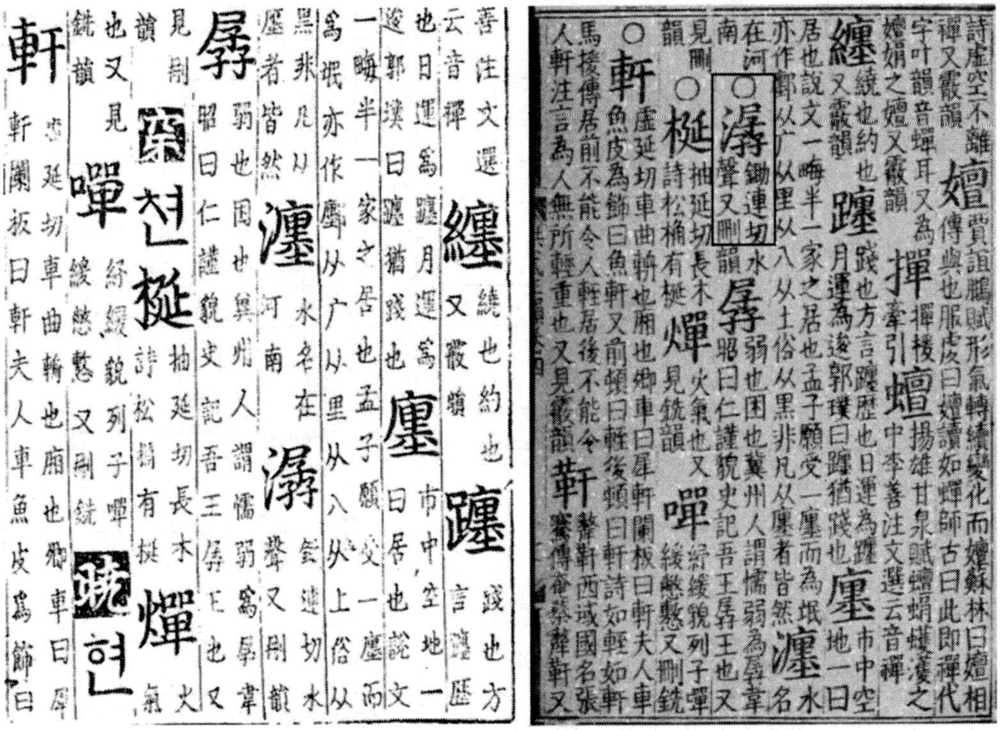

图 4.4　小韵"潺"在《洪武正韵译训》与嘉靖版《洪武正韵》中的对比

萧韵包含 24 个小韵，其中有标注俗音的 1 个，具体见表 4.5。

[①]《洪武正韵》中的小韵会在韵字前使用"〇"符号进行标注，《洪武正韵译训》中的小韵则会标注声母字母并使用谚文标注读音，因此较为容易辨识。本书通过对比《洪武正韵译训》与嘉靖版《洪武正韵》，发现了多处《洪武正韵》算做小韵的字在《洪武正韵译训》中不算作小韵的现象。这种现象可能是由于漏抄，也可能是做了修订。

表 4.5 十二萧韵文字转写表

序号	小韵	反切上字	反切下字	字母	谚文注音及国际音标		俗音及国际音标		汉语拼音	注释
1	蕭①	先	彫	心	셜	sjʌŋ	샬	sjɐŋ	xiao	香蒿又斧也又姓又屋韻
2	貂	丁	聊	端	덜	tjʌŋ			diao	鼠屬出東北夷
3	桃	他	彫	透	텰	tʰjʌŋ			tiao	祭法遠廟爲桃去桃爲壇左傳以先君之桃處之杜預曰諸侯以始祖之廟爲桃
4	迢	田	聊	定	떨	djʌŋ			tiao	迢遰
5	聊	連	條	來	렬	ljʌŋ			liao	語助又且也賴也況味也本作聊
6	驍	堅	堯	見	결	kjʌŋ			xiao	良馬又健也武猛也
7	幺	伊	堯	影	혈	ʔjʌŋ			yao	說文幺小也象子初生之形徐曰象纏有形又陸機賦絃幺徽急注小也
8	橇	丘	妖	溪	켤	kʰjʌŋ			qiao	泥行所乘漢書作毳又隊韻
9	篍	此	遙	清	쳘	tsʰjʌŋ			qiu	吹箭所以勸役急就章筑篍起居課後先以尤嘯二韻
10	焦	玆	消	精	졀	tsjʌŋ			jiao	傷火又姓亦作燋又慈消切焦瘁
11	樵	慈	消	從	쪌	dzjʌŋ			qiao	漢書音義樵取薪也說文木也廣韻柴也又趙充國傳塹壘木樵與譙同
12	猋	卑	遙	幫	별	pjʌŋ			biao	犬走貌莊子有猋氏又大風爾雅扶搖謂之猋月令猋風暴雨晉王導贊贊嘯猋馳相如賦注猋謂疾風自下而上俗作飆
13	漂	紕	招	滂	펼	pʰjʌŋ			piao	浮也動也漢中山靖王傳衆煦漂山又嘯韻
14	瓢	毗	招	並	뼐	bjʌŋ			piao	瓠也方言蠡或謂之瓢
15	苗	眉	鑣	明	멸	mjʌŋ			miao	秋苗又夏獵爲苗除害也又求也衆也後漢劉毅傳以贍黎苗又姓又國名从中从田野之田
16	燒	尸	昭	審	셜	ɕjʌŋ			shao	火然也焚也又嘯韻
17	弨	蚩	招	穿	쳘	tɕʰjʌŋ			chao	弓弛貌詩彤弓弨兮又弓也韓愈詩大弨挂壁無由彎

① 《洪武正韵译训》中对小韵 "萧" 有附注读音说明 "韻內諸字中聲若直讀以ㅕ則不合時音特以ㅗ不變故讀如ㅕㅗ一之間韻中諸字中聲並同"。

续表

序号	小韵	反切上字	反切下字	字母	谚文注音及国际音标		俗音及国际音标		汉语拼音	注释
18	昭	之	遙	照	졈	[tɕjʌŋ]			zhao	明也光也著也覠也又姓又時昭切昭穆又篠嘯二韻
19	韶	時	昭	禪	쎰	[zjʌŋ]			shao	舜樂繼也紹也亦作聲招古者和樂之音皆謂之韶如左傳見舞韶濩舞韶箾是不特稱舜樂書簫韶九成不單稱韶然亦有直稱舜樂曰韶者論語韶盡美矣在齊聞韶是也又春色世謂之韶光亦取和暢之義
20	饒	如	招	日	졈	[njʌŋ]			rao	豐也膄也益也又姓也又見嘯韻
21	潮	馳	遙	牀	쪔	[dzjʌŋ]			chao	海濤噓吸隨月消長早曰潮晚曰汐從月誤
22	堯	餘	招	喻	욈	[jʌŋ]			yao	音與遙同說文高也从垚从兀上高遠也徐鍇曰會意又陶唐氏號又諡法翼善傳聖曰堯又善行德義曰堯堯猶嶢嶢蓋至高之貌古作垚
23	橋	祁	堯	群	꼄	[gjʌŋ]			qiao	水梁也又姓又篠嘯韻
24	鴞	吁	驕	曉	휶	[xjʌŋ]			xiao	鳥名亦作梟賈誼傳鴞飛入賈生舍晉灼曰異物志山鴞體有文色土俗因形名之曰服鵙鴞詩注鶹鵅也鶹鵅一名鵋鵅似黃雀而小關西曰巧婦關東曰鶹鵅陸璣草木疏云大如班鳩綠色司馬彪注莊子鴞小鳩顏師古注賈誼賦鵩鴞惡聲之鳥爾雅有茅鴟今鳩鴞也似鷹而白怪鴟即鵙鵂也梟鴟土梟也

萧韵中共有 277 个韵字。

如表 4.5 所示，其中的小韵无论正俗音，与现代汉语拼音的/iao/（音标[iɑu]）相比，韵尾读音为[ŋ]，这与传统拟音中推测的明代官话音的[ieu]并不相同。由此可以认为明初官话音中的萧韵诸字的读音更可能是[iʌŋ]或者[jʌŋ]。小韵 1 "萧"本身的读音[jʌŋ]在俗音中变为[jɐŋ]，结合表格中的读音说明，可知这一读音虽然并未延续至现代汉语中，但是当时的官话音确实已经发生了改变，韵母的读音应在

[ʌ]、[ɯ]之间，而结合国际音标元音图来看，更加近似于[ɤ]的读音。所以按照读音说明，实际上当时的官话音应为[jɤŋ]。

与嘉靖本进行对比，有如下不同之处：

（1）小韵 2 "貂"，《译训》为 "鼠屬出東北夷"；嘉靖本则为 "鼠屬出東比夷"，应为抄录错误，如图 4.5 所示。

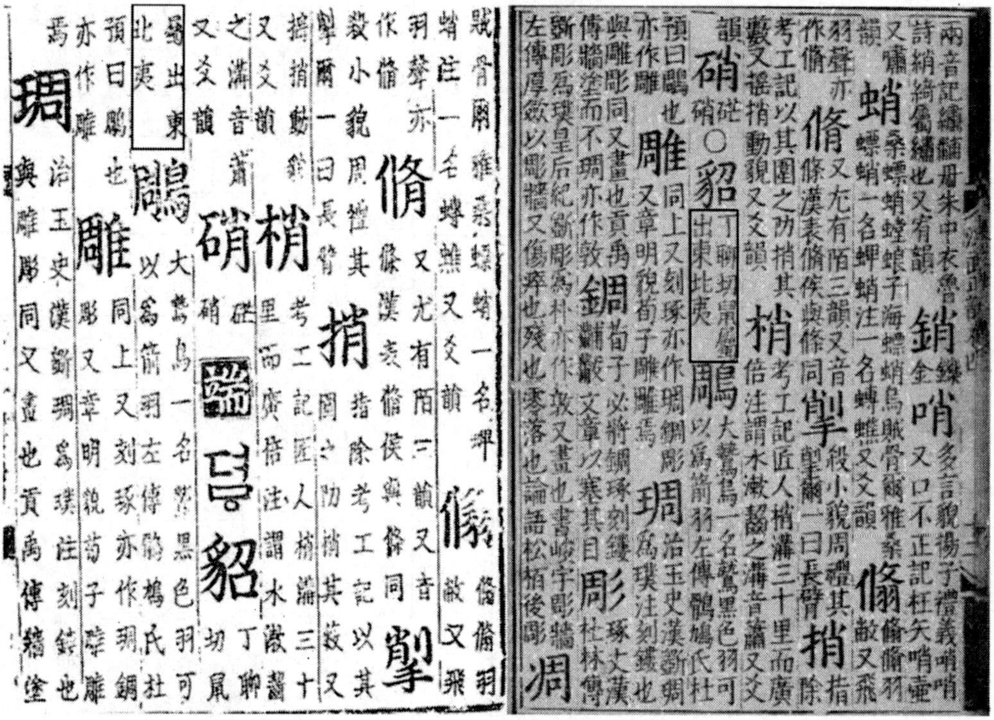

图 4.5　小韵 "貂" 在《洪武正韵译训》与嘉靖版《洪武正韵》中的对比

（2）小韵 9 "篍"，《译训》中最后是 "尤嘯二韻"，嘉靖本为 "尤嘯三韻"，此处错将 "二" 写作 "三"。

爻韵包含 30 个小韵，其中有标注俗音的 1 个，有附注读音说明的 1 个，具体见表 4.6。

表4.6 十三爻韵文字转写表

序号	小韵	反切上字	反切下字	字母	谚文注音及国际音标		俗音及国际音标	汉语拼音	注释
1	爻	何	交	匣	햫	ɣjɐ̃		yao	交也效也易卦六爻又效韻
2	交	居	肴	見	걀	kjɐ̃		jiao	戻也共也合也領也交加參錯也
3	敲	丘	交	溪	캴	kʰjɐ̃		qiao	叩也橫摘也亦作搉又短杖曰敲亦作毃又效韻
4	哮	虛	交	曉	햫	xjɐ̃		xiao	豕驚聲又哮喘
5	坳	於	交	影	햫	ʔjɐ̃		ao	地坳下不平也莊子覆杯水於坳堂之上亦作凹
6	包①	班	交	幫	발	pɐ̃		bao	裹也姓也含容也偏旁作勹象曲身貌莊子包苴竿牘又叢生也易繫于包桑豐茂也書草木漸包又含穎也亦作苞又見下
7	胞	披	交	滂	팔	pʰɐ̃		bao	胞胎與庖同
8	庖	蒲	交	並	빨	bɐ̃		pao	廚也取烹魚之義周禮庖人注庖之言苞也
9	茅	謨	交	明	말	mɐ̃		mao	草名可縮酒爲藉又國名又姓
10	梢	所	交	審	샬	ʂɐ̃		shao	木名又木杪也又小柴淮南子曳梢肆樂又玉梢舞者所執又船舵尾今人謂篙師爲梢子又蕭韻
11	謤	楚	交	穿	챨	tɕʰɐ̃		jiao	代人言也禮記作勦又效韻
12	巢	鋤	交	牀	짤	dzɐ̃		chao	說文鳥在木上曰巢在穴曰窠爾雅大笙謂之巢然則巢與窠當同音也又國名今巢縣又篠韻
13	嘲	陟	交	照	쟐	tɕɐ̃		chao	言相調也亦作謿从月誤
14	鐃	尼	交	泥	날	nɐ̃		nao	如鈴無舌有秉周禮以金鐃止鼓
15	豪	胡	刀	匣	햫	ɣɐɣ		hao	豕名鬣如筆管者又俠也英也淮南子智過百人謂之豪又長毛也與毫同从高从豕今作豪
16	蒿	呼	高	曉	햫	xɐɣ		hao	蓬蒿之屬

① 《洪武正韵译训》中对小韵"包"有附注读音说明"中聲音諸字其聲ㅏ稍深宜以ㅏ·之間讀之唯脣音正齒音以ㅏ讀之韻中諸字中聲並同"。

续表

序号	小韵	反切上字	反切下字	字母	谚文注音及国际音标		俗音及国际音标		汉语拼音	注释
17	高	姑	勞	見	갈	kɐŋ			gao	高下之高俗作高凡从高者皆然又效韻
18	麈	於	刀	影	할	ʔɐŋ			ao	盡死殺人漢霍去病傳麈臯蘭下晉灼曰世俗謂盡死殺人其麈糟師古曰今俗謂打擊之甚者曰麈
19	敖	牛	刀	疑	알	ŋɐŋ	알	ɐŋ	ao	游也楚人謂未成君爲敖又莫敖楚官名又蟹足也又與熬同荀子天下敖敖然若燒若焦又效韻
20	襃	博	毛	幫	발	pɐŋ			bao	說文博裾也今文作襃漢書襃衣注師古曰襃大之也又禮記襃衣上所加賜之衣也又國名又姓
21	騷	蘇	曹	心	살	sɐŋ			sao	愁也擾也憂也屈原作離騷言遭憂今謂詩人爲騷人漢書騷擾俗作搔又動也詩徐方繹騷又蕭巧效三韻
22	操	倉	刀	清	찰	tsʰɐŋ			cao	持也又效韻
23	遭	則	刀	精	잘	tsɐŋ			zao	逢也遇也巡也
24	曹	財	勞	從	짤	dzɐŋ			cao	局也輩也衆也羣也事同曰曹又國名又姓
25	刀	都	高	端	달	tɐŋ			dao	兵名又錢也又蕭韻
26	饕	他	刀	透	탈	tʰɐŋ			tao	貪也說文俗作叨
27	匋	徒	刀	定	딸	dɐŋ			tao	瓦器也通作陶
28	勞	郎	刀	來	랄	ɐŋ			lao	疲也勤也又事功曰勞又效韻
29	猱	奴	刀	泥	날	nɐŋ			nao	猴屬亦作獿
30	尻	苦	高	溪	칼	kʰɐŋ			kao	脊梁盡處說文脽也禮記兔去尻从尸从九與尻字不同尻音居

爻韵中共有 237 个韵字。

与萧韵相同，爻韵诸字的韵尾读音亦为[ŋ]，与传统拟音推测的[au]并不相同。虽然朝鲜语中/a/读音为[ɐ]，但结合汉语读音特点，可以认为明初官话音中的爻韵诸字的读音更可能是[iaŋ]或者[jaŋ]。同时，俗音中也有疑母与喻母合流的现象。

小韵 11"譟"结合文中反切字注音，应读为[tsʰɑu]，但在现代汉语中只有/jiao/（[tɕiɑu]），并无其他读音。

与嘉靖本进行对比，有如下不同之处：

小韵 17"高"，《译训》"俗作高"，嘉靖本"俗作高"，二者选字不同，如图 4.6 所示。

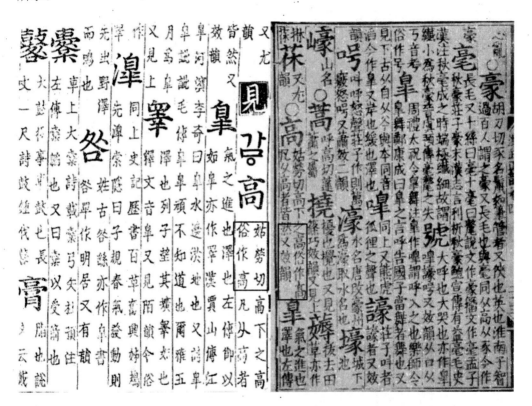

图 4.6　小韵"高"在《洪武正韵译训》与嘉靖版《洪武正韵》中的对比

歌韵包含 23 个小韵，其中有标注俗音的 5 个，有附注读音说明的 1 个，具体见表 4.7。

表 4.7　十四歌韵文字转写表

序号	小韵	反切上字	反切下字	字母	谚文注音及国际音标		俗音及国际音标		汉语拼音	注释
1	歌①	居	何	见	거	kʌ			ge	詠也人聲也亦作謌
2	珂	丘	何	溪	커	kʰʌ			ke	石次玉亦瑪瑙潔白如雪者一云螺屬生海中
3	訶	虎	何	曉	허	xʌ			he	大言而怒又譴也責也亦作呵
4	阿	於	何	影	허	ʔʌ	하	ʔɐ	e	曲也隈也近也倚也保也大陵也丘偏高也又太阿劍名史記李斯傳服太阿之劍又繒也子虛賦被阿錫漢房中歌曳阿錫如淳曰阿細繒錫細布徐廣注史記齊之東阿縣繒帛所出故曰阿縞
5	何	寒	歌	匣	혀	ɣʌ			he	儋也誰也辭也問也曷也賈誼傳在大譴大何之域師古曰譴責也何問也爰盎傳曰飲亡何亡音無師古曰無何計更無餘事又未多時曰無何亦曰無幾何李廣傳居無何漢書注無何謂無故也又哿箇二韻
6	莪	牛	何	疑	어	ŋʌ	어	ʌ	e	草似斜蒿
7	娑	桑	何	心	서	sʌ			suo	婆娑舞者之容又馺娑殿名又哿箇二韻
8	瑳	倉	何	清	처	tsʰʌ			cuo	跌也又箇韻
9	醝	才	何	從	쩌	dzʌ			cuo	白酒亦作酂周禮酒正注酂白釋文酂白即今之白醝酒也
10	多	得	何	端	더	tʌ			duo	衆也重也不少也又過也檀弓又多乎哉又曰多矣乎予出祖者
11	佗	湯	何	透	터	tʰʌ	타	tʰɐ	tuo	彼也亦作他它又見下又支箇韻
12	駝	唐	何	定	떠	dʌ			tuo	駝駝亦作橐佗顏師古曰言能負囊橐而馱物故曰橐佗亦作它俗作駝
13	羅	郎	何	來	러	lʌ			luo	鳥罟又羅綺又國名又姓女羅草名汨羅水名

续表

序号	小韵	反切上字	反切下字	字母	谚文注音	及国际音标	俗音	及国际音标	汉语拼音	注释
14	那	奴	何	泥	너	nʌ	나	nɐ	nɑ	何也大也都也於也盡也多也詩受福不那又安貌詩有那其居又哿箇韻
15	戈	古	禾	見	궈	kwʌ			ge	平頭戟又戟偏距曰戈又地名在宋鄭之間寒浞子澆封於戈少康滅之
16	科	苦	禾	溪	퀴	kʰwʌ			ke	程也條也本也品也又坎也孟子盈科而後進論語爲力不同科揚子發策決科又木中空易爲科上槁
17	渦	烏	禾	影	훠	ʔwʌ			wo	水回又音戈
18	和	戶	戈	匣	훠	ɣwʌ			he	順也諧也不堅不柔也調也溫也適也中庸謂之和左傳如和羹又鑾和鈴也又笙之小者又相應也亦作龢又軍門曰和史記楚世家注昭陽移和而攻齊
19	訛	吾	禾	疑	워	ŋwʌ	워	wʌ	e	謬也舜也化也動也申舒也詩或寢或訛亦作譌僞
20	波	補	禾	幫	붜	pwʌ			bo	浪也爾雅洛爲波又支韻
21	頗	普	禾	滂	풔	pʰwʌ			po	頭偏古文尚書無偏無頗亦作陂又哿韻
22	婆	蒲	禾	並	쀠	bwʌ			po	說文奢也亦作婆又寒韻
23	摩	眉	波	明	뭐	mwʌ			mo	研也又滅也隱也迫也揩也相切也又與磨同左傳摩厲以須王出董仲舒傳摩民以誼梅福傳屬世摩鈍

歌韵中共有 168 个韵字。

根据上表可知，歌韵内诸字韵母实际上的读音在[ʌ]和[ɯ]之间，更近似于[ɤ]和[o]。由此得知明朝当时的官话音与如今的汉语拼音/e/（音标为[ə]）以及/o/（音标为[o]）读音差不多。这也揭示了为何现今汉语拼音的读音以[ə]和[o]居多，而不是谚文注音中使用的朝鲜语中的[ʌ]音。此外，俗音注音中出现疑母与喻母合流现象。

第四节　平声卷五

《洪武正韵译训》平声卷五包含麻、遮、阳 3 个大韵，共计 86 小韵，有标注俗音的 5 个，有读音说明的 1 个，收录了 548 个韵字。。

麻韵包含 22 个小韵，其中有标注俗音的 1 个，具体见表 4.8。

表 4.8　十五麻韵文字转写表

序号	小韵	反切上字	反切下字	字母	谚文注音及国际音标		俗音及国际音标		汉语拼音	注释
1	麻	謨	加	明	마	mɐ			ma	苴麻又姓爾雅大麤謂之麻从广从兩木木音匹刀切麻片也又音派林亦音派麻紵也从兩木誤
2	葩	披	巴	滂	파	pʰɐ			pa	花也又草花白又華貌韓文詩正而葩古作芭
3	巴	邦	加	幫	바	pɐ			ba	巴蜀又姓蛇名地名又尾也
4	杷	蒲	巴	並	빠	bɐ			pa	田具又枇杷果名
5	沙	師	加	審	사	ʂɐ			sha	疏土爾雅潁為沙毛詩傳水旁曰沙說文水散石也又大水別小水曰沙丘邐迤曰沙又汰也嘶也禮記沙鳴貍又歌禡二韻
6	叉	初	加	穿	차	tɕʰɐ			cha	丫叉又取也手相錯也今俗呼拱手曰叉手又皆韻
7	樝	莊	加	照	자	tɕɐ			zha	果屬似棃而酸亦作柤
8	撾	職	瓜	照	좌	tɕwɐ			zhua	箠也魏志撾折其腳亦作簻撾
9	槎	鋤	加	牀	짜	dzɐ			cha	邪斫木又桴也亦作查茬又馬韻
10	拏	女	加	泥	나	nɐ			na	牽引也攫也作挐又魚韻
11	遐	何	加	匣	햐	ɣjɐ			xia	遠也亦作假徦
12	呀	虛	加	曉	햐	xjɐ			ya	張口貌又見下
13	谺	丘	加	溪	캬	kʰjɐ			qu	廣韻口張貌又魚御二韻
14	嘉	居	牙	見	갸	kjɐ			jia	美也善也褒也亦作佳又喜也嘉禮婚禮也凡陰陽際遇謂之嘉易曰嘉會足以合禮又禡韻从壴从加

续表

序号	小韵	反切上字	反切下字	字母	谚文注音及国际音标		俗音及国际音标		汉语拼音	注释
15	伽	具	牙	群	까	gjɐ			jia	胡人名唐有孫伏伽韓愈詩僧伽晚出淮泗上
16	鴉	於	加	影	야	ʔjɐ			ya	純黑反哺者謂之烏小而不反哺者謂之鴉亦作雅說文雅楚烏也一名鸒一名卑居秦謂之雅俗作鴉鵶又馬韻
17	牙	牛	加	疑	야	ŋjɐ	야	jɐ	ya	牙齒又將軍之旗曰牙立於帳前謂之牙帳取其為國爪牙也世因謂軍府治所曰牙史與衙通用又與芽同東方朔傳朱草萌牙又鷙牙不相聽從見元結傳又語倔強貌韓文盤誥鷙牙又馬禡二韻
18	華	胡	瓜	匣	똬	ʔwɐ			hua	榮也中夏曰華說文千五伯里曰華亦作蕐又華山西嶽本作崋書禹貢至于太華音如字又戶化切又見下又皆禡二韻
19	花	呼	瓜	曉	화	xwɐ			hua	花木
20	誇	枯	瓜	溪	콰	kʰwɐ			kua	大言亦作侉
21	瓜	古	華	見	과	kwɐ			gua	蔓生蓏也佩觿集曰俗以苽蔣之苽為瓜果非
22	窊	烏	瓜	影	똬	ʔwɐ			wa	污下也

麻韵中共有 130 个韵字。

表 4.8 中的俗音中出现疑母与喻母合流现象。此外并无其他特殊现象出现。明朝官话音与现今的汉语读音基本一致。

与嘉靖本对比，《译训》韵内诸小韵的反切与注释内容无不同之处。

遮韵包含 12 个小韵，具体见表 4.9。

表 4.9　十六遮韵文字转写表

序号	小韵	反切上字	反切下字	字母	谚文注音及国际音标		俗音及国际音标		汉语拼音	注释
1	遮	之	奢	照	져	tɕjʌ			zhe	要也斷也蔽也攔也揚雄賦前後要遮漢高紀董公遮說云云
2	奢	詩	遮	審	셔	ɕjʌ			she	張也侈也勝也俗作奓
3	些	思	遮	心	셔	sjʌ			xie	廣韻少也又歌箇二韻
4	車	昌	遮	穿	쳐	tɕʰjʌ			che	釋名車舍也左傳輔車相依又姓漢田千秋以年老得乘小車出入省中時人謂之車丞相子孫因以為氏又魚韻
5	嗟	咨	邪	禪	져	zjʌ			jie	歎也咨也亦作嗟瑳
6	邪	徐	嗟	邪	쎠	zjʌ			xie	不正也姦思也佞也圍也亦作衺耶又魚韻又見下
7	蛇	石	遮	禪	쎠	zjʌ			she	毒蟲亦作虵它又支歌二韻
8	耶	于	遮	喻	여	jʌ			ye	荀子莫耶長刃利鋒又疑辭又淳于髡傳汙耶下地說苑作汙邪又俗謂父曰耶杜甫詩見耶背面啼亦作爺杜甫詩爺孃妻子走相送唐駴馬輩謂高力士為耶
9	茄	具	遮	群	껴	gjʌ			qie	菜名
10	爹	丁	邪	端	뎌	tjʌ			die	今俗呼父為爹
11	靴	毀	遮	曉	훠	xjujʌ			xue	
12	瘸	巨	靴	群	꿔	gjujʌ			que	脚手病

遮韵中共有 30 个韵字。

表 4.9 中，ㅕ的朝鲜语标准音标为[jʌ]，但结合实际，读作[jə]也是可以的。因此遮韵中谚文注音中[jʌ]在读作[jə]后，与现今的普通话读音基本一致。

而在与嘉靖本进行对比，有如下不同之处：

（1）小韵 1"遮"中，嘉靖本注释中的"漢高紀董公遮說云云"，"遮"的用字与《译训》不同；（2）作为反切下字的"遮"在两个版本中使用的字体不同，《译训》中使用的是"遮"字，而嘉靖本使用的都是"遮"字，如图 4.7 所示。

图 4.7 小韵"遮"在《洪武正韵译训》与嘉靖版《洪武正韵》中的对比

阳韵包含 52 个小韵，其中有标注俗音的 4 个，具体见表 4.10。

表 4.10 十七阳韵文字转写表

序号	小韵	反切上字	反切下字	字母	谚文注音及国际音标		俗音及国际音标		汉语拼音	注释
1	陽	移	章	喻	양	jaŋ			yang	陰陽二氣又曰為太陽爾雅山東曰朝陽山西曰夕陽說文高明也又好日也清也雙也伴也山南水北也營天功明萬物謂之陽爾雅十月為陽太歲在癸曰昭陽又炕陽張皇自大之貌又寘韻

续表

序号	小韵	反切上字	反切下字	字母	谚文注音及国际音标		俗音及国际音标		汉语拼音	注释
2	芳①	敷	房	非	빵	feŋ			fang	芬芳
3	房	符	方	奉	빵	veŋ			fang	室也又俎也又宿名又舍也杜預注左傳引書辰弗集于房謂日月不居其居生傳皆火房也注亦曰舍又箭室曰房左傳納諸厨子之房又阿房宮名有兩音又見下
4	亡	無	方	微	빵	mjeŋ			wang	逃也失也死也不在也漢書不以在亡為辭又樂酒無厭謂之亡又盡也無也孟子問有餘曰亡矣又模韻
5	襄	息	良	心	샹	sjeŋ			xiang	贊也平也除也成也駕也詩兩服上襄言為衆車之最良也成事曰襄左傳充襄大事諡法因事有功曰襄辟土有德曰襄又包也上書懷山襄陵又姓又州名西魏改襄州又漾韻
6	鏹	千	羊	清	챵	tsʰjeŋ			qiang	鏗鏹玉聲亦作瑲將又庚韻
7	將	資	良	精	쟝	tsjeŋ			jiang	欲然也送也奉也大也即也養也扶侍也行也齎也持也隨也挾也與也偕也攜也領也蘇林曰將甫始之辭也又抑然之辭又干將古劍工因謂劍為干將相如賦建干將之雄戟張揖曰干將韓王劍師
8	詳	徐	羊	邪	썅	zjeŋ			xiang	審也論也諟也語備也又見下
9	牆	慈	良	從	쨩	dzjeŋ			qiang	垣墉又門屏曰蕭牆亦作墻牆

①《洪武正韵译训》中对小韵"芳"有附注读音说明"韻內中聲卜音諸字其聲稍深唯唇音正齒音以卜讀之其餘諸字宜以卜·之間讀之"。

续表

序号	小韵	反切上字	反切下字	字母	谚文注音及国际音标		俗音及国际音标		汉语拼音	注释
10	商	尸	羊	審	샹	ɕjeŋ			shang	金行之音五行之中唯商最清商傷也其氣逪勁彫落萬物律中夷則夷亦傷也故兌之九四曰商兌正秋故也又國名又行賈也商量裁度也漢志通財鬻貨曰商說文作賈
11	昌	齒	良	穿	챵	tɕʰjeŋ			chang	日光也善也盛也顯也文昌星名又漾韻上从日下从子曰之曰
12	章	止	良	照	쟝	tɕjeŋ			zhang	明也采也程也文也大章堯樂又昭也表也記大章章之也武帝表章六經考工記赤與白謂之章又大材木曰章章株也漢貨殖傳木千章又成事成文曰章孟子不成章不達莊子中道不成章詩有章句又與彰同書五服五章俊民用章老子法令滋章揚子齊人章章又周章徵營貌又懼貌亦作慞又舅姑謂之尊章亦作嫜考工記畫繢之事山以章鄭氏注云章讀為獐非也案爾雅釋山正平謂之章章蓋山之上平者耳又姓
13	常	陳	羊	牀	썅	dzjeŋ			chang	久也經也主也又姓又旗名又八尺曰尋倍尋曰常又荀九家易兌為常西方之神也常棣詩注棣也陸德明云常棣棣也以為栘者非
14	穰	如	羊	日	샹	ŋjeŋ			rang	豐也禾莖也果實犀也浩穰繁多也邑名又姓又養韻

序号	小韵	反切上字	反切下字	字母	谚文注音及国际音标		俗音及国际音标		汉语拼音	注释
15	娘	女	良	泥	냥	njeŋ			niang	少女之稱南史不畏蕭娘與呂姥唐初有嬢媌娘曲
16	霜	師	莊	審	샹	ʂɐŋ	솽	ʂwɐŋ	shuang	凝露
17	瘡	初	莊	穿	챵	tɕʰɐŋ	촹	tɕʰwɐŋ	chuang	南史宋武帝紀虎魄療金瘡
18	莊	側	霜	照	쟝	tɕɐŋ	좡	tɕwɐŋ	zhuang	嚴也六達之路也端也矜也齊肅也莊舍也从士監本从土誤
19	牀	助	莊	牀	쫭	dʑɐŋ	쫭	dʑwɐŋ	chuang	卧榻俗作床
20	長	仲	良	牀	쨩	dʑjeŋ			chang	久也遠也常也脩也長短之對古作镸亦作兏凡从镸者與長同又養漾二韻
21	良	龍	張	來	량	ljeŋ			liang	善也首也長也又與頗同頗久曰良久或以為良久少久也一曰良略也聲輕故轉略為良又器工曰良亦作佷又養韻
22	香	虛	良	曉	향	xjeŋ			xiang	氣芬芳亦作薌漢尚書郎懷香握蘭古文从黍从甘今作香
23	羌	驅	羊	溪	걍	kʰjeŋ			qiang	西夷又章也強也發語端也說文西戎牧人从羊从人
24	薑	居	良	見	걍	kjeŋ			jiang	菜名辛而不葷說文御濕之菜本草通神明去臭氣多食損智史記千畦薑與千戶侯等亦作蘁
25	彊	渠	良	群	깡	gjeŋ			jiang	健也暴也壯盛也弓有力也亦作強又見上
26	央	於	良	影	향	ʔjeŋ			yang	中央又久也已也詩夜未央注央旦也顏師古曰猶未半也顏說是王逸注楚辭央盡也漢武帝賦惜蕃華之未央又未央漢宮名又庚韻

续表

序号	小韵	反切上字	反切下字	字母	谚文注音及国际音标		俗音及国际音标		汉语拼音	注释
27	王	于	方	喻	왕	weŋ			wang	帝王大也主也君也天下歸往謂之王古文作王从一从土說文一貫三為王董仲舒曰古之造文者三畫而連其中故謂之王三者天地人也而参通之者王也字林曰三者天地人一貫三為王又漾屋二韻古文帝王字則作王上二畫密下一畫疎金王字三畫皆均無點秦用隷書以其疑與帝王字無辨故加點為玉以別之而以畫均者為帝王字又素王莊子及左傳竝去聲又漾韻
28	狂	渠	王	群	꽝	gweŋ			kuang	狂者進取而心病韓子心不能審得失之地則謂之狂又漾韻
29	匡	曲	王	溪	쾅	kʰweŋ			kuang	說文注見筐字一曰正也論語一匡天下又魯邑名句須為之宰又地名陳雷有匡城又姓漢有匡衡
30	唐	徒	郎	定	땅	deŋ			tang	國名又姓又大言也莊子荒唐廣大無域畔也又莽蕩貌爾雅廟中路謂之唐詩中唐有甓又唐棣一名栘似白楊
31	當	都	郎	端	당	teŋ			dang	當猶合也理合如是也又敵也抵也承也值也丁也蔽也即也又處斷罪人曰當言使罪法相當漢霍去病傳斬首捕虜過當言不奄相等也易當位不當位與位當位不當皆平聲又漾韻
32	湯	他	郎	透	탕	tʰeŋ			tang	熱水又商湯又姓又蕩也詩子之湯兮又尸羊切又漾韻

续表

序号	小韵	反切上字	反切下字	字母	谚文注音及国际音标		俗音及国际音标		汉语拼音	注释
33	郎	魯	堂	來	랑	leŋ			lang	官名又姓又地名又男子之稱婦人謂夫為郎郎猶言良人也从良从邑今作郎又與廊同東方朔傳累郎臺師古曰郎堂下周室
34	囊	奴	當	泥	낭	neŋ			nang	袋也有底曰囊無底曰橐又傖囊猶搶攘也又庚韻
35	滂	普	郎	滂	팡	pʰeŋ			pang	沛也渥也亦作霶霈汸又漾韻
36	旁	蒲	光	並	빵	beŋ			pang	側也古作㫄凡从旁者皆然爾雅二達曰岐旁謂岐道旁出也又旁午交横也又庚韻
37	茫	謨	郎	明	망	meŋ			mang	滄茫水貌又茫茫廣大貌亦作汒芒又漾韻
38	桑	蘇	郎	心	상	seŋ			sang	木名又姓扶桑日出處空桑山名伊尹生處在冀北楚辭囚玄冥於空桑窮桑地名在魯北左傳遂濟窮桑杜預曰窮桑少皥之號也玉篇云俗作桒又庚桑子
39	倉	千	剛	清	창	tsʰeŋ			cang	藏穀廩又姓古有倉頡又倉氏漢文帝時倉官之後又倉庚鳥名又倉卒恩遽貌又與蒼同月令駕倉龍
40	臧	茲	郎	精	창	tseŋ			zang	善也厚也吏賄盜貨也又姓又臧獲奴婢也又見下又漾韻

续表

序号	小韵	反切上字	反切下字	字母	谚文注音及国际音标		俗音及国际音标		汉语拼音	注释
41	藏	徂	郎	從	짱	dzeŋ			cang	隱也又蓄也亦作臧又漾韻毛晃曰凡物自隱則平聲如月令虹藏不見論語舍之則藏之類是也物不自隱而我隱之與府藏之藏則去聲如易慢藏誨盜周禮典守藏中庸寶藏興焉漢貨食志山海天地之藏陳藏錢之類是也然蓋藏收藏蓄藏之藏古人亦有作平聲讀者如月令謹蓋藏音才浪切又如字是通用也至如藏帝籍之收於神倉莊子巾笥而藏之漢食貨志民亡蓋藏秋穫冬藏之類皆無音宜從平去二音通用
42	康	丘	剛	溪	캉	kʰeŋ			kang	安也和也樂也康瓠也爾雅五達謂之康所謂康莊也又曰康瓠謂之甈賈誼傳寶康瓠兮鄭氏曰康瓠瓦盆底也如淳曰大瓠也應劭曰康容也空也又古糠字古文从庚从米今作康
43	岡	居	郎	見	강	keŋ			gang	山脊曰岡从网从山俗又加山非
44	卬	五	剛	疑	앙	ŋeŋ			ang	我也高也舉也又與昂同詩顒顒卬卬又養漾二韻
45	杭	胡	剛	匣	향	ɣeŋ			hang	州名詩一葦杭之
46	汪	烏	光	影	왕	ʔweŋ			wang	池也左傳尸諸周氏之汪又汪洋浩瀚貌又姓

序号	小韵	反切上字	反切下字	字母	谚文注音及国际音标		俗音及国际音标		汉语拼音	注释
47	荒	呼	光	曉	황	xwəŋ			huang	蕪薉又治荒曰荒詩大王荒之又凶荒韓詩四穀不升曰荒又果不熟曰荒爾雅觚竹北戶西王母日下謂之四荒周禮蠻夷荒服言荒忽不常也又八表曰八荒又漾韻从荒音同水廣貌與疏流字旁不同
48	光	姑	黄	見	광	kwəŋ			guang	輝光明耀華彩又朱光日也楚辭杲杲朱光又明光漢宫名大歲在辛曰重光
49	黄	胡	光	匣	황	ʔwəŋ			huang	中央色禮記黄者中也又姓又國名又乘黄馬名龍翼馬身詩乘乘黄亦曰翠黄又曰飛黄封禪書招翠黄乘龍於沼蒼黄失措恚遽貌又離黄倉庚也
50	邦	博	旁	幫	방	pəŋ			bang	小曰邦大曰國从㞢从邑說文云古作㘵廣韻國也鄭康成注周禮曰大曰邦小曰國
51	降	胡	江	匣	향	ɣjɐŋ			jiang	服也說文亦作夅夆下也詩我心則降福禄攸降又降妻次名又漾韻
52	舡	許	江	曉	향	xjɐŋ			xiang	觯舡吳船名又觯舡船貌俗以為船字誤佩觿集曰觯舡之舡為舟船其順非有如此者

　　阳韵中共有 388 个韵字。在阳韵以及之后其他大韵中的许多小韵里，结尾使用的谚文注音都是[ŋ]，这与汉语拼音中的/ng/（音标为[ŋ]）完全一致，表示现代汉语在/ng/的读音上和明朝的官话音是完全相一致的。

　　与嘉靖本进行对比，有如下不同之处：

　　（1）小韵 5 "襄"，注释开头第一个字，《译训》用 "赞"；嘉靖本用 "赞"，稍有不同，如图 4.8 所示。

图 4.8　小韵"襄"在《洪武正韵译训》与嘉靖版《洪武正韵》中的对比

（2）嘉靖本中的小韵"瀧"，在《译训》中不算为小韵。

第五节　平声卷六

《洪武正韵译训》平声卷六包含庚、尤、侵、覃、盐 5 个大韵，共计 171 小韵，其中有标注俗音的 32 个，有读音说明的 3 个，收录了 1197 个韵字。

庚韵包含 61 个小韵，其中有标注俗音的 26 个，具体见表 4.11。

表 4.11　十八庚韵文字转写表

序号	小韵	反切上字	反切下字	字母	谚文注音及国际音标		俗音及国际音标		汉语拼音	注释
1	庚	古	衡	見	긩	kwiŋ	궁	kuŋ	geng	更也償也檀弓請庚之又續也詩西有長庚取續日為明也亦作賡又倉庚鳥名又十幹名易先庚後庚取更變之義漢志斂更於庚爾雅歲在庚曰上章月在庚曰室古作亢
2	阬	丘	庚	溪	킹	kʰwiŋ	콩	kʰuŋ	keng	墟也塹溝也陷也亦作坑
3	盲	眉	庚	明	밍	wiŋ	뭉	uŋ	mang	目無童子又漾韻
4	亨	虛	庚	曉	힁	xwiŋ	힁	xiŋ	heng	通也又彭亨腹脹貌韓文石鼎聯句豕腹脹彭亨又見下又養韻
5	行	何	庚	匣	혱	ɣiŋ			xing	步也適也徃也去也用也路也唐韓琬傳器不行窳音義曰不勞曰行苦惡曰窳又陽梗漾敬四韻
6	橫	胡	盲	匣	휑	ɣwiŋ	뽕	ɣuŋ	heng	縱橫之對亦作衡又與黌同漢鮑德傳修起橫舍又陽敬韻
7	觥	姑	橫	見	긩	kwiŋ			gong	酒器以角為之受七升罰失禮者亦作觵詩我姑酌彼兕觥毛傳兕觥角爵鄭箋罰爵毛居正曰據詩之義酌兕觥以勞臣下之勤勞者則觥非罰爵也然古人罰失禮用觥者以所受升數多欲示恥故用之耳
8	烹	普	庚	滂	핑	pʰwiŋ	픙	pʰuŋ	peng	煮也亦作亨俗作烹
9	彭	蒲	庚	並	삥	bwiŋ	뿡	buŋ	peng	行也道也盛也鼓聲又姓又地名詩清人在彭注衛之河上鄭之郊也又陽韻

续表

序号	小韵	反切上字	反切下字	字母	谚文注音及国际音标		俗音及国际音标		汉语拼音	注释
10	峥	抽	庚	穿	칭	tɕʰwiŋ	츙	tɕʰuŋ	zheng	山峻貌
11	棖	除	庚	牀	찡	dʑwiŋ	쯍	dʑuŋ	cheng	門兩旁木又杖也亦作杙又申棖人名
12	兵	補	明	幫	빙	piŋ			bing	戎器五兵一弓二殳三矛四戈五戟又刀劍曰短兵楚辭車錯轂兮短兵接范甯注穀梁傳五兵矛戟鉞刀楯弓矢兵本戎器後世因呼士卒為兵謝弈目桓溫為老兵是也
13	平	蒲	明	並	삥	biŋ			ping	正也和也坦也均也易也又姓爾雅大野曰平漢志再登曰平三登曰秦平又先敬二韻
14	明	眉	兵	明	밍	miŋ			ming	光也昭也顯也著也白也辨也通也曉也神靈也目力也莊子目徹為明篆文作朙从囧以月古文作明又陽韻
15	生	師	庚	審	싱	ʂwiŋ	승	ʂuŋ	sheng	生死又出也產也生生變化不窮也平生平昔也生員弟子也又語辭若何似生太瘦生是也又漢高祖謂酈食其曰以萬戶封生師古曰生猶言先生也文穎曰生謂諸生也又敬韻
16	京	居	卿	見	깅	kiŋ			jing	大也爾雅丘絶高曰京廣雅四起曰京公羊傳京者大也又京京憂也方言燕之北鄙齊楚之郊凡人之大謂之京又鄭邑名見左傳

续表

序号	小韵	反切上字	反切下字	字母	谚文注音	及国际音标	俗音	及国际音标	汉语拼音	注释
17	卿	丘	京	溪	킹	kʰiŋ			qing	公卿周六卿漢九卿秦漢以後君呼臣為卿蓋期之以卿也士大夫相呼為卿蓋貴之也隋唐以來尊之則稱公儕輩下已則稱卿故宋璟卿呼張易之監本从夕誤
18	勍	渠	京	群	낑	giŋ			qing	彊也左傳勍敵之人
19	英	於	京	影	힝	ʔiŋ			ying	華也蕚也榮而不實也英俊也又姓才勝萬人曰英荀子注倍千人曰英爾雅丘再成曰英又五英樂名漢志英茂也又雲貌詩英英白雲又國名州名
20	榮	于	平	喻	웡	jujŋ	잉	iŋ	rong	華也茂也爾雅木謂之華草謂之榮又姓又屋檐廇曰榮記鄉飲酒義洗當東榮注榮屋翼也
21	傖	士	耕	牀	쯩	dzɯiŋ	쯩	dzɯŋ	cang	晉陽秋吳人謂中國人為傖陸機謂左思為傖父廣韻云楚人別種城南聯句無端逐飢傖
22	兄	呼	榮	曉	휭	xjujŋ			xiong	長也男子先生為兄又東韻
23	鍧	呼	宏	曉	휭	xwiŋ			hong	鏗鍧鐘聲相雜
24	爭	甾	耕	照	징	tɕɯiŋ	징	tɕɯŋ	zheng	鬥也競也理也辨也又敬韻凡稱物之鬥辨則從平聲與之辨難而諫正之則從去聲

续表

序号	小韵	反切上字	反切下字	字母	谚文注音	及国际音标	俗音	及国际音标	汉语拼音	注释
25	能	奴	登	泥	닁	nuiŋ	능	nɯŋ	neng	才能又工善也又勝任也書舉能其官言舉勝其任者也或作能古作耐禮記聖人耐以天下為一家說文能熊屬足似鹿獸名故凡稱有才力者皆曰能又皆泰二韻
26	寧	奴	經	泥	닁	niŋ			ning	安也又休謁曰假寧女嫁歸省父母曰歸寧居喪曰寧朞親以下不去官給式假亦曰假寧又願詞論語禮與其奢也寧儉又丁寧鉦也左傳著於丁寧又丁寧屬諄複也漢郎顗傳丁寧再三玉篇作叮嚀又敬韻从宓从万万音考當作寧經史作寧俗作寧
27	絣	補	耕	幫	빙	puiŋ	븡	pɯŋ	beng	布名人以繩直物
28	娉	彼	耕	滂	핑	pʰiŋ			ping	娉婷美貌又敬韻
29	清	七	情	清	칭	tsʰiŋ			qing	澂也澄也潔也司馬遷傳受命穆清又西廂清静之處曰西清相如賦象輿婉僤於西清目上曰清詩清揚婉兮又敬韻从水从生从冃今作清監本从月誤
30	精	子	盈	精	징	tsiŋ			jing	眞氣也熟也細也的也專一也靈也凡物之純至者曰精古人謂玉為精國語祀以一純二精又擇也神觀也精光英華也精鑿也目精也水精也又勁韻从月誤

续表

序号	小韵	反切上字	反切下字	字母	谚文注音及国际音标		俗音及国际音标		汉语拼音	注释
31	餳	徐	盈	邪	씽	ziŋ			xing	飴屬一名餳餭又陽韻
32	情	慈	盈	從	찡	dziŋ			qing	意思也董仲舒曰人欲之謂情又理也孟子物之不齊物之情也又性情猶言情性也易利正者性情也正大而天地之情可見矣又曰是故知鬼神之情狀又情實論語上好信則民莫敢不用情从月誤
33	觲	思	營	心	싱	siŋ			xing	角弓貌
34	聲	書	征	審	싱	ɕiŋ			sheng	說文音也从耳殸通論曰萬物之音為聲八音中惟石聲精詣入於耳故於文耳聲為聲又五聲也風聲也教也單出為聲
35	征	諸	成	照	징	tɕiŋ			zheng	上伐下也正也行也取也索也亦作政
36	成	時	征	牀	찡	dziŋ			cheng	畢也就也平也善也又姓又樂奏一終曰一成又方十里曰成左傳少康有田一成
37	㨃	丑	成	穿	칭	tɕʰiŋ			cheng	河㨃
38	令	離	呈	來	링	liŋ			ling	使也詩寺人之令廝役曰使令鄒陽傳使令於前又令令環聲又脊令鳥名詩脊令在原亦作鶺鴒又敬韻俗作令
39	盈	餘	輕	喻	잉	iŋ			ying	充也滿也盈縮史亦作贏縮過曰盈不及曰縮
40	形	奚	經	匣	혱	ɣiŋ			xing	體也容也常也現也亦作侀古作刑

续表

序号	小韵	反切上字	反切下字	字母	谚文注音及国际音标		俗音及国际音标		汉语拼音	注释
41	傾	窺	營	溪	퀴ŋ	kʰjuŋ	킹	kʰiŋ	qing	側也伏也欹也窵也坈也空也亦作頃頃
42	瓊	渠	營	群	뀌ŋ	gjuŋ	낑	giŋ	qiong	赤玉亦作璚瓗
43	星	先	青	心	싱	siŋ			xing	五緯列宿之摠名又七星宿名壽星次名又星星猶點點也又屏星車蔽篂又梗韻
44	丁	當	經	端	딩	tiŋ			ding	十幹名漢志大盛於丁爾雅歲在丁曰強圉月在丁曰圉又云丁者當也郭璞曰值也又零丁孤苦又丁夫民年二十已上成丁蓋人壽以百歲為期一幹十年則丁當四十強壯之時故曰丁
45	聽	他	經	透	팅	tʰiŋ			ting	聆也聽受也中庭曰聽事言受事察訟於是俗作廳易禮記聖人南面而聽天下漢宣五日一聽事又從也又敬韻
46	庭	唐	丁	定	띵	diŋ			ting	宮中又直也楊倞曰門屏之內又敬韻
47	馨	醯	經	曉	힝	xiŋ			xin	香遠聞
48	扃	涓	熒	見	귕	kjuŋ	궁	kjuŋ	jiong	外閉之關又車上兵闌左傳楚人脫扃又鼎鉉周禮廟門容大扃七个古作冏又工迥切明察也

序号	小韵	反切上字	反切下字	字母	谚文注音及国际音标		俗音及国际音标		汉语拼音	注释
49	繩	神	陵	禪	씽	ziŋ			sheng	直也索也彈治也約也戒也繩繩衆多也又相續不斷貌又有紀貌又水名與澠同酈道元水經注水自下通為繩引左傳有酒如繩水經繩水出臨淄縣北淮南子亦作繩又玉繩星名又敬韻
50	仍	如	陵	日	싱	ȵiŋ	신	ȵiŋ	reng	因也就也重也頻也洊也
51	凝	魚	陵	疑	잉	ŋiŋ			ning	冰堅也成也結也停也定也書庶績其凝古文作冰說文冰謂水凝也又敬韻
52	興	虛	陵	曉	힝	xiŋ			xing	作也起也又震敬二韻
53	登	都	騰	端	딩	twiŋ	등	tuŋ	deng	上車也成也升也進也衆也熟也漢志進業曰登
54	騰	徒	登	定	띵	dwiŋ	뜽	duŋ	teng	傳也馳也躍也升也踊也一曰犗馬月令乃合累牛騰馬注累騰皆乘匹之名从月誤
55	棱	廬	登	來	링	lwiŋ	릉	luŋ	leng	威也柧也亦作稜楞
56	僧	思	登	心	싱	swiŋ	승	suŋ	seng	沙門
57	增	咨	登	精	징	tswiŋ	증	tsuŋ	zeng	益也加也增增衆也又埋幣曰增又敬韻
58	繒	慈	陵	從	찡	dzwiŋ	쯩	dzuŋ	zeng	
59	揯	居	登	見	깅	kwiŋ	긍	kuŋ	gen	急引亦作揾从亘誤
60	輄	丘	肱	溪	킹	kʰwiŋ			hong	車軹中靶詩革鞃淺幭
61	泓	烏	宏	影	ᅙᅵᆼ	ʔwiŋ			hong	水深又地名春秋戰于泓

庚韵中共有 513 个韵字。

由表 4.11 的谚文、俗音可见，庚韵中小韵里的 [wiŋ] 和 [juiŋ] 音中的 [i] 音已经消失，读音变为 [wŋ] 和 [juŋ]，亦有小韵的 [juiŋ] 读音变为 [iŋ]，韵内俗音变化的数量之多是前面多个大韵中不曾出现的。对比普通话的读音，韵内诸字普通话中的

/eng/（音标为[əŋ]）读音正是传承了当时的俗音。谚文注音后出现了大量的俗音注音，也从一个侧面说明了《洪武正韵译训》编写时期，迁都北京后明朝的官话音已经发生了变化，向着读音简化的方向发展。

与嘉靖本进行对比，有如下不同之处：

（1）小韵38"令"，《译训》注释最后"原亦作鵧鴒"，嘉靖本"原亦作鴨鴒"，如图4.9所示。

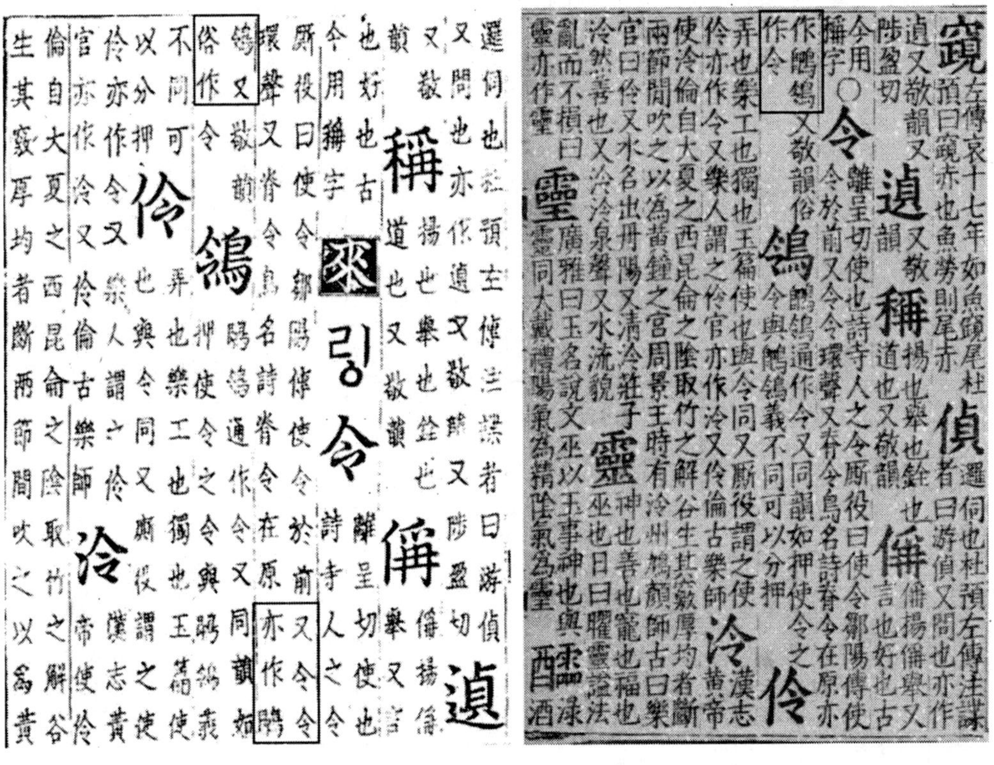

图4.9　小韵"令"在《洪武正韵译训》与嘉靖版《洪武正韵》中的对比

（2）嘉靖本中的小韵"層"，木登切，《译训》反切为才登切，且不算作小韵。尤韵包含39个小韵，具体见表4.12。

表 4.12　十九尤韵文字转写表

序号	小韵	反切上字	反切下字	字母	谚文注音及国际音标		俗音及国际音标		汉语拼音	注释
1	尤	于	求	喻	일	iŋ			you	過也異也責也怨也怪也甚也最也又姓漢書殊尤絶迹亦作邮
2	抽	丑	鳩	穿	칠	tɕʰiŋ			chou	援也引也
3	搊	楚	蒐	穿	츨	tɕʰɯŋ			chou	手搊
4	休	虛	尤	曉	힐	xiŋ			xiu	美善也慶也息也爾雅疏李之無實者名休故字从木从人木無人則不能生生故曰休
5	丘	驅	尤	溪	킬	kʰiŋ			qiu	阜也聚也空世大也高也又十六井曰丘非人為曰丘爾雅注四方高中央下曰丘亦作區又姓又宣聖名又魚韻
6	鳩	居	尤	見	길	kiŋ			jiu	鳥名又聚也亦作九
7	求	渠	尤	群	낄	giŋ			qiu	覓也索也乞也又姓
8	憂	於	尤	影	힐	ʔiŋ			you	和行又愁也病也
9	周	職	流	照	질	tɕiŋ			zhou	國名又姓又市也至也備也偏也密也復也又忠信為周又比周又與瞤同
10	儔	除	留	牀	찔	dziŋ			chou	衆也侣也等也類也誰也揚子儔克爾與疇同
11	留	力	求	來	릴	liŋ			liu	住也止也駐也又姓又栗留黄鳥又宥韻本作畱从丣从田丣音酉今經史多作留唯京本舊漢書及舊本釋文作畱蓋後人傳寫訛也
12	脩	思	留	心	실	siŋ			xiu	脯也禮有腶脩又長也飭也涓也葺也

续表

序号	小韵	反切上字	反切下字	字母	谚文注音及国际音标		俗音及国际音标		汉语拼音	注释
13	秋	此	由	清	칠	tsʰiŋ			qiu	金行之時又禾穀熟也月令麥秋至又飛貌漢安世房中歌飛龍秋莊子有秋駕之法亦言駕馬騰驤秋秋然也楊雄賦秋秋蹌蹌唐儒學傳序闇闇秋秋又魯史記曰春秋以二始舉四時編年為名
14	啾	即	由	精	질	tsiŋ			jiu	小聲
15	酋	慈	秋	從	찔	dziŋ			qiu	醋酒又酋長魁帥之稱
16	收	尸	周	審	실	ɕiŋ			shou	聚也斂也捕也杜預曰秋物摧辱而可收故金正之官曰蓐收又夏冕名史記堯黃收純衣又宥韻从丩从攴攴亦作攵
17	柔	而	由	日	실	ȵiŋ			rou	奕也順也調也說文木曲直
18	搜	疏	鳩	審	슬	ɕɯŋ			sou	魯頌束矢其搜毛傳搜眾意也鄭箋搜然勁疾也又渠搜西戎禹貢析支渠搜又朔方縣名亦作叟
19	鄒	側	鳩	照	즐	tɕɯŋ			zou	縣名趙岐曰本邾子國又姓亦作鄹耶
20	浮	房	鳩	奉	쁠	vɯŋ			fu	溢也禮記食浮於人表記恥名浮於行注在上曰浮又先時為浮書鮮以不浮于天時又氣烝貌詩烝之浮浮又盛貌詩雨雪浮浮又汎也
21	彪	補	尤	幫	빌	piŋ			biao	虎文又小虎

序号	小韵	反切上字	反切下字	字母	谚文注音及国际音标		俗音及国际音标		汉语拼音	注释
22	淲	皮	休	並	삘	biɯŋ			biɑo	水流貌詩彪池北流又蒲侯切
23	愁	鋤	尤	牀	쯩	dzɯŋ			chou	憂悲也慮也又見上
24	繆	莫	彪	明	밀	miŋ			mou	枲十挈一曰絲千累又綢繆纏綿也又篠宥屋三韻
25	秠	四	尤	滂	필	pʰiŋ			pi	黑黍一稃二米又支紙有三韻
26	侯	胡	鉤	匣	쁳	ɣɯŋ			hou	候也何也美也辭也維也又射侯古作侯漢書多作侯古作侯漢書多作矦古作厌从矢取射義射之有侯所以候中否明工拙也古者以射選賢射中者獲封爵故因謂之諸侯周人祭侯之辭曰惟若寧侯母或若女不寧侯不屬於王所故抗而射女此蓋因物命名因名取義轉相明也儀禮大射注侯所謂射布也尊者射之以明不寧者卑者射之以求為侯鄭司農曰方十尺曰侯四尺曰鵠
27	謳	鳥	侯	影	흫	ʔɯŋ			ou	吟也歌也亦作嘔
28	彄	驅	侯	溪	큥	kʰɯŋ			kou	弓弩耑弦所居魯有公子彄
29	腢	魚	侯	疑	읗	ŋɯŋ			ou	髆前骨今俗曰肩頭亦作髃又魚有二韻

续表

序号	小韵	反切上字	反切下字	字母	谚文注音及国际音标		俗音及国际音标		汉语拼音	注释
30	鉤	居	侯	見	글	kuɯŋ			gou	曲也亦作拘又鉤致易鉤深致遠又釣鉤趙廣漢善為鉤距鮑照詩纖纖如玉鉤謂簾鉤也又劍屬鎌也文選吳鉤越棘又與鬮同荀子探籌投鉤俗作鈎又鉤援車名有兩音
31	裒	蒲	侯	並	쁨	buɯŋ			pou	聚也又取也與掊同易裒多益寡古易作掊从衣从臼又旁尤切
32	謀	莫	侯	明	믕	muɯŋ			mou	計也議也左傳咨難為謀又灰韻
33	涑	先	侯	心	슴	suɯŋ			shu	澣也禮記諸母不漱裳公羊傳臨民之所漱浣亦作涑又宥韻
34	鯫	將	侯	精	즘	tsuɯŋ			zou	小魚又鉄有二韻
35	兜	當	侯	端	듬	tuɯŋ			dou	兜鍪首鎧又驩兜人名亦作㺀
36	偷	他	侯	透	틈	tʰuɯŋ			tou	薄也盗也亦作媮
37	頭	徒	後	定	뜸	duɯŋ			tou	首也从豆从頁頁音頡首也下从人凡从頁者皆然
38	樓	盧	侯	來	름	luɯŋ			lou	重屋爾雅陝西脩曲曰樓又栝樓果蠃又聚也又姓
39	羺	奴	侯	泥	늠	nuɯŋ			nou	兔子又御韻

尤韵中共有 315 个韵字。

从表 4.12 可以看出，韵中诸字韵尾的读音与萧韵相同，都为[ŋ]。此外，小韵 20"浮"的读音在经历非、奉合流后，在现代普通话中已经变为[fu]，不过在一些方言中仍保留明朝官话音的[fou]读音。

与嘉靖本进行对比，有如下不同之处：

（1）小韵 11"留"中，"留"的字体不同，《译训》为"留"字，嘉靖本为"畱"

字，如图 4.10 所示。

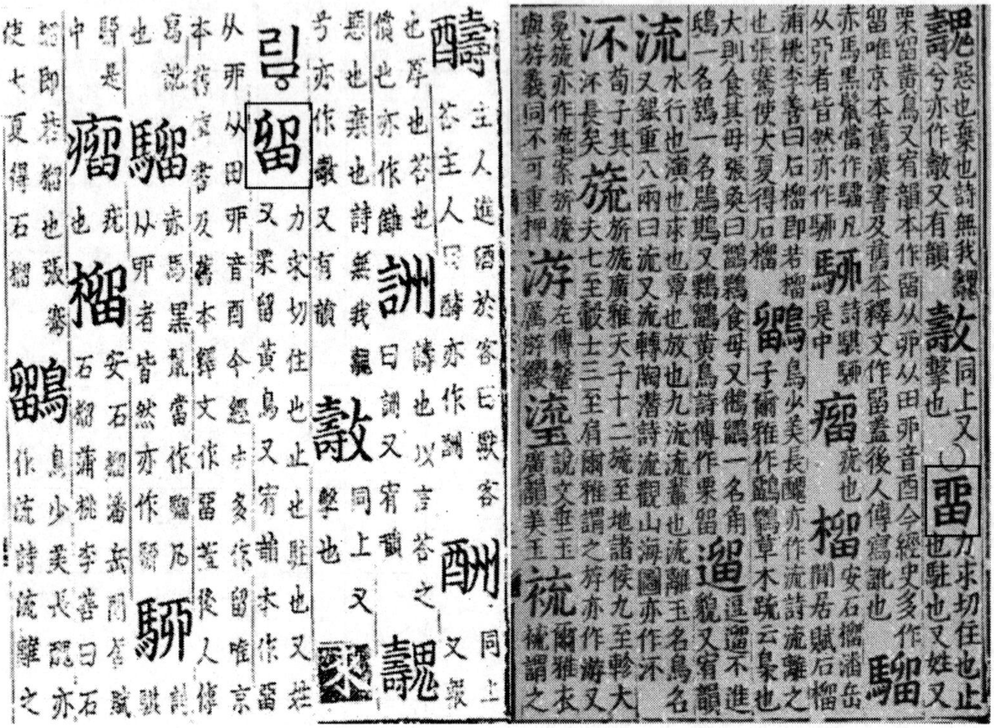

图 4.10　小韵"留"在《洪武正韵译训》与嘉靖版《洪武正韵》中的对比

（2）小韵 20"浮"中，《译训》的注释最后部分为"雨雪浮浮又汎也"，嘉靖本为"雨雪浮浮又沉也"。

（3）小韵 39"飍"，《译训》算作小韵，而嘉靖本不算。

侵韵包含 21 个小韵，有附注读音说明的 1 个，具体见表 4.13。

表 4.13　二十侵韵文字转写表

序号	小韵	反切上字	反切下字	字母	谚文注音及国际音标		俗音及国际音标		汉语拼音	注释
1	侵①	七	林	清	짐	tsʰim	친	tsʰin	qin	漸進也朘削也陵也左傳無鐘鼓曰侵公羊傳娀曰侵韓詩五穀不升曰大侵又短小曰侵漢田蚡貌侵謂貌不揚也又寢韻

---

① 《洪武正韵译训》中对小韵"侵"有附注读音说明"韻中諸字終聲並同"。

续表

序号	小韵	反切上字	反切下字	字母	谚文注音及国际音标		俗音及国际音标		汉语拼音	注释
2	尋	徐	心	邪	씸	zim			xun	繹理也撢求也仍也繼也左傳曰尋干戈又干戈相尋又俄也史尋復其舊又左傳將尋師焉杜預曰尋用也又六尺曰尋小爾雅四尺謂之仞倍仞謂之尋倍尋謂之常方言尋長也自關而西秦晉梁益之間凡物長謂之尋今俗謂庸常為尋常又姓中从工从口監本从几誤
3	深	式	針	審	심	ɕim			shen	深淺之對又邃也水名又沁韻古作㴱
4	斟	諸	深	照	짐	tɕim			zhen	勺也又國名
5	諶	時	壬	禪	씸	zim			chen	誠諦也信也測也亦作忱
6	壬	如	深	日	심	ȵim			ren	十幹名北方陽位漢志懷任於壬爾雅歲在壬曰玄黓月在壬曰終又佞也書孔壬亦作任
7	森	疏	簪	審	合	ʂum			sen	衆木貌
8	簪	緇	深	照	즘	tʂum			zɑn	首笄簦又聚也疾也易勿疑朋盍簪音側林切亦作簮與覃韻祖含切義可通押从兩先先即古簪字
9	岑	鋤	簪	牀	쯤	dzum			cen	山小而高又姓
10	琛	丑	森	穿	짐	tɕʰim			chen	寶也亦作琛
11	沈	持	林	牀	찜	dzim			shen	没也溺也亦作沉湛又覃寑沁三謂从水从冘冘音淫行貌
12	林	犁	沉	來	림	lim			lin	平土有叢曰林又林林叢生貌又野外曰林又君也詩有壬有林又姓
13	淫	夷	斟	喻	임	im			yin	奸也過也亂也溢也又與霪同左傳天作淫雨从水从㸒㸒同音

序号	小韵	反切上字	反切下字	字母	谚文注音及国际音标		俗音及国际音标		汉语拼音	注释
14	心	思	林	心	심	sim			xin	火藏身之主神明之舍也
15	音	於	禽	影	힘	ʔim			yin	聲成文也說文聲生於心有節於外謂之音宮商角徵羽聲也金石絲竹匏土革木音也左傳七音音五云七者武王伐紂自午至子凡七日王因此以數合之以聲昭之故以七同其數以律其聲加變宮變徵猶琴有五絃至周加文武二絃也又與陰同左傳鹿死不擇音杜預注所茠蔭之處有平去兩音莊子獸死不擇音氣息茀然注蹴之窮地意急情盡則和聲不至是止爲聲音字宜依出處用之又沁韻
16	吟	魚	音	疑	임	ŋim	인	in	yin	哦也詠也鳴也吽也亦作唫又㱲沁二韻
17	歆	虛	金	曉	힘	xim			xin	好樂也欲也羨也神饗氣也
18	欽	驅	音	溪	킴	kʰim			qin	恭也漢志內曰恭外曰欽又欽欽心動貌詩憂心欽欽
19	今	居	吟	見	김	kim			jin	對古之稱說文是時也急也
20	琴	渠	金	群	낌	gim			qin	樂器神農作古作琴
21	南	乃	林	泥	님	nim			nan	夏方詩遠送于南沈云協句宜音女今切又如字後飄風自南以雅以南同又覃韻

侵韵中共有 107 个韵字。

覃韵包含 27 个小韵，其中有标注俗音的 2 个，有附注读音说明的 1 个，具体见表 4.14。

表4.14 二十一覃韵文字转写表

序号	小韵	反切上字	反切下字	字母	谚文注音及国际音标		俗音及国际音标		汉语拼音	注释
1	覃①	徒	含	定	땀	dɐm	딴	dɐn	tan	長味亦作醰又及也布也深廣也尚書序研精覃思又琰感二韻
2	貪	他	含	透	탐	tʰɐm			tan	貪婪
3	耽	都	含	端	담	tɐm			dan	耳大而垂又樂也書今日耽樂
4	婪	盧	含	來	람	lɐm			lan	貪也亦作惏
5	南	那	含	泥	남	nɐm			nan	火方又姓漢律歷志太陽者南方南任也陽氣任養物於時為夏又侵韻
6	毶	蘇	含	心	삼	sɐm			san	毛長貌
7	參	倉	含	清	참	tsʰɐm			can	閒廁也造也趨承也干與也參錯也又曾參史記云字子輿蓋取參乘之義論語音森又參伍易參伍以變三相參為參五相伍為伍左傳自參以上周禮設其參皆謂三相參列者也晉書作叅又侵感勘三韻又見下
8	簪	祖	含	精	잠	tsɐm			zan	簇也又聚也疾也易勿疑朋盍簪又侵韻
9	蠶	徂	含	從	짬	dzɐm			can	吐絲蟲荀子有蠶賦亦作蝅俗作蚕非蚕他典切寒蚓也佩觿集曰蚯蚓之蚕為蠶其順非有如此者
10	堪	苦	含	溪	캄	kʰɐm			kan	任也勝也克也可也地突也亦作戡戥
11	含	胡	南	匣	함	ɣɐm			han	羽濁音說文銜也从口今聲或作唅前王褒傳羹藜唅糗又見禮樂志云人函陰陽之氣並注與含字相同又包也容也易含弘光大亦作函又勘韻
12	諳	烏	含	影	암	ʔɐm			an	記也憶也練歷也悉也
13	談	徒	監	定	땀	dɐm			tan	語也言論也戲調也又姓亦作譚
14	儋	都	監	端	담	tɐm			dan	負荷也又小甖又勘韻

---

① 《洪武正韵译训》中对小韵"覃"有附注读音说明"韻內中聲ㅏ音諸字其聲稍深宜讀以ㅏ・之間唯唇音正齒音以ㅏ呼之韻中諸字終聲並同"。

序号	小韵	反切上字	反切下字	字母	谚文注音及国际音标		俗音及国际音标		汉语拼音	注释
15	藍	盧	監	來	람	lɛm			lan	染青草又姓藍縷敝衣左傳篳路藍縷又浮屠所居謂之伽籃
16	三	蘇	監	心	삼	sɛm			san	數名亦作參古作弎又去聲勘韻凡言數則從平聲論語三變三友禮記先雷三日書三公三孤易先甲三日之類是也再而三之則從去聲論語三思三復易再三瀆書至于三記朝于王季日三左傳三而竭之類是也然其間亦有兩音如三省三思之類合從通用
17	甘	沽	三	見	감	kɛm			gan	甜也又甘心快意也樂也美也又湛嗜也書甘酒嗜音又果名俗作柑又見下又姓
18	酣	胡	甘	匣	咁	ɣɛm			han	酒樂也湛嗜也應劭曰洽也張晏曰中酒也亦作佄甘
19	咸	胡	嵒	匣	햠	ɣjɛm			xian	卦名感也皆也同也悉也爾雅丘左高曰咸司馬相如傳上咸五下登三師古曰咸皆也言與五帝皆盛也
20	嵒	魚	咸	疑	얌	ŋjɛm	얀	jɛn	yan	巖也又嶄嵒山高貌从品从山與喦字不同喦音尼輒切
21	攕	所	含	審	삼	ɕɛm			xian	好手貌亦作摻
22	讒	鉏	咸	牀	짬	dzɛm			chan	讒也荀子傷良曰讒又勘韻
23	監	古	銜	見	감	kjɛm			jian	臨下也徐曰安居以臨下監之也又領也察也又勘韻
24	嵌	丘	銜	溪	캄	kʰɛm			qian	嵌巖山險貌亦作嵌
25	衫	師	銜	審	삼	ɕɛm			shan	小襦也
26	欃	初	銜	穿	참	tɕʰɛm			chan	欃槍妖星廣韻作攙
27	凡	符	咸	奉	뽬	vɛm			fan	撮栝也庸常也皆也輕也大槩也國名漢景帝凡號石奮為萬石君謂揔計也

覃韵中共有 138 个韵字。

盐韵包含 23 个小韵，其中有标注俗音的 2 个，有附注读音说明的 1 个，具体见表 4.15。

表 4.15　二十二盐韵文字转写表

序号	小韵	反切上字	反切下字	字母	谚文注音及国际音标		俗音及国际音标		汉语拼音	注释
1	鹽[①]	移	廉	喻	염	jʌm	연	jʌn	yan	鹹鱃又豔韻
2	銛	思	廉	心	셤	sjʌm			xian	利也又舌屬又竿頭施鐵鉅以擲魚為銛从干戈之干監本从千誤
3	僉	千	廉	清	쳠	tsʰjʌm			qian	咸也皆也
4	尖	將	廉	精	졈	tsjʌm			jian	末銳杜甫詩萬點蜀山尖諱愈苦寒詩萌芽禾勾尖
5	燖	徐	廉	邪	쎰	zjʌm			yan	湯中燖肉亦作燂燅臛禮有燖又侵韻
6	潛	慈	鹽	從	쪔	dzjʌm			qian	禹貢沱潛既道又水伏流也藏也又魚橢也詩潛有多魚又侵韻古作暜廣韻於暜縣在杭州今作潛下從子曰之曰从日誤
7	苫	詩	廉	審	셤	ɕjʌm			shan	草覆屋又凶服者以為覆席又豔韻
8	襜	蚩	占	穿	쳠	tɕʰjʌm			chan	載也爾雅衣蔽前郭璞曰今蔽膝也亦作幨襝袩幨又豔韻
9	詹	之	廉	照	졈	tɕjʌm			zhan	多言又姓一曰至也方言詹至也齊楚之會郊或曰懷摧詹郭璞曰詩先祖于摧六日不詹此亦方國之語不專齊楚也又與瞻同詩魯邦所詹
10	蟾	時	占	禪	쎰	zjʌm			chan	蟾蜍戰國策月魄象蟾兔故世因謂月彩為蟾光廣韻以之廉切為蟾蜍以時占切為月彩蓋不考其所從出耳然所以有兩音者方言不同也蟾音占則蟾音諸蟾探則蟾音如實一物也

①《洪武正韵译训》中对小韵"鹽"有附注读音说明"韻內諸字終聲同上去聲宜同"。

续表

序号	小韵	反切上字	反切下字	字母	谚文注音及国际音标		俗音及国际音标		汉语拼音	注释
11	髯	而	占	日	섬	njʌm			ran	頰須从冄注在頤曰須在頰曰髯
12	廉	力	鹽	來	렴	ljʌm			lian	陛廉也側隅也不貪也潔也察也廣韻儉也釋名廉斂也貌檢斂也又飛廉風伯又鳥名舘名應劭曰飛廉神禽能致風氣晉灼曰身似鹿頭如爵有角蛇尾文似豹又姓
13	淹	衣	炎	影	혐	ʔjʌm			yan	漬也久留也滯也亦作奄又覃豓二韻
14	噞	牛	廉	疑	염	ŋjʌm	연	jʌn	yan	噞喁魚口上見貌又琰豓二韻
15	黏	尼	占	泥	념	njʌm			nian	著也俗作粘又豓韻
16	箝	其	廉	群	겸	gjʌm			qian	籋也漢袁盎傳箝天下之口亦作鉗柑拑
17	砭	悲	廉	幫	볌	pjʌm			bian	以石刺病亦作砒又豓韻
18	添	他	兼	透	텸	pʰjʌm			tian	益也亦作沾
19	甜	徒	兼	定	뗨	djʌm			tian	甘也亦作餂从干戈之干舊从千誤
20	謙	苦	兼	溪	켬	kʰjʌm			qian	致恭也不自滿也遜也古作嗛又見下又琰韻
21	兼	古	嫌	見	겸	kjʌm			jian	并也又豓韻
22	嫌	胡	兼	匣	혬	ɣjʌm			xian	不平於心又疑也憎也亦作謙慊
23	枚	虛	嚴	曉	혐	xjʌm			xian	舀屬方言青齊呼意所好為枚俗作忺

　　盐韵中共有 124 个韵字。

　　侵、覃、盐这三个大韵中的官话音读音基本一致，除了有疑母与喻母合流现象外，标注俗音的各小韵中正音读音[m]在俗音中变为[n]，其余的正音读音则未发生变化。而在普通话中，各小韵的尾音则都是[n]。由于现在普通话中/-m/和/-n/已经不再区分，所以可以看出至少在《洪武正韵译训》编写时期，明朝官话音正音中[m]的读音开始出现了些许变化，但并不明显，大规模的官话音读音[m]混为[n]的现象应该发生在明朝中期以后。

与嘉靖本进行对比后，侵韵中有如下不同之处：

（1）侵韵的小韵 15 "音"，《译训》反切为 "於禽切"，嘉靖本反切为 "於含切"，结合读音，嘉靖本应为抄录讹误，如图 4.11 所示。

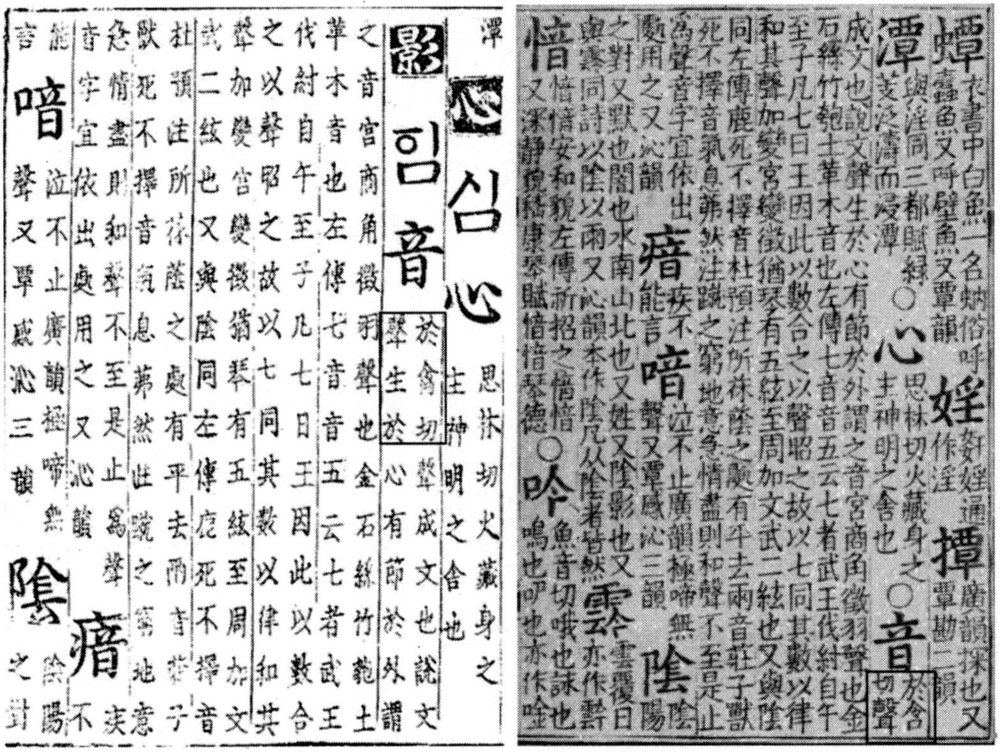

图 4.11　小韵 "音" 在《洪武正韵译训》与嘉靖版《洪武正韵》中的对比

根据现存的平声部四卷内容中的正音和俗音的注音，结合后人补充完整的卷一、卷二，可以发现明朝迁都北京后，官话音的读音产生了变化。《洪武正韵》在编写时明朝首都为南京，当时的官话音也就是书中所指的正音，读音以南音为主；而《洪武正韵译训》编写的时代为明正统年间，迁都北京已经有近 30 年，官话音中杂糅了北音，读音发生了变化。从平声部分各韵字的俗音可以看到，当时的官话音中一些较为复杂的韵字读音在俗音中已经产生了简化现象，其他一部分的韵字读音也有着简化的趋势。同时也可以看到疑母与喻母的合流现象已经产生，疑母在俗音中已经变为喻母。

第五章
《洪武正韵译训》上声部分的
注音与明朝官话音

　　《洪武正韵译训》中的上声分为 3 卷，根据统计，总共有 22 个大韵，557 个小韵，收录了 2886 个韵字。其中有 68 个小韵标注了俗音（时音），另有 13 个小韵有读音说明。

第一节　上声卷七与上声卷八

　　上声中的卷七与卷八虽然留存至今，但是这两卷中出现了谚文注音被人为涂抹的问题，导致不能完全解读真实的注音内容，降低了可信度。这种涂抹分为两种情况：第一种是对正音的完全涂抹，使得正音的注音无法识别；第二种是对俗音用了画圈涂抹的方式，虽然覆盖了部分内容，但大部分俗音仍然可以辨识出大概的字形，使俗音的注音得以保留。如图 5.1 所示，小韵"恐"的正音注音被完全涂抹，无法认读，但是俗音的注音仍较为清楚，可以认读。

图 5.1　谚文涂抹示例图

　　正因如此，高丽大学校出版部的影印版中使用了和卷一、卷二相同的方法对卷七和卷八的谚文注音进行了复原。这项工作仍然是韩国的朴炳采教授做的。所幸的是，就可辨识的俗音部分看，仍可分析每个小韵中出现的明朝官话音的读音特点。同时由于反切字、注释等内容仍为原版，所以与嘉靖本的对比工作亦可不受影响。

一、上声卷七

根据统计，《洪武正韵译训》上声卷七包含董、纸、荠、语 4 个大韵，共计 75 个小韵，其是有标注俗音的 18 个，有读音说明的 2 个，共收录 701 个韵字。

董韵包含 22 个小韵，其中有标注俗音的 6 个，具体见表 5.1。

表 5.1　一董韵文字转写表

序号	小韵	反切上字	反切下字	字母	谚文注音及国际音标		俗音及国际音标		汉语拼音	注释
1	董	多	動	端		tuŋ			dong	督也正也又姓古作董
2	統	他	總	透	틍	tʰuŋ			tong	系也總也綱也緒也攝御也又送韻毛晃曰統字諸家皆去聲唯玉篇又音桶公羊傳大一統無音合從通用
3	動	徒	摠	定	뚱	duŋ			dong	動靜之對躁也出也作也搖也又送韻
4	曨	力	董	來	륭	ljuŋ			long	曈曨日欲明貌又東韻
5	琫	邊	孔	幫	붕	puŋ			beng	佩刀下飾詩鞞琫容刀亦作鞛
6	蠓	母	摠	明	뭉	muŋ			meng	蠛蠓小飛蟲
7	總	作	孔	精	중	tsuŋ			zong	聚束也統也皆也括也合也亦作摠又總布租錢也又並稭之禾書百里賦納總漢書作總俗作總又東送二韻
8	澒	胡	孔	匣	뽕	ɣuŋ			hong	濛澒大水貌亦作濛鴻杜牧罪言混澒回轉
9	孔	康	董	溪	쿵	kʰuŋ			kong	穴也空也甚也亦作空又孔子商湯後微子封宋其後孔父嘉為大夫其孫因以祖字為氏又要路曰孔道
10	恐	丘	隴	溪	쿵	kʰjuŋ	쿵	kʰuŋ	kong	懼也說文作㳟从心乭乭音戟今作㞬非凡字

序号	小韵	反切上字	反切下字	字母	谚文注音及国际音标		俗音及国际音标		汉语拼音	注释
11	蓊	烏	孔	影	홍	ʔuŋ			weng	蓊鬱草木盛貌又東韻
12	捧	方	孔	非	봉	fuŋ			peng	兩手拱承也本作奉
13	腫	知	隴	照	즁	tɕjuŋ	즁	tɕuŋ	zhong	脹也癰也
14	重	直	隴	牀	쯩	dzjuŋ	쯩	dzuŋ	zhong	輕重之重凡物不輕而重則上聲因其可重而重之與再重鄭重皆去聲又東送二韻
15	宂	而	隴	日	슝	njuŋ	슝	ɲuŋ	rong	散也雜也剩也宂也俗作宂
16	竦	息	勇	心	슝	sjuŋ	슝	suŋ	song	恭也又竦動也國語竦善抑惡
17	寵	丑	勇	穿	츙	tɕʰjuŋ	츙	tɕʰuŋ	chong	恩也愛也尊榮也
18	勇	尹	竦	喻	융	juŋ			yong	銳也猛也果敢也
19	兇	許	拱	曉	흉	xjuŋ			xiong	擾而恐懼又東韻
20	拱	居	竦	見	궁	kuŋ			gong	叉手也拱翊環擁也又兩手合持曰拱孟子拱把之桐梓漢志一暮大拱本作共
21	癑	乃	湩	泥	눙	nuŋ			nong	痛也
22	慫	即	勇	精	쭝	tsuŋ			song	慫慂勸也亦作從臾

董韵中共有 127 个韵字。

从表 5.1 各个标注了俗音的小韵可以看出，正音[juŋ]的读音在俗音已经转变为[uŋ]，与北方音杂糅后，明朝官话音中的读音简化趋势仍在发展。

董韵诸小韵与嘉靖本对比并无差异之处。

纸韵包含 20 个小韵，其中有标注俗音的 11 个，有附注读音说明的 1 个，具体见表 5.2。

表 5.2 二纸韵文字转写表

序号	小韵	反切上字	反切下字	字母	谚文注音及国际音标		俗音及国际音标		汉语拼音	注释
1	纸①	諸	氏	照	지	tɕi	징	tɕiŋ	zhi	楮籍不知所始後漢宦者蔡倫以魚網木皮為紙俗以為紙始於倫非也案前漢皇后紀已有赫蹏紙矣亦作帋

① 《洪武正韵译训》中对小韵"纸"有附注读音说明"又音즤下同說見支韻支字"。

序号	小韵	反切上字	反切下字	字母	谚文注音及国际音标		俗音及国际音标		汉语拼音	注释
2	豸	丈	几	牀	찌	dʑi	찡	dʑiŋ	zhi	蟲無足又解也止也左傳宣十七年庶有豸乎亦作廌又解韻
3	齒	昌	止	穿	치	tɕʰi	칭	tɕʰiŋ	chi	牙齒又錄也年也又以年相序禮記太子入學齒冑又鑿齒獸名習鑿齒晉人
4	此	雌	氏	清	츠	tsʰɯ			ci	彼此之對又止也
5	子	祖	似	精	즈	tsɯ	중	tsuŋ	zi	嗣也息也孶也爵名辰名漢志孶萌於子爾雅歲在子曰困敦左傳注卿之妻曰内子卿之庶子曰餘子又男子之通稱又成德謂之君子嬰兒謂之赤子顏師古曰子者人之嘉稱
6	始	詩	止	審	시	ɕi	슝	ɕuŋ	shi	初也實韻式吏切方始為之也毛晃曰本初之始則上聲詩今以始歲其有漢書宣德自近始春秋五始天人之道何所本始易資始大始之類是也方始為之則去聲禮記桃始華蟬始鳴之類是也
7	市	上	紙	禪	씨	zi	쓩	zuŋ	shi	買賣之所易曰中為市又買物論語巾脯及物貨相貿易賣買皆曰市
8	以	養	里	以	이	i			yi	用也與也為也意也實也因也用人之師能左右之曰以本作目亦作已荀子人之所以為人者何己也注己與以同蓋古文同作目後世別而為二
9	倚	隱	綺	影	ᅙᅵ	ʔi			yi	依也側也亦作猗又支真韻
10	耳	忍	止	日	ᅀᅵ	ɲi	슝	ɲuŋ	er	聽官又耳耳彎盛貌又語決辭本作目象形今作耳俗作耳
11	彼	補	委	幫	비	pi	븨	pui	bi	對此之稱
12	庀	普	弭	滂	피	pʰi			pi	具也亦作比

续表

序号	小韵	反切上字	反切下字	字母	谚文注音及国际音标		俗音及国际音标		汉语拼音	注释
13	陛	比	並	並	ㅃㅣ	bi			bi	階也應邵曰陛者升堂之陛王者必有執兵陳於階陛之側羣臣與至尊言不敢指斥故呼在陛下者而告之因卑達尊之意也漢高祖五年諸侯上疏始稱陛下又尊者之陛曰納陛孟康曰納內也謂鑿殿基際為陛不使露也顏師古曰尊者不欲露而升陛故內之於霤下也
14	技	巨	綺	群	ㄲㅣ	gi			ji	藝也巧也通作伎又眞韻
15	似	詳	子	邪	ㅆㅡ	zɯ	ㅆㆆ	zuɲ	si	嗣也詩似續妣祖又類也象也
16	死	想	姉	心	ㅅㅡ	sɯ	ㅅㆆ	suɲ	si	㱔也歿也終也盡也禮記死者澌也言若冰釋澌然而盡也說文作㱔今文作死周禮疾醫注少曰死老曰終曲禮曰死與往日
17	喜	許	里	曉	ㅎㅣ	xi			xi	欣也悅也亦作憙又眞韻从壴从口作喜誤毛晃曰喜怒之喜從上聲悅好之喜從去聲
18	水	式	軌	審	ㅅㅣ	ɕi	ㅅㅣㆆ	ɕiɲ	shui	說文準也五行之首居北方象眾水並流有微陽之氣至柔而能攻堅故一其內又姓也又見賄韻
19	斐	敷	尾	非	ㅸㅣ	fi			fei	文貌論語斐然成章亦作匪菲
20	尾	無	匪	微	ㅹㅣ	ɱi			wei	首尾又宿名鶉尾次名琑尾少好貌書傳交接曰尾又姓又㞑也

纸韵中共有 249 个韵字。

由表 5.2 可以看出，在纸韵的俗音中有一个新的现象，通过纸韵本身的读音说明及标注了俗音的多个小韵的国际音标可知，正音中"声母+[i]"的读音在当时的俗音或者说作者听到的官话音中有了变化。俗音读音中的[i]大部分变为[ɯ]且谚文韵尾多出了一个字母ㆆ，也即日母成了韵尾，在俗音的读音结尾便连起来成了[ɯɲ]。这种变化与如今北京话中的儿化现象极为相似，可知这个时期南北杂糅后的官话音中儿化现象已经初见端倪。由此推断，随着时间的推移，北京话中的儿化音杂糅进官话音中，产生了非独立音节的儿化现象。而如果《洪武正韵译训》卷一原版的俗音读音与补完版本一致的话，那么在平声卷一支韵中则是同样发生了此种现象。

与嘉靖本进行对比，有如下不同之处：

（1）嘉靖本的小韵"侈"，尺里切，《译训》不算作小韵，如图 5.2 所示。

图 5.2　小韵"侈"在《洪武正韵译训》与嘉靖版《洪武正韵》中的对比

（2）小韵 4 "此"的注释中，《译训》为"又止也"，嘉靖本为"又比也"。结合词义，应为《译训》中出现抄录错误。

（3）嘉靖本的小韵"史"，诗止切，《译训》不算作小韵。

（4）嘉靖本的小韵"视"，善指切，《译训》不算作小韵。

（5）小韵 9 "倚"的注释中，《译训》为"亦作猗"，嘉靖本为"亦作猗"，应为抄录错字。

（6）小韵 13 "陞"中"靁"字注释不同，《译训》为"靁下也"，嘉靖本则是"靁下也"。

（7）嘉靖本的小韵"被"，部靡切，《译训》不算作小韵。

（8）小韵16"死"的注释中，《译训》为"详姊切"，嘉靖本为"详娣切"。

荠韵包含13个小韵，其中有标注俗音的1个，有附注读音说明的1个，具体见表5.3。

表5.3 三荠韵文字转写表

序号	小韵	反切上字	反切下字	字母	谚文注音及国际音标		俗音及国际音标		汉语拼音	注释
1	薺①	在	禮	從	쩨	dzje	찌	dzi	ji	菜名又霽韻
2	濟	子	禮	精	졔	tsje			ji	衛詩作泲又濟濟盛貌濟水出常山又濟濟大夫之容又霽韻
3	徙	想	里	心	셰	sje			xi	遷移篆文作迻當作迤今轉為徙
4	邸	典	禮	端	뎨	tje			di	舍也周禮四圭有邸邸舍也為圭之舍也又本也圭四出中共一璧猶衆枝同一根柢也顏師古曰漢制凡郡國朝宿之舍在京師者率名邸邸至也言所歸至也今人謂逆旅為邸蓋出於此又至也與抵同史記河渠書西邸瓠口又觸也風賦邸華葉而振氣又支韻
5	弟	待	禮	定	뗴	dje			di	兄弟唐人兩姨之子相謂為外昆弟姑舅之子相謂為内昆弟魏志楊阜傳稱外兄姜叙而皇甫謐列女叙姑子楊阜則舅子稱姑子為外兄弟姑子稱舅子為内兄弟又傳聲伯之母出嫁於齊管于奚生二子而寡以歸聲伯聲伯以其外弟為大夫而嫁其外妹於施孝叔杜預曰外弟管于奚之子是同母異父亦稱外兄弟也又霽韻
6	泚	此	禮	清	졔	tsʰje			ci	水清又紙韻

①《洪武正韵译训》中对小韵"薺"有附注读音说明"韻中諸字中聲並同說見齊韻齊字"。

序号	小韵	反切上字	反切下字	字母	谚文注音及国际音标		俗音及国际音标		汉语拼音	注释
7	里	良	以	來	례	lje			li	五鄰為里孟子方里而井井九百畝又憂也詩云如何里又路程今以三百六十步為一里又漢制長安有戚里人君姻戚居之後世因謂外戚為戚里
8	體	他	禮	透	톄	tʰje			ti	身也又肢體孟子四端猶四體詩方苞方體鄭箋體成形也又質也詩相鼠有體王弼明文體質不必齊也又曰卦體不由乎爻也治體者治之體勢規模也體貌大臣者加容貌以敬之也亦作軆躰俗作体非体音蒲本切麤貌又劣也
9	伱	乃	里	泥	녜	nje			ni	汝也秦人呼傍人之稱
10	傒	戶	禮	匣	혜	ɣje			xi	望待也又齊韻
11	己	居	里	見	계	kje			ji	身也十幹戊己又霽韻
12	起	墟	里	溪	켸	kʰje			qi	興也作也立也發也
13	米	莫	禮	明	몌	mje			mi	穀實又姓

荠韵中共有 139 个韵字。

结合读音说明可知，正音的读音[je]在俗音中简化为[i]，而这种简化后的读音与普通话相一致。明朝之后的官话音大规模地发生了这种简化现象，形成了如今的读音。如果《洪武正韵译训》卷一的俗音与补完版本一致的话，那么在平声卷一齐韵中则是同样发生了此种现象。

与嘉靖本进行对比，有如下不同之处：

嘉靖本的小韵"啓"，祛礼切，《译训》不算作小韵，如图 5.3 所示。

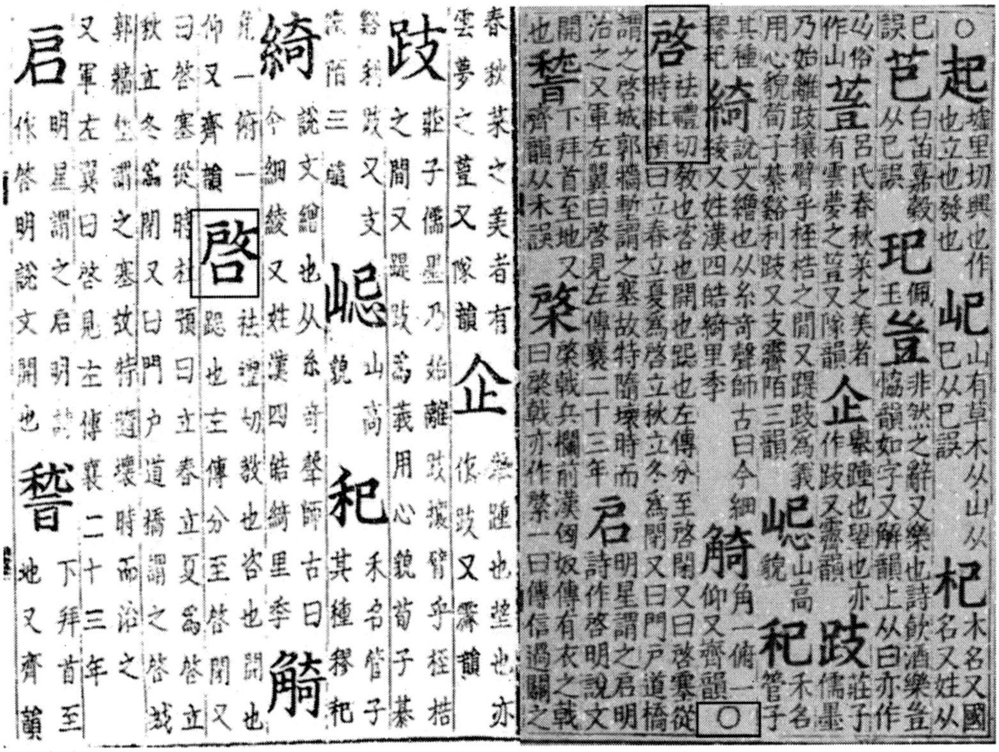

图5.3 小韵"启"在《洪武正韵译训》与嘉靖版《洪武正韵》中的对比

语韵包含 20 个小韵，具体见表 5.4。

表 5.4 四语韵文字转写表

序号	小韵	反切上字	反切下字	字母	谚文注音及国际音标		俗音及国际音标	汉语拼音	注释
1	語	偶	許	疑	유	nju		yu	說文直言曰言論難曰語御韻牛據切告之也毛晃曰言語之語則從上聲詩于時語語論語食不語史偶語陸賈新語之類是也言事告人則從去聲孝經吾語汝論語子語魯太師樂孟子語人曰吾語暴以好樂吾語子遊之類是也

续表

序号	小韵	反切上字	反切下字	字母	谚文注音及国际音标		俗音及国际音标		汉语拼音	注释
2	與	弋	渚	喻	유	ju			yu	薫與施與又也從也許也從也與與威儀中適貌容與閑適貌漢郊祀歌澹容與相如賦翾翔容與言自得也又待也論語歲不我與馮衍賦壽冉冉其不與又如也黿錯傳中國之人弗與也又魚御二韻
3	傴	於	語	影	유	ʔju			yu	傴僂
4	許	虛	呂	曉	휴	xju			xu	約與之也可也與也容也聽也又國名又姓又姥韻
5	舉	居	許	見	규	kju			ju	扛也挈也稱也動也揚也拔也皆也小爾雅二十四銖曰兩兩有半曰捷倍捷曰舉又御韻
6	去	丘	舉	溪	큐	kʰju			qu	撤也除也又見上又魚御二韻毛晃曰撤去之去則從上聲如論語去喪去食去兵易去故周官三分去一之類是也來去之去相去之去則從去聲孟子去齊去魯去者不追賢不肖之相去之類是也
7	巨	臼	許	群	뀨	gju			ju	大也又姓通作鉅又與詎同豈也漢書巨能入乎又御韻
8	沮	再	呂	精	쥬	tsju			ju	止之也過也喪也抑也又魚御二韻
9	墅	承	與	禪	쓔	zju			shu	田廬又洲嶼
10	暑	賞	呂	審	슈	ɕju			shu	蒸熱
11	豎	仁	庾	禪	쓔	zju			shu	立也亦作竪侸童僕未冠者莊子音上聲又殊遇切

续表

序号	小韵	反切上字	反切下字	字母	谚文注音及国际音标		俗音及国际音标		汉语拼音	注释
12	主	腫	庚	照	쥬	tɕju			zhu	君也宰也領也掌也守也當也賓之對也意所注也又廟社寓神靈者謂之主左傳襄十九年事吳敢不如事主上一點本音主與一不同今俗或作主非又御韻
13	杵	敞	呂	穿	츄	tɕʰju			chu	臼杵
14	呂	兩	舉	來	류	lju			lü	說文字林脊骨也象形亦作膂又陰律名呂旅也方言呂長也東齊曰弨宋魯曰呂又姓廣韻云大嶽為禹心呂之臣故封呂侯後因為氏太公望姓姜氏呂即其後也秦漢以來遂以呂為姓俗作呂
15	汝	忍	與	日	슈	nʑju			ru	爾也本作女汝水名也出天息山後人借為爾汝字
16	取	此	主	清	쥬	tsʰju			qu	索也獲也收也受也攬也又御韻
17	聚	慈	庚	從	쮸	dzju			ju	會也眾也共也廣韻邑落曰聚又御韻
18	女	尼	呂	泥	뉴	nju			nü	女子凡未嫁謂之女已嫁謂之婦又宿名
19	敘	象	呂	邪	쓔	zju			xu	次敘又敘述也通作序从余从攴今作敘从又誤
20	胥	私	呂	心	슈	sju			xu	有材知也詩君子樂胥顏師古漢書注曰樂得有材知之人使在位也又皆也相也又魚韻

语韵中共有 186 个韵字。

如表 5.4 所示，语韵的各小韵在读音上并无特殊之处，与现在的读音也较为相似。

与嘉靖本进行对比，有如下不同之处：

（1）《译训》的小韵 2 "與"，嘉靖本不算作小韵，如图 5.4 所示。

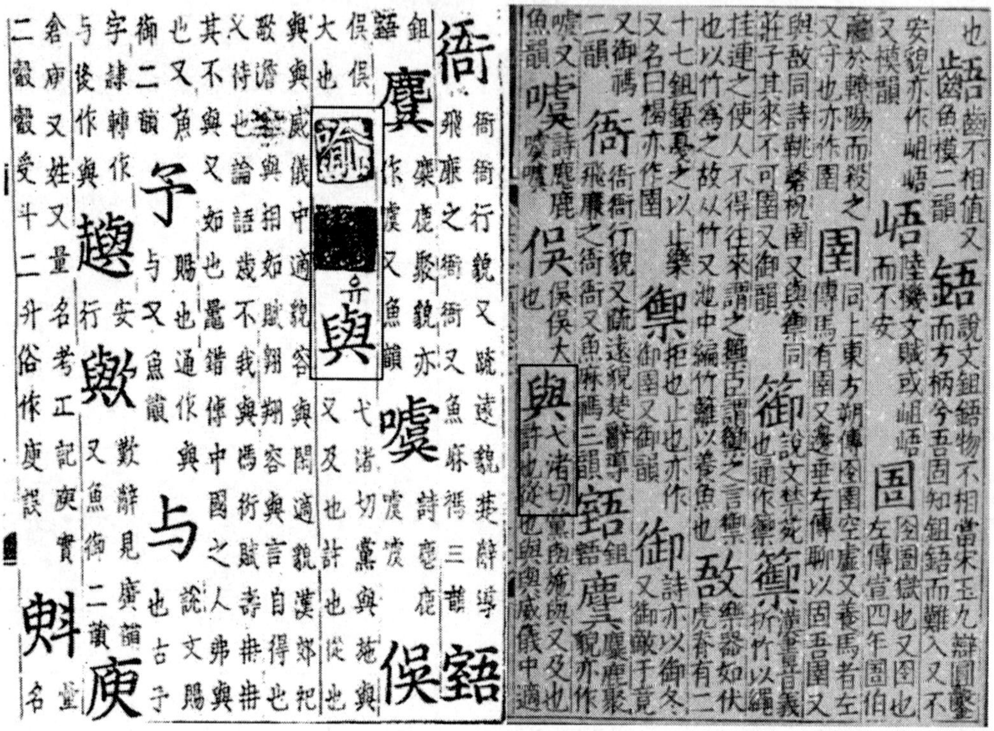

图 5.4　小韵 "與" 在《洪武正韵译训》与嘉靖版《洪武正韵》中的对比

（2）小韵 4 "許" 的注释，《译训》为 "約與之也"，嘉靖本为 "绚與之也"。

（3）嘉靖本的小韵 "柱"，直吕切，《译训》不算作小韵。

二、上声卷八

《洪武正韵译训》上声卷八包含姥、解、贿、轸、旱、产、铣 7 个大韵，共计 198 小韵，其中有标注俗音的 21 个，仅有 1 个读音说明，共收录 1028 个韵字。

姥韵包含 24 个小韵，具体见表 5.5。

表5.5　五姥韵文字转写表

序号	小韵	反切上字	反切下字	字母	谚文注音及国际音标		俗音及国际音标		汉语拼音	注释
1	姥	莫	補	明	무	mu			mu	女老稱又天姥山名
2	普	滂	五	滂	푸	pʰu			pu	日色又博也大也徧也
3	補	博	古	幫	부	pu			bu	袳衣也裨也填也从衣
4	簿	裴	古	並	뿌	bu			bu	籍也又領也孔子先簿正祭器荀子五官簿之而不知又車駕法從次第為鹵簿又藥韻
5	祖	摠	五	精	주	tsu			zu	始也法也本也上也又本而祖之也仲尼祖述堯舜應劭曰始取天下者為祖高帝稱高祖是也師古曰祖始也始受命也又祭道神曰祖詩取羝以軷謂祖祭也應劭風俗通曰祖徂也今謂餞行曰祖道先儒謂不敢斥其人若祭於道而飲酒爾此說非也烏有餞人之行反以鬼事言之蓋取徂送始行之意又暮韻
6	粗	坐	五	從	쭈	dzu			cu	略也疏也又模韻
7	覩	董	五	端	두	tu			du	見也亦作睹
8	土	他	魯	透	투	tʰu			tu	土地稱地為后土取厚載之義古后厚通又共工氏子曰句龍為后土者主也杜預曰土乃牧養之官故稱后
9	杜	徒	古	定	뚜	du			du	木名或曰甘棠說文牡曰棠牝曰杜詩杕杜是也又姓又塞也沍也方言杜根也東齊曰杜或曰芨
10	魯	郎	古	來	루	lu			lu	國名又姓又愚也鈍也
11	弩	奴	古	泥	누	nu			nu	蹶張曰弩
12	虎	火	五	曉	후	xu			hu	西方猛獸从虍从几几音人

续表

序号	小韵	反切上字	反切下字	字母	谚文注音及国际音标		俗音及国际音标		汉语拼音	注释
13	苦	孔	五	溪	ㅋㅜ	kʰu			ku	炎上之味又困悴也勤勞也厭患也陵侮也辛楚也又菜名方言苦快也自山而東或曰逞楚曰苦秦曰了宋鄭周洛韓魏之間曰苦郭璞曰苦而為快猶以臭為香治為亂反覆用之也又濫惡曰苦國語辨其功苦韋昭曰堅曰功脆曰苦西京賦鬻良雜苦史記器不苦窳亦作楛又公土切又麤也又暮韻
14	古	公	土	見	ㄱㅜ	ku			gu	遠代又姓又久也老也詩逝不古處
15	戶	侯	古	匣	ㆅㅜ	ɣu			hu	半門為戶又在内曰戶在外曰門易節卦初九不出戶庭九二不出門庭是也又民家聯比謂之編戶又止也左傳屈蕩戶之俗作户
16	塢	安	古	影	ㆆㅜ	ʔu			wu	小鄣也山阿也壘壁也一曰庫城服虔通俗文曰營居曰塢亦作隖
17	五	阮	古	疑	ㆁㅜ	ŋu			wu	中數亦作伍偏旁作又
18	所	踈	五	審	ㅅㅜ	ʂu			suo	指物之辭攸也方所也處所也又伐木聲又姓漢武近臣所忠方所者指所向之方處所者指所在之處二者雖異其為所則一也漢制車駕行幸所在曰行在所蔡邕獨斷天子以四海為家故謂所居為行在所
19	阻	壯	所	照	ㅈㅜ	tʂu			zu	隔也憂也險阻也山巇曰險水隔曰阻若泛言則山水皆可通用亦作岨又恃險自固史秦地阻山帶河

序号	小韵	反切上字	反切下字	字母	谚文注音及国际音标		俗音及国际音标		汉语拼音	注释
20	楚	創	祖	穿	쥬	tɕʰu			chu	莄楚又荊也又國名又姓又州名又辛酸痛楚又楚楚鮮整貌又暮韻
21	撫	斐	古	非	부	fu			fu	安也㪍也摩也按也慰勉也彈也擊也古作撫亦作拊
22	輔	扶	古	奉	뿌	vu			fu	車輔兩旁夾車木也又頰顡也形如車輔故曰輔車又毗輔也扶也弼也
23	武	罔	古	微	무	ɱu			wu	文武威也斷也勇也剛也迹也又姓又角力也唐人呼虎為武蓋避諱也又冠卷曰武又武王樂名古文止戈為武今文亦然左傳戡定禍亂曰武又模韻
24	數	所	武	審	수	ɕu			shu	計也又責也左傳昭元年乃執子南而數之又箆數薦戴器者劉邠曰即寄生宛童也亦作籔藪又暮屋藥韻内

姥韵中共有 156 个韵字。

由表 5.5 可知，姥韵中各个小韵的正音读音较为简洁，也没有俗音，今天普通话的读音也基本与其保持一致，并未发生变化。同时亦可以看到明朝官话音的非、奉合流现象在此时尚未开始。

与嘉靖本进行对比，有如下不同之处：

（1）小韵 17 "五" 的注释中，《译训》里 "偏旁作又"，嘉靖本为 "偏旁作乄"，如图 5.5 所示。

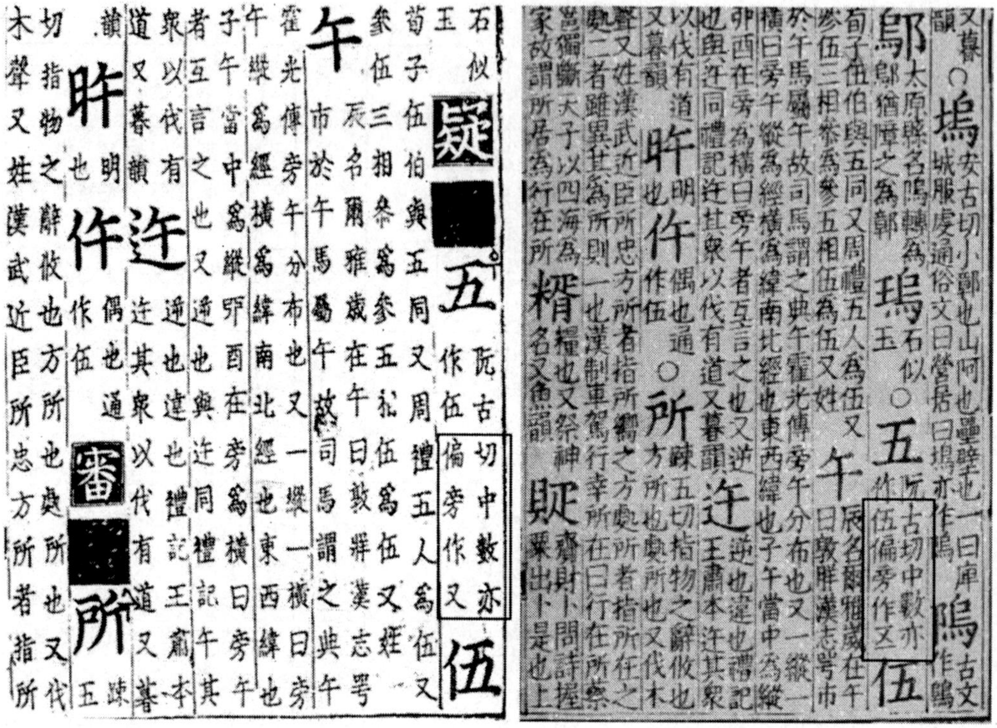

图5.5　小韵"五"在《洪武正韵译训》与嘉靖版《洪武正韵》中的对比

（2）小韵21"撫"的注释中，《译训》为"古作撫"，嘉靖本为"古作改"。

解韵包含 24 个小韵，其中有标注俗音的 4 个，有附注读音说明的 1 个，具体见表 5.6。

表 5.6　六解韵文字转写表

序号	小韵	反切上字	反切下字	字母	谚文注音及国际音标		俗音及国际音标		汉语拼音	注释
1	解	佳	買	見	개	kjɛ	계	kje	jie	散之也脱之也判也說也
2	蟹	胡	買	匣	햬	ɣjɛ	혜	ɣje	xie	螃蟹介蟲六跪二螯
3	罷①	補	買	幫	배	pɛ			ba	遣因也休也止也閩人呼父為郎罷又唐顧況詩兒餪嗔郎罷又支紙禡三韻
4	灑	所	蟹	審	새	ʂɛ			sa	汛也亦作洒爾雅大瑟謂之灑又紙薺馬賔泰韻

①《洪武正韵译训》中对小韵"罷"附注读音说明"韻内中聲卜音諸字其聲稍深當以卜·之間讀之唯唇音正齒音以卜讀之說見皆韻"。

续表

序号	小韵	反切上字	反切下字	字母	谚文注音及国际音标		俗音及国际音标		汉语拼音	注释
5	廌	鉏	買	牀	째	dzɛ			zhi	解廌神羊亦作獬豸又紙韻
6	跐	初	買	穿	채	tɕʰɛ			ci	行貌又蹯也又紙韻
7	買	莫	蟹	明	매	mɛ			mai	市也售人之物曰買从罒从貝罒音網亦作冈网俗作买
8	夥	胡	買	匣	쌔	ɣɛ	로	lo	huo	楚謂多曰夥見史記陳勝傳又哿韻
9	枴	古	買	見	과	kwɛ			guai	後漢王峻使契丹契丹主賜木枴
10	駭	下	楷	匣	쌔	ɣjɛ			hai	驚也亦作駴又與欬同詩箋云豕四蹄皆白曰駭
11	鍇	口	駭	溪	캐	kʰjɛ	케	kʰje	kai	九江謂好鐵為鍇
12	騃	語	駭	疑	애	ŋɛ			ai	癡也又紙韻
13	矮	鴉	蟹	影	해	ʔjɛ			ai	短不長也
14	海	呼	改	曉	해	xɛ			hai	滄溟爾雅九夷八狄七戎六蠻謂之四海海者晦也取其荒遠冥昧之稱
15	愷	可	亥	溪	캐	kʰɛ			kai	樂也亦作凱豈又軍勝之樂周禮奏愷樂左傳晉文公振旅愷以入于晉
16	改	居	亥	見	개	kɛ			gai	更易也从身己之己从攴今作改監本从已誤
17	亥	胡	改	匣	쌔	ɣɛ			hai	辰名漢志該閡於亥左傳亥有二首六身爾雅歲在亥曰大淵獻沇音淵
18	靉	依	亥	影	애	ʔɛ			ai	雲盛貌又泰韻
19	采	此	宰	清	채	tsʰɛ			cai	摘也取也擥也詩采芑禮記采詩亦作採又事也書亮采服又與彩同書五采漢書想聞風采又木名韓子采椽不斲又泰韻
20	宰	子	亥	精	재	tsɛ			zai	主也制也烹也屠也又姓
21	在	盡	亥	從	째	dzɛ			zai	居也所也存也察也又泰韻
22	茝	昌	亥	穿	채	tɕʰɛ			chai	香草顏師古曰即今白芷或云蘪蕪別名又紙韻
23	待	蕩	亥	定	때	dɛ			dai	俟也擬也遇也又泰韻
24	乃	曩	亥	泥	내	nɛ			nai	辭之緩也亦作迺又汝也春秋傳乃者難辭也王安石曰乃為繼事之辭又見上

解韵中共有 75 个韵字。

其中小韵 1、2、11 的俗音注音中，半开前元音[jɛ]的读音变为半闭前元音[je]，发生了细微的变化，但是普通话中对应的韵母/ie/（音标为[iɛ]），从读音上看并未继承俗音的读音，反而继续使用了正音的读音。这说明并非所有的杂糅后的明朝官话音都保留到现在。

此外，小韵 8 "夥"中的俗音为[lo]，与正音差异极大，普通话中亦无此读音，大体推断应为编写时出现了讹误。从读音来看，此处俗音注音或与"躶"[lo]字混淆。

与嘉靖本进行对比，有如下不同之处：

（1）小韵 4 "灑"注释最后，《译训》为"又紙薺馬寘泰韵"，嘉靖本为"又紙薺禹眞泰韻"，如图 5.6 所示。

图 5.6　小韵 "灑"在《洪武正韵译训》与嘉靖版《洪武正韵》中的对比

（2）小韵 9 "枌"注释中，《译训》为"賜木枌"，嘉靖本为"賜本枌"，此处的"本"应为错字。

贿韵包含 23 个小韵，其中有标注俗音的 2 个，具体见表 5.7。

表 5.7 七贿韵文字转写表

序号	小韵	反切上字	反切下字	字母	谚文注音及国际音标		俗音及国际音标		汉语拼音	注释
1	賄	呼	罪	曉	휘	xwi			hui	財也贈送也鄭康成曰金玉曰貨布帛白賄
2	猥	烏	賄	影	위	ʔwi			wei	犬聲又鄙也遻也
3	隗	五	罪	疑	위	ŋwi			wei	陮隗高也郭隗人名大隗山名又灰韻
4	琲	部	浼	並	뾔	bwi	쁴	bɯj	bei	珠五百枚文選吳都賦注珠十貫為一琲又隊韻
5	美	莫	賄	明	뮈	mwi	믜	mɯj	mei	嘉也好也甘也
6	漼	取	猥	清	췌	tsʰwi			cui	深也又灰韻
7	皋	徂	賄	從	쮜	dzwi			zui	辠也悠也又罰罪曰辠文字音義从自从辛言辠人蹙鼻辛苦之憂賈誼傳使民日遷善遠辠
8	鐓	杜	罪	定	뒈	dwi			dui	矛戟趾銳曰鐏平曰鐓亦作錞又隊韻
9	壘	魯	猥	來	뤄	lwi			lei	魁壘壯貌又畏壘山名軍壁亦作櫐
10	磈	苦	猥	溪	퀴	kʰwi			kui	莊子磈礧又灰韻
11	餒	努	罪	泥	뉘	nwi			wei	飢也餒腇同又魚敗亦作鮾鯘又隊韻
12	揣	楚	委	穿	췌	tɕʰwi			chuai	度也試也量也除也揣摩也又度高曰揣亦作撍俗作揣又寒哿二韻
13	捶	主	蘂	照	쮀	tɕwi			chui	擊也又哿韻
14	蘂	如	累	日	쉬	ŋwi			rui	垂也茸也又佩垂貌左傳佩玉蘂然服飾備也汝水切音義竝同重出誤故去其一
15	髓	息	委	心	쉬	swi			sui	骨中脂亦作髄髓古作䯝
16	伾	部	癸	並	뾔	bwi			pi	山一成書作伾又灰韻

续表

序号	小韵	反切上字	反切下字	字母	谚文注音及国际音标		俗音及国际音标		汉语拼音	注释
17	觜	即	委	精	쥐	tswi			zui	鸟喙又支韵
18	越	千	水	清	취	tsʰwi			cui	走也又地名春秋會于越
19	跬	犬	藥	溪	퀴	kʰwi			kui	半步一舉足也亦作頃頤
20	水	式	軌	審	쉬	ɕwi			shui	五行之首又姓
21	毁	虎	委	曉	휘	xwi			hui	壞也破也缺也虧也訾也
22	詭	古	委	見	귀	kwi			gui	異也詐也戾也又枉道逐物為詭違亦作佹傀
23	跪	渠	委	群	꿰	gwi			gui	拜跪聲類云跽也又足也荀子蟹六跪而二敖韓子以刖足為刖跪

贿韵中共有 155 个韵字。

由表 5.7 可知，贿韵中所有小韵韵母读音在正音中皆为 [wi]，而现在对应字的普通话读音中韵母则分成了两种，一种是 /ui/（音标为 [uei]），另一种是 /ei/（音标为 [ei]）。从俗音注音看，虽然仅有 2 个小韵的俗音发生了变化，变为了 [ɯj]，抑或读作 [ɯi]，但是正好与普通话中 [ei] 的发音类似。由此可知，明初官话音中贿韵各小韵的韵母读音 [wi] 在杂糅北音后发生了变化，开始分化出两种不同的读音。结合普通话的两种不同韵母的拼写实例可发现，在明朝官话音的发展中，贿韵中小韵读音的声母部分是唇音或者半舌音的，韵母的读音 [wi] 变为 [ɯi]。普通话中沿袭了这种变化，读为 [ei]。

与嘉靖本进行对比，有如下不同之处：

小韵 9 "壘" 的反切字在《译训》中是 "魯猥切"，而嘉靖本则是 "魯淲切"，如图 5.7 所示。

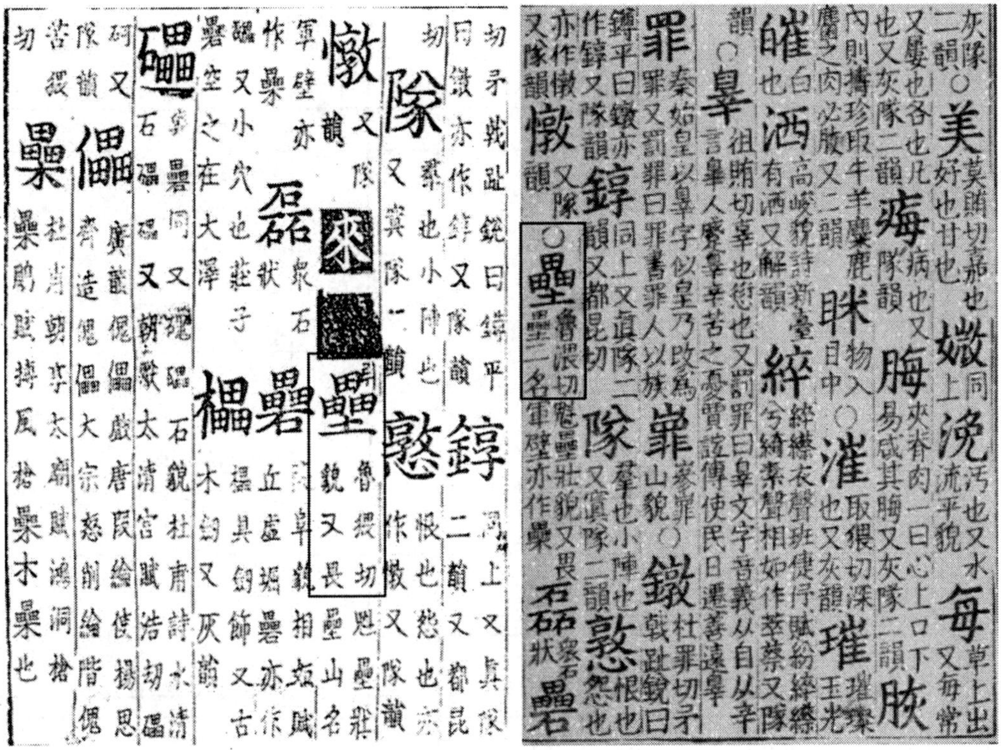

图 5.7　小韵"壨"在《洪武正韵译训》与嘉靖版《洪武正韵》中的对比

轸韵包含 46 个小韵，其中有标注俗音的 7 个，具体见表 5.8。

表 5.8　八轸韵文字转写表

序号	小韵	反切上字	反切下字	字母	谚文注音	及国际音标	俗音	及国际音标	汉语拼音	注释
1	軫	止	忍	照	진	tɕin			zhen	車後橫木又宿名又動也
2	脤	時	軫	禪	씬	zin			shen	大蛤說文雉入大水所化又蛇化為蜃似蛟無足亦作蜄蜃又時刃切
3	忍	爾	軫	日	신	ɲin			ren	安於不仁曰忍又忍耐又嬌也荀子行忍性情然後能脩又震韻
4	哂	矢	忍	審	신	ɕin			shen	微笑一云大笑亦作矧
5	牝	婢	忍	並	삔	bin			pin	母畜

续表

序号	小韵	反切上字	反切下字	字母	谚文注音	及国际音标	俗音	及国际音标	汉语拼音	注释
6	盡	慈	忍	從	찐	dzin			jin	空也竭也終也又見下又震韻
7	引	以	忍	喻	인	in			yin	導也延也長也久也漢志十丈為引引者信也用竹為之李奇曰引長十丈高一分廣六分唯竹箆柔而堅為宜耳又羊晉切禮記云弔於葬者執引
8	嶙	良	忍	來	린	lin			lin	隱嶙山峻貌又眞韻
9	盡	即	忍	精	진	tsin			jin	皆也左傳周禮盡在魯又盡之也晉獻公曰必盡敵又縱令也禮記虛坐盡後食坐盡前俗作儘
10	軞	丑	忍	穿	친	tɕʰin			chan	笑貌又大笑貌又齒善又宜稱人三切
11	紖	直	忍	牀	찐	dzin			zhen	牛系亦作緣君執紖又以忍切周禮釋文又羊晉切
12	泯	弭	盡	明	민	min			min	水貌又没也滅也盡也泯泯猶芒芒也又眞霰二韻
13	緊	居	忍	見	긴	lkin			jin	紉急
14	窘	巨	隕	群	꾼	gjun			jiong	迫也亦作窘
15	稇	苦	隕	溪	쿤	kʰjun			kun	滿也國語稇載而歸从倉困之困與韻內字不同彼从窮困之困
16	準	之	允	照	쥰	tɕjun			zhun	平也均也度也則也擬也倣也漢志繩直生準其在五則為揆平取正之器又樂器所以協律又紙屑二韻漢高祖隆準文穎音準的之準服虔音拙許負曰鼻頭曰準
17	蠢	尺	允	穿	츈	tɕʰjun			chun	蟲動又不悳也惷也出也作也亦作春左傳蠢蠢注擾動也
18	盾	乳	允	日	슌	ȵjun			dun	兵器干櫓之屬所以蔽目扞身亦作楯又見下又震韻

序号	小韵	反切上字	反切下字	字母	谚文注音及国际音标		俗音及国际音标		汉语拼音	注释
19	筍	聳	允	心	슌	sjun	순	sun	sun	竹萌亦作箰俗作笋書敷重筍席注筍葰竹馬云簜箸也徐云筭竹又竹輿又震韻
20	隕	羽	敏	喻	윤	jun			yun	落也亦作賈殞磒又先韻
21	吻	武	粉	微	믄	mjun	믄	ɱun	wen	口脣邊曰吻亦作脗
22	憤	房	吻	奉	쁜	vjun	쁜	vun	fen	懣也怒也亦作賁又震韻
23	粉	府	吻	非	븐	fjun	븐	fun	fen	米細又燒鉛汞成粉又設采潤色謂之粉澤
24	蘊	委	粉	影	훈	ʔjun			yun	積也蓄也奧也俗作薀亦作薀緼又軫震二韻通押又眞韻經史無明音者亦合通押
25	攟	舉	蘊	見	균	kjun			jun	拾也取也亦作攗捃又震韻
26	隱	於	謹	影	훈	ʔun			yin	說文蔽也从𨸏又安也痛也藏也蔽也匿也廣韻私也又微也度也又憂戚貌荀子隱隱兮其恐人之不當也古作㥯又震韻
27	蜥	許	謹	曉	힌	xin			xian	蚯蚓吳楚謂之寒蜥
28	齔	初	謹	穿	즌	tɕʰun			chen	毀齒又震韻从齒从匕匕音化
29	近	巨	謹	群	낀	gin			jin	不遠也指遠近定體又震韻凡遠近之近上聲附近之近去聲
30	听	語	謹	疑	인	ŋin	인	in	ting	听然笑貌相如賦听然而笑又見眞韻内
31	混	湖	本	匣	훈	ɣun			hun	水雜流一曰混沌陰陽未分亦作渾玉篇大也又混濁又二切見下注
32	梱	苦	本	溪	쿤	kʰun			kun	門橛亦作閫又震韻
33	袞	古	本	見	군	kun			gun	說文袞龍衣也从衣公聲袞阿曲也謂繡龍蟠曲也龍章法服也俗作衮
34	穩	烏	本	影	훈	ʔun			wen	安也持穀衆也

续表

序号	小韵	反切上字	反切下字	字母	谚文注音及国际音标		俗音及国际音标		汉语拼音	注释
35	本	布	衮	幫	분	pun	븐	pun	ben	根本又治也下也舊也說文木下曰本作夲誤
36	懣	母	本	明	문	mun	믄	mun	men	煩懣又緩震二韻字从㒼从蒴誤
37	損	蘇	本	心	순	sun			sun	卦名減也傷也貶也
38	忖	趨	本	清	춘	tsʰun			cun	思也度也
39	撙	祖	本	精	준	tsun			zun	裁抑也廣韻挫趄也禮記恭敬撙節亦作傅縛王吉傳馮式撙銜
40	鱒	徂	本	從	쭌	dzun			zun	赤目魚又震韻
41	盾	徒	本	定	뚠	dun			dun	趙盾晉卿
42	狠	下	懇	匣	뜬	ɣun			hen	狠戾廣韻俗作佷
43	懇	口	狠	溪	큰	kʰun			ken	懇惻情實也信也悃也亦作貇頎
44	眼	魚	懇	疑	은	un			yan	考工記輪人望其轂欲其眼也注眼出大貌又產韻
45	稟	必	敏	幫	빈	pin			bing	供也給也又受命也今俗以白事為稟古無此義俗作禀
46	品	丕	敏	滂	핀	pʰin			pin	官品等列也法也眾庶也品級也類也式也

轸韵中共有 231 个韵字。

通过表 5.8 中轸韵的俗音，同样可以发现官话音的变化。同贿韵相似，在唇音或者半舌音后，正音中韵母的读音[jun]和[un]在俗音中变为[un]，韵母读音发生了变化。在普通话中也沿袭了这种变化，普通话是/en/的读音，音标为[ən]。明初官话音中轸韵各小韵韵母的正音[jun]和[un]在杂糅北方音后发生了读音上的变化。

与嘉靖本进行对比，有如下不同之处：

小韵 42 "狠"，《译训》韵字为"狠"，注释为"狠戾廣韻俗作佷"，嘉靖本韵字为"很"，注释为"廣韻俗作佷"，如图 5.8 所示。

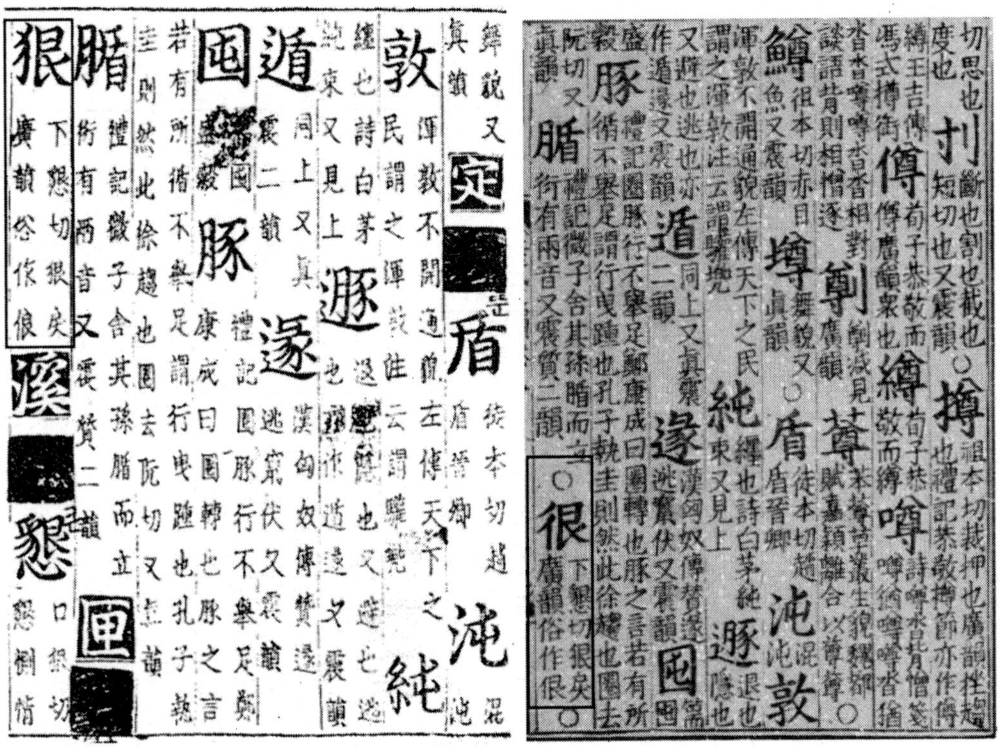

图 5.8　小韵“狠”在《洪武正韵译训》与嘉靖版《洪武正韵》中的对比

旱韵包含 17 个小韵，其中有标注俗音的 7 个，具体见表 5.9。

表 5.9　九旱韵文字转写表

序号	小韵	反切上字	反切下字	字母	谚文注音及国际音标		俗音及国际音标		汉语拼音	注释
1	旱	侯	罕	匣	ᅘᅥᆫ	ɣʌn	ᅘᅡᆫ	ɣɐn	han	亢陽不雨又山也詩旱麓又翰韻
2	罕	許	旱	曉	헌	xʌn	한	xɐn	han	兔網一曰畢又希少也篆文作罕今作罕亦作罕
3	侃	空	旱	溪	컨	ʌn	칸	kʰɐn	kan	剛直又和樂貌亦作偘又翰韻
4	稈	古	旱	見	건	kʌn	간	kɐn	gan	禾莖亦作秆
5	緩	胡	管	匣	ᅘᅯᆫ	ɣwʌn	원	wʌn	huan	舒遲又縱也
6	盌	烏	管	影	ᅙᅯᆫ	ʔwʌn			wan	小盂亦作椀

序号	小韵	反切上字	反切下字	字母	谚文注音及国际音标		俗音及国际音标		汉语拼音	注释
7	款	苦	管	溪	퀀	kʰwʌn			kuan	衷曲也誠也敬也叩也至也留也除也重也愛也誌也親也从土俗从匕誤亦作欵
8	管	古	緩	見	권	kwʌn			guan	樂器又筆彄也主當也鍵也國名又姓亦作筦琯
9	滿	莫	旱	明	뫈	mwʌn	먼	mʌn	man	盈也充也足也又姓从水从㒼从𦱤誤
10	伴	蒲	滿	並	뿬	pwʌn	번	pʌn	ban	侶也依也陪也亦作並又翰韻
11	算	損	管	心	숸	swʌn			suan	物數也計也亦作筭撰又翰韻
12	纂	作	管	精	줜	tswʌn			zuan	似組而赤黑色
13	短	都	管	端	둰	twʌn			duan	促也不長也
14	疃	土	緩	透	퇀	tʰwʌn			tuan	禽獸所踐處亦作畽
15	斷	徒	管	定	뚠	dwʌn			duan	絕也
16	卵	魯	管	來	뤈	lwʌn			luan	羽蟲所生篆作卵从卵从八今作卵俗作卵又眞韻
17	煖	乃	管	泥	눤	nwʌn			nuan	溫也火氣又日氣亦作暖煗又先韻

旱韵中共有 67 个韵字。

如表 5.9 所示，韵中俗音的主要变化是，当韵母单独出现时，读音[ʌ]变成[ɐ]，此外，[wʌn]的俗音读音在唇音后变成[ʌn]，发生了简化现象。这些变化都沿袭至今。

旱韵中各小韵反切与注释，《译训》与嘉靖本都一致。

产韵包含 22 个小韵，其中有标注俗音的 2 个，具体见表 5.10。

表5.10 十产韵文字转写表

序号	小韵	反切上字	反切下字	字母	谚文注音及国际音标		俗音及国际音标		汉语拼音	注释
1	產①	楚	簡	穿	찬	tɕʰɛn			chan	生也產業也大籥也左傳屈產之乘杜預曰屈地生良馬趙岐以屈產為地名誤本作產从產者皆然
2	潸	數	版	審	산	ɕɛn			shan	淚下又刪諫二韻从兩木木匹刃切从林誤
3	撰	雛	產	牀	짠	dzɛn	쫜	dzwɛn	zhuan	造也則也易以體天地之撰又撰述亦作籑簨譔又整辦也又銑旱霰二韻
4	赧	乃	版	泥	난	nɛn			nan	亦作赧从赤从卩从又俗作赧
5	限	下	簡	匣	햔	ɣjɛn			xian	度也齊量也界也阻也閾也檢也又軫韻
6	綰	烏	版	影	한	ʔɛn			wan	繫也又諫韻
7	版	補	綰	幫	반	pɛn			ban	判也爾雅版版僻也亦作板
8	返	甫	版	非	봔	fwɛn	뽠	fɛn	fan	還也通作反
9	晚	武	綰	微	뫈	ŋwɛn			wan	暮也
10	醆	阻	限	照	잔	tɕɛn			zhan	盎齊酒濁而微清禮有醴醆
11	棧	鉏	限	從	짠	dzɛn			zhan	兵車又竹木之車周禮士乘棧車又閣木為路
12	簡	古	限	見	간	kjɛn			jian	牒也畢也策也要也大也略也求也選也忽慢也分別也又手版古制長二尺四寸短者半之蔡邕曰漢制長二尺短者半之蓋單執一札謂之簡禮記云執簡記是也連編諸簡乃名為策本文作冊象編簡之形杜預曰大事書之於策是也又諫也左傳成八年猶之未遠是用大簡

① 《洪武正韵译训》中对小韵"產"有附注读音说明"韻內中聲ㅏ音諸字其聲稍深當以ㅏ·之間讀之唯唇音正齒音以ㅏ呼之"。

续表

序号	小韵	反切上字	反切下字	字母	谚文注音及国际音标		俗音及国际音标		汉语拼音	注释
13	眼	五	限	疑	얀	ŋjɛn			yan	目也又狠韻
14	瓚	在	簡	從	짠	dzɛn			zan	圭瓚酌鬱鬯之周禮祼圭有瓚鄭康成禮記注瓚形如槃容五升以大圭為柄又翰韻
15	儧	積	產	精	잔	tsɛn			zan	聚也
16	亶	多	簡	端	단	tɛn			dan	誠也信也篤也大也多也亦作單僤又見下諫韻
17	坦	他	袒	透	탄	tʰɛn			tan	平夷也安也明也亦作僤憻
18	但	徒	亶	定	딴	dɛn			dan	徒也凡也任也語辭亦作僤亶又偏脫衣袖亦作袒又刪諫二韻
19	嬾	魯	簡	來	란	lɛn			lan	惰也亦作孏孏旁从負从頁誤
20	散	蘇	簡	心	산	sɛn			san	疏離而不聚又冗散閒散莊子以不才木為散木郭璞曰不在可用之數故曰散木楊倞曰不自檢束為散又音去聲又寒諫二韻
21	汕	所	簡	審	산	ʂɛn			shan	魚浮水上又諫韻
22	矕	母	板	明	만	mɛn			man	視貌

产韵中共有 89 个韵字。

表 5.10 的韵中各小韵的读音基本沿袭至今，普通话中的读音并无实质上的变化。两个俗音的读音也被现代汉语沿用。

与嘉靖本进行对比，不同之处有一个：

小韵 17 "坦"的反切字，《译训》是"他袒切"，嘉靖本是"他但切"。从读音上看，《译训》中的反切下字"袒"应为抄录中出现的错字，如图 5.9 所示。

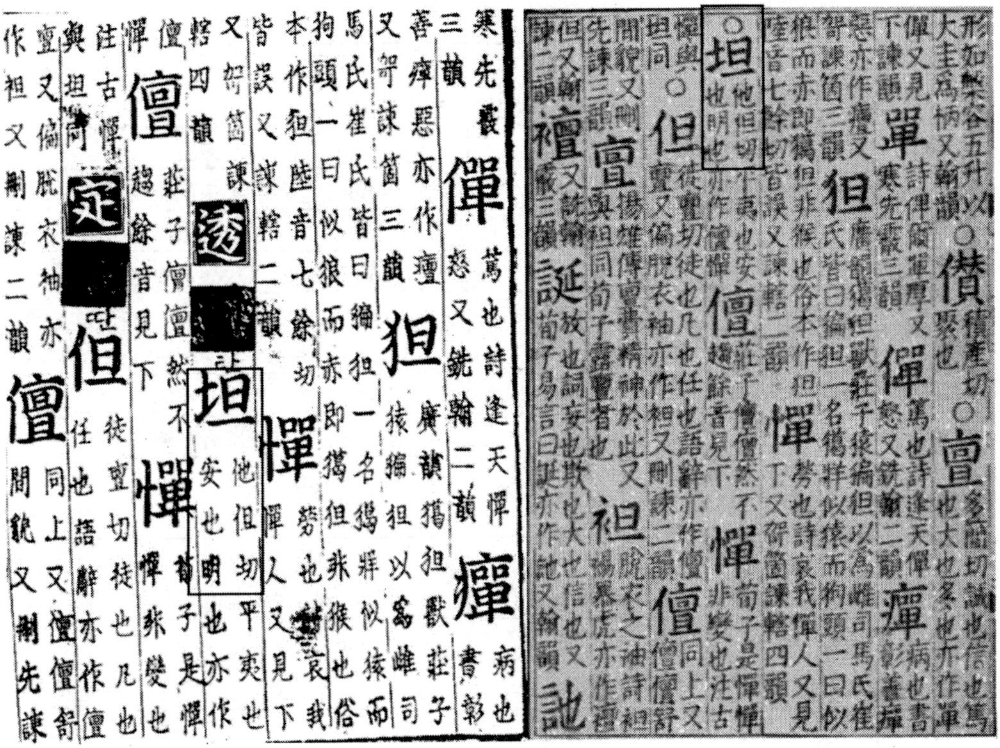

图 5.9　小韵"坦"在《洪武正韵译训》与嘉靖版《洪武正韵》中的对比

铣韵包含 42 个小韵，具体见表 5.11。

表 5.11　十一铣韵文字转写表

序号	小韵	反切上字	反切下字	字母	谚文注音及国际音标		俗音及国际音标		汉语拼音	注释
1	铣	蘇	典	心	션	sjʌn			xian	金之澤者又小鑿又鐘兩角謂之銑亦作鋻
2	扁	補	典	幫	변	pjʌn			bian	石貌詩有扁斯石又婢典切姓又銑先二韻
3	辮	婢	免	並	뻔	bjʌn			bian	交也繆也亦作編
4	免	美	辨	明	면	mjʌn			mian	事不相及又罷也止也黜也脱也去也又震韻
5	典	多	殄	端	뎐	tjʌn			dian	主也經也常也法也从冊从丌今作典
6	腆	他	典	透	턴	tʰjʌn			tian	厚也多也至也善也

续表

序号	小韵	反切上字	反切下字	字母	谚文注音及国际音标		俗音及国际音标		汉语拼音	注释
7	殄	徒	典	定	뗜	djʌn			tian	絕也盡也滅也
8	典	多	殄	端	뎐	tjʌn			tian	堅潤貌考工記輈欲頎典
9	撚	乃	殄	泥	년	njʌn			nian	蹂也執也以指搣物也
10	顯	呼	典	曉	현	xjʌn			xian	明也著也光也覸也又霰韻
11	繭	吉	典	見	견	kjʌn			jian	蠶衣又綿衣禮記纊為繭又繭繭聲色微貌禮記色容繭繭亦作璽
12	峴	胡	典	匣	현	ɣjʌn			xian	山在襄陽又峻嶺
13	犬	苦	泫	溪	퀀	kʰjujʌn			quan	狗有懸蹄者亦通稱
14	畎	古	泫	見	권	kjujʌn			quan	田中溝亦作甽又小谷書岱畎羽畎
15	泫	胡	犬	匣	쒼	ɣjujʌn			xuan	說文泫潫流水廣韻露光又泫然流涕貌又音涓
16	淺	七	演	清	쳔	tsʰjʌn			qian	不深荀子少聞曰淺
17	翦	子	踐	精	젼	tsjʌn			jian	羽生也一曰齊斷也又殺也字亦作剪劗鬋踐揃栈又淺黑色亦作前爾雅翦齊也郭璞曰南方人呼剪刀為劑刀劑遵為切禮記不翦其類鄭康成曰翦割截也周禮有翦氏掌除蠹魚蠹書劉向列子序作栈俗作翦
18	踐	慈	演	從	쪈	dzjʌn			jian	踏也
19	選	須	兗	心	션	sjujʌn			xuan	擇也亦作撰又數也左傳昭元年弗去懼選又曰選貨貝名亦作撰饌又霰韻
20	雋	徂	兗	從	쮄	dzjujʌn			juan	肥肉又鳥肥又姓漢有雋不疑又縣名
21	闡	齒	善	穿	쳔	tɕʰjʌn			chan	闢也開也顯也大也明也

序号	小韵	反切上字	反切下字	字母	谚文注音及国际音标		俗音及国际音标		汉语拼音	注释
22	善	上	演	禪	쎤	zjʌn			shan	良也大也佳也吉也从羊从言今作善俗作善或作善亦作譱又與膳同莊子具太牢以為善又霰韻凡善惡之善則上聲見善而善之則去聲孟子王如善之是也又郭公善善而不能去詩善善之功上字竝去聲他倣此
23	舛	尺	兖	穿	쳔	tɕʰjuʌn			chuan	差舛錯也駁也相背也亦作僢
24	剸	止	兖	照	젼	tɕjuʌn			tuan	截也斷也又寒先霰三韻
25	輭	乳	兖	日	쎤	njuʌn			ruan	柔也亦作需廣韻俗作軟从犬誤
26	撰	雛	免	牀	쪈	dzjʌn			zhuan	整辨也禮記撰杖屨又具也造也為也論語異乎三子者之撰又數也則也易以體天地之撰又述也亦作譔
27	展	之	輦	照	젼	tɕjʌn			zhan	誠也舒也信也開也方言荆吳淮汭之間謂信曰展又展衣亦作㡡又霰韻
28	輦	力	展	來	련	njʌn			nian	人步挽車漢書注駕人以行曰輦又般運也从扶从車从音伴竝行也
29	衍	以	淺	喻	연	jʌn			yan	廣也一曰水溢又豐也延袤也寬也盛也饒也盈也延也又蕃衍曼衍易大衍史記封禪書注山阪曰衍又三輔謂山陵間為衍周禮注下平曰衍又霰韻
30	輾	尼	展	泥	년	njʌn			nian	轢也亦作碾又霰韻
31	巘	語	蹇	疑	연	ŋjʌn			yan	山形似甑又山峯也

续表

序号	小韵	反切上字	反切下字	字母	谚文注音及国际音标		俗音及国际音标		汉语拼音	注释
32	篆	柱	兗	牀	쮼	dzjuʌn			zhuan	文盤曲貌古書謂之篆又與瑑同周禮巾車孤乘夏篆鄭司農曰夏赤也篆讀為圭瑑之瑑夏篆轂有約也鄭康成曰夏篆五采畫轂約也俗作篆
33	臠	盧	轉	來	뤈	ljuʌn			luan	說文臞也一曰塊切肉又寒韻
34	遣	驅	演	溪	켠	kʰʌn			qian	袪也逐也發也送也縱也又霰韻
35	蹇	九	輦	見	견	kjʌn			jian	音與寒同跛也从足寒省聲廣韻屯難也又周易卦名又姓蹇叔義與寒同
36	鍵	巨	展	群	껸	gjʌn			jian	陵楚謂戶鑰牡曰鞬又先謂
37	圈	巨	卷	群	꿘	gjuʌn			quan	畜閑漢有虎圈又見先霰二韻又去阮切圈豚行不舉足不可倒押
38	卷	古	轉	見	권	kjuʌn			juan	曲卷又縴卷之也亦作捲又見先霰二韻
39	阮	五	遠	疑	웬	ŋjuʌn			ruan	姓也又先韻
40	宛	於	阮	影	쥔	ʔjuʌn			wan	屈草自覆又宛然猶依然也爾雅宛中宛丘又丘上有丘為宛又小貌又先質二韻
41	晅	況	遠	曉	훤	xjuʌn			xuan	日氣曝也亦作晅烜煖暖从日从烜从恒誤
42	偃	於	幰	影	연	ʔjʌn			yan	偃息仆也服也靡也卧也又偃鼠又偃蹇驕傲見左傳哀六年亦作偃月又霰韻

铣韵中共有 255 个韵字。

铣韵与先韵相似，各小韵并无俗音标注。

与嘉靖本进行对比，有几个不同之处：

（1）小韵 8 "典"，《译训》中算作小韵，但并没有标注反切字，在此应该与小韵 5 "典"反切字相同，都是"多殄切"；而嘉靖本则不算作小韵，如图 5.10 所示。

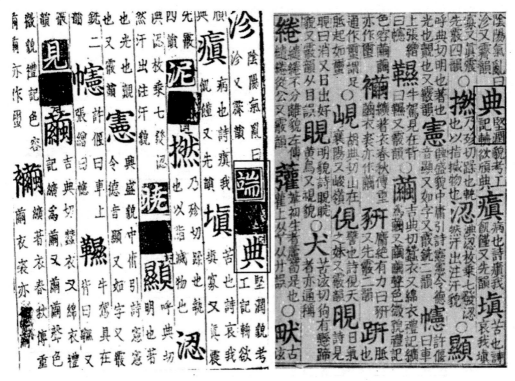

图 5.10 小韵"典"在《洪武正韵译训》与嘉靖版《洪武正韵》中的对比

（2）小韵 37"圈"注释中间部分，《译训》是"又見先霰二韻"，嘉靖本是"又見先霰三韻"，前者应为印刷中出现的失误。

（3）小韵 42"偃"注释最后部分，《译训》"亦作偃"，嘉靖本"亦作匽"，二者用字不同。

第二节 上声卷九

《洪武正韵译训》的上声卷九恢复了正常，之后各卷也再无遗失与涂抹。

上声卷九包含筱、巧、皓、马、者、养、梗、有、寝、感、琰 11 个大韵，在 16 卷中最多，共计 284 小韵，有标注俗音的 28 个，有 9 个读音说明。共收录 1157 个韵字，亦是全书中最多。

筱韵包含 20 个小韵，其中有标注说明的 1 个，具体见表 5.12。

表 5.12　十二筱韵文字转写表

序号	小韵	反切上字	反切下字	字母	谚文注音及国际音标		俗音及国际音标		汉语拼音	注释
1	篠①	先	了	心	셜	sjʌŋ			xiao	小竹篆文作筱今作篠
2	湫	子	了	精	졀	tsjʌŋ			jiao	湫溢沮洳偪仄也又尤韻
3	鳥	尼	了	泥	녈	njʌŋ			niao	禽總名一曰常時曰鳥胎卵曰禽又白鳥蚊也俗作鳥
4	朓	土	了	透	텰	tʰjʌŋ			tiao	弄也戲也引調也亦作誂漢書挑戰後漢書挑妻薛瓚挑戰擿挑敵以求戰也左傳謂之致師又撓挑
5	了	盧	皎	來	렬	ljʌŋ			liao	決也訖也曉解也
6	窕	徒	了	定	뗼	djʌŋ			tiao	深極又幽閒詩窈窕淑女又善心曰窈善容曰窕
7	杳	伊	鳥	影	혈	ʔjʌŋ			yao	說文冥也从日在木下夾漈鄭氏曰木若木也日所升降在上曰杲在中曰東在下曰杳廣韻深也寬也寂也或作窅
8	皎	吉	了	見	결	kjʌŋ			jiao	月之白又月光
9	沼	止	少	照	졀	tɕjʌŋ			zhao	清也
10	糾	其	紹	群	껼	gjʌŋ			jiu	舒遲之姿詩舒窈糾兮又笠貌詩其笠伊糾又有韻
11	紹	市	沼	禪	쎨	zjʌŋ			shao	繼也又介紹亦作佋詔又嘯韻
12	擾	爾	紹	日	셜	ŋjʌŋ			rao	煩也亂也亦作擾嬈又順也馴也又蕭韻劉累學擾龍應劭曰能順養其嗜慾也顏師古音上聲又音饒
13	趙	直	紹	牀	쪌	dzjʌŋ			zhao	國名又嘯韻刺也詩其鎛斯趙
14	悄	七	小	清	쳘	tsʰjʌŋ			qiao	爾雅悄悄慍也郭璞曰賢人愁恨也又靜也憂也又嘯韻
15	少	始	紹	審	셜	ɕjʌŋ			shao	不多也又嘯韻
16	曉	馨	杳	曉	혈	xjʌŋ			xiao	說文明也从日堯聲廣韻曙也又慧也知也增韻了也又開喻也又旦也
17	表	彼	小	幫	별	pjʌŋ			biao	衣之外也又標也明也牒表釋名下言於上曰表又杪也末也外也

<hr>

① 《洪武正韵译训》中对小韵"篠"有附注读音说明"韻內諸字中聲若直讀以丨則不合於時音特以口丨變故讀如丨一之間韻中諸字中聲同"。

续表

序号	小韵	反切上字	反切下字	字母	谚文注音及国际音标		俗音及国际音标		汉语拼音	注释
18	缥	普	沼	滂	펼	pʰjʌŋ			piao	帛青白又蕭韻
19	摽	婢	小	並	뻘	bjʌŋ			biao	擊也詩寢撺有摽注抴心貌又摽有梅落也
20	眇	弭	沼	明	멸	mjʌŋ			miao	一目小也又偏盲也微也細也末也盡也又嘯韻

筱韵中共有 125 个韵字。

从表 5.12 可见，韵中诸字并无俗音标注，正音的读音亦与普通话的读音基本一致。可见明朝官话音至今基本没有变化。

与嘉靖本进行对比，有如下不同之处：

小韵 16 "曉" 的注释开头处，《译训》为 "說文明也"，嘉靖本则为 "說文哨也"。在查阅《说文解字》的 "曉" 字后，应为 "明也"。由此可知嘉靖本出现了讹误，如图 5.11 所示。

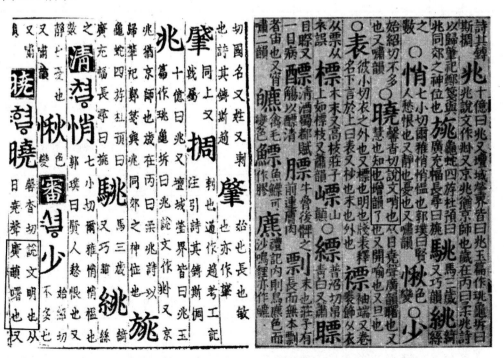

图 5.11　小韵 "曉" 在《洪武正韵译训》与嘉靖版《洪武正韵》中的对比

巧韵包含 28 个小韵，其中有标注俗音的 1 个，有附注读音说明的 1 个，具体见表 5.13。

表 5.13　十三巧韵文字转写表

序号	小韵	反切上字	反切下字	字母	谚文注音及国际音标		俗音及国际音标		汉语拼音	注释
1	巧	苦	絞	溪	캏	kʰjɐŋ			qiao	技巧巧拙之反機巧又黠慧又工於命中孟子智譬則巧也莊子以瓦注者巧又效韻
2	佼	古	巧	見	걁	kjɐŋ			jiao	好也亦作姣妖又庸人之敏者佼也
3	飽①	博	巧	幫	발	pɐŋ			bao	屬飫
4	鮑	部	巧	並	빨	bɐŋ			bao	饐魚又藥韻
5	卯	莫	鮑	明	말	mɐŋ			mao	辰名爾雅歲在卯曰單閼漢志胃卯於卯古文作夘从兩戶相背日出於夘闢戶之時也凡舁聊之類从夘與戼不同戼音酉从兩闔戶上晝連日入於戼闔戶之時也卯本音子夘切事之制也說文又音卿唯卿字从戼今經史夘从戼者皆作卯蓋傳寫承訛已久唯舊本毛詩及陸德明釋文卯字作夘京本漢書聊字作聊留字作罶間存一二耳
6	稍	山	巧	審	샬	ʂɐŋ			shao	漸也又效韻
7	煼	楚	絞	穿	찰	tɕʰɐŋ			chao	乾熬亦作炒說文作鬡
8	爪	側	絞	照	잘	tɕɐŋ			zhao	說文丮也丮音戟手足甲也覆手曰爪亦作叜古作叉今作爪象形
9	橈	女	巧	泥	날	nɐŋ			nao	木曲又動亂也孟子不膚橈又蕭效二韻

---

① 《洪武正韵译训》中对小韵"飽"有附注读音说明"韻內中聲ㅏ音諸字其聲稍深宜以ㅏ·之間讀之唯脣音正齒音以ㅏ呼之"。

续表

序号	小韵	反切上字	反切下字	字母	谚文注音及国际音标		俗音及国际音标		汉语拼音	注释
10	拗	於	巧	影	얗	ʔaŋ			ao	手拉也析也尉繚子拗矢析矛又效屋二韻
11	齩	五	巧	疑	얗	njaŋ	얗	jɛŋ	yao	齧也唐獨孤及傳麥不登則易子齩骨矣韓愈答孟郊詩從嗔我須齩張景陽七命口齩飛刃亦作咬
12	骹	胡	飽	匣	햫	jɛŋ			xiao	脛也考工記參分其股圍去一以為骹圍汗骹謂輻近牙者也人脛近足者細於股謂之骹羊脛細者亦為骹又爻效二韻
13	晧	胡	老	匣	햫	ɣaŋ			hao	光也明也白也又日出貌
14	好	許	晧	曉	햘	xaŋ			hao	美也佳也相善也又效韻
15	考	苦	浩	溪	캏	kʰaŋ			kao	壽考老也稽察也成也周禮作攷方言婦稱姑曰母妚稱父考曰父妚郭璞曰古者通以考妚為生字之稱易蠱卦有子考無咎謂父也後世父母亡則稱考妚又落成也左傳考仲子之宮又擊也詩弗鼓弗考又瑕釁淮南子夏后氏之璜不能無考案老字下從匕音化考字下從丂音考反丂為乚乚音呵各自成文非反匕為丂也周禮六書三曰轉注謂一字數義展轉注釋而後可通後世不得其說遂以反此作彼為轉注衛常書勢云五曰轉注考老是也裴務齊切韻考字左迴老字右轉其說皆非
16	杲	古	老	見	갛	kaŋ			gao	日出又明白也从日在木上

序号	小韵	反切上字	反切下字	字母	谚文注音及国际音标		俗音及国际音标		汉语拼音	注释
17	媼	烏	皓	影	알	ʔɐm			ao	女老稱也神曰媼俗作媪漢郊祀歌媼神蕃釐安世歌后土富媼張晏曰媼老母稱也坤為母故稱媼又質韻
18	寶	博	浩	幫	발	pɐm			bao	珍也瑞也符璽也重也賞也亦作琜
19	抱	蒲	皓	並	빨	bɐm			bao	持也引取也又懷抱又爻效二韻
20	掃	蘇	老	心	살	sɐm			sao	糞除也亦作埽騷又效韻
21	草	采	早	清	찰	tsʰɐm			cao	百卉又創造也文棗也又雜亂不齊貌又苟簡曰草草古作艸亦作中偏傍作艹
22	早	子	皓	精	잘	tsɐm			zao	晨也初時也通作蚤
23	皁	在	早	從	짤	dzɐm			zao	馬閑亦作皂漢書音義曰食牛馬器以木作如槽鄒陽傳牛驥同皁方言梁宋齊燕之間謂櫪曰皁又左傳云皁隸之事又櫟實周禮山林其植物宜皁物鄭司農曰皁物柞栗之屬柞即橡也亦作草其房可以染黑俗因謂黑色為皁又實未堅者曰皁詩既方既皁又直馬者
24	倒	都	皓	端	달	tɐm			dao	仆也又效韻
25	討	土	皓	透	탈	tʰɐm			tao	治也尋也誅也訶也去也探也
26	道	杜	皓	定	딸	dɐm			dao	理也路也直也三才萬物共由者也又秦漢之制縣管蠻夷曰道無蠻夷曰縣又效韻
27	老	魯	皓	來	랄	lɐm			lao	年高說文七十曰老
28	腦	乃	老	泥	날	nɐm			nao	頂髓周禮作䐠从肉从巛从囟今作腦囟音迅頂門也

巧韵中共有 125 个韵字。

如表 5.13 所示，巧韵中的俗音注音反映了疑母、喻母合流现象。此外，与前面萧韵等情况相同，小韵诸字的正音结尾部分[m]这一唇齿音的读音与传统拟音不同。

韵中诸字的反切、注释与嘉靖本并无不同之处。

哿韵包含 25 个小韵，其中有标注俗音的 4 个，有附注读音说明的 1 个，具体见表 5.14。

表 5.14　十四哿韵文字转写表

序号	小韵	反切上字	反切下字	字母	谚文注音及国际音标		俗音及国际音标		汉语拼音	注释
1	哿①	嘉	我	見	거	kʌ			ge	可也嘉也詩哿矣富人
2	可	口	我	溪	커	kʰʌ			ke	可否之對許也肯也又僅足以之辭論語子曰可也列子疏食惡肉可得而食又不可曰可反言之也書試可乃已言試而不可乃已之也
3	婀	烏	可	影	어	ʔʌ	하	ʔɐ	e	婀娜廣韻亦作婑又歌韻
4	我	五	可	疑	어	ŋʌ	어	ʌ	wo	自己也
5	荷	下	可	匣	써	ɣʌ			he	春秋傳弗克負荷亦作何
6	左	臧	可	精	저	tsʌ			zuo	左右手之左指左右定位从ナ从工ナ音左戻也說文左手也象形毛晃曰人道尚右以右為尊故非正之術曰左道謫官曰左遷又手足便右以左為僻故凡幽猥皆曰僻左策盡不適事皆曰左計漢武帝作左官之律音義曰人道尚右捨天子仕諸侯為左官也左僻也自漢以來至唐亦謂去朝廷為州縣曰左遷又姓其先齊之公族有左右公子因氏焉又證左楊惲傳左驗明白言在左右見此事者又箇韻

① 《洪武正韵译训》中对小韵"哿"有附注读音说明"韻內諸字中聲若直讀以ㅓ則不合於時音特以ㅗ不變而讀如ㅓㅡ之間故其聲近於ㅗㅓ之字宜同"。

续表

序号	小韵	反切上字	反切下字	字母	谚文注音及国际音标		俗音及国际音标		汉语拼音	注释
7	癉	丁	可	端	더	tʌ			dan	勞也亦作憚又產諫箇三韻
8	拕	待	可	定	떠	dʌ			tuo	引也揚雄傳紆青拕紫又歌韻
9	娜	奴	可	泥	너	nʌ	나	nɐ	nuo	妸娜美也又舒遲貌亦作婀娜
10	麼	忙	果	明	뭐	mwʌ			mo	幺麼小也从麻从幺从么誤
11	娑	素	可	心	서	sʌ			suo	漢有馺娑殿邏娑吐蕃城名亦作逤些揚雄傳神明馺娑顏師古曰平聲是有二音又箇韻內
12	瑳	千	可	清	처	$ts^{h}ʌ$			cuo	玉色又笑貌詩巧笑之瑳平上二音又歌箇二韻
13	果	古	火	見	궈	kwʌ			guo	木實又勝也剋也決也殺敵為果又果然飽貌又見下又翰韻
14	顆	苦	果	溪	쿼	$k^{h}wʌ$			ke	小頭又珠顆又土塊漢賈山傳蓬顆蔽冢亦作堁
15	火	虎	果	曉	훠	xwʌ			huo	五行二曰火卦屬離水火三極之精神水為精火為神在天為日為電在地為火在人為心又大火鶉火次名左傳人火曰火天火曰災春秋書御廩災宣榭火是也又燈也文選詩朱火獨照人
16	禍	胡	果	匣	ᅘᅯ	ɣwʌ			huo	殃也害也災也亦作旤
17	婐	烏	果	影	ᅙᅯ	ʔwʌ			wo	女侍亦作果
18	跛	補	火	幫	붜	pwʌ			po	行不正足偏廢也亦作尳又寘韻
19	頗	普	火	滂	풔	$p^{h}wʌ$			po	不正也頭偏也又差多曰頗多良久曰頗久多有曰頗有又歌韻
20	鎖	蘇	果	心	숴	swʌ			suo	銀鐺俗作鎻从金从小从貝从巛誤
21	坐	徂	果	從	쭤	dzwʌ			zuo	行坐之對又過韻

续表

序号	小韵	反切上字	反切下字	字母	谚文注音及国际音标		俗音及国际音标		汉语拼音	注释
22	朵	都	火	端	더	tʌ			duo	木垂朵又花朵杜甫詩白花簷外朵又張頤貌易觀我朵頤釋文云動也京房易作揣
23	妥	吐	火	透	터	tʰʌ			tuo	安也平也帖也
24	裸	魯	果	來	러	lʌ			luo	赤體亦作臝躶倮果臝
25	媆	五	果	疑	워	ŋwʌ	워	wʌ	nuo	媆姬身弱貌韓愈元和聖德詩曰君月妃煥赫媆姬

哿韵中共有 102 个韵字。

表 5.13 中各小韵的俗音除了反映了疑母、喻母合流现象外，在小韵 3 和 9 的俗音注音中，也就是"婀娜"一词的读音发生了变化，韵母由[ʌ]变为[ɐ]，用普通话表示则为/a nɑ/。这样的俗音读音并未延续下来，在现代汉语中"婀娜"并没有当时的俗音读音。"娜"字后来用于外国人名的翻译，从而又在用作女性名的时候读作/nɑ/，但并没有任何文献记载"娜"在用于翻译人名时的读音与明初官话音中的俗音有直接的联系。因此我们可以认为，当时的俗音读音在语音的发展过程中又回到了正音的读音，并未对后世读音造成影响。

此外，根据读音说明可知韵中诸字的韵母读音[ʌ]与官话音中的实际读音不合，而是在[ʌ]、[ɯ]之间，其声近似于[o]和[ɤ]的读音，此外读音为[wʌ]的字中，[ʌ]亦是如此。所以按照读音说明，实际上当时的官话音[ʌ]的读音应为[o]，而普通话中亦延续了这种读音规律。

与嘉靖本进行对比，有一处不同：

小韵 24 "裸"的注释中出现的"臝"字，嘉靖本则是"臝"，用字不同，如图 5.12 所示。

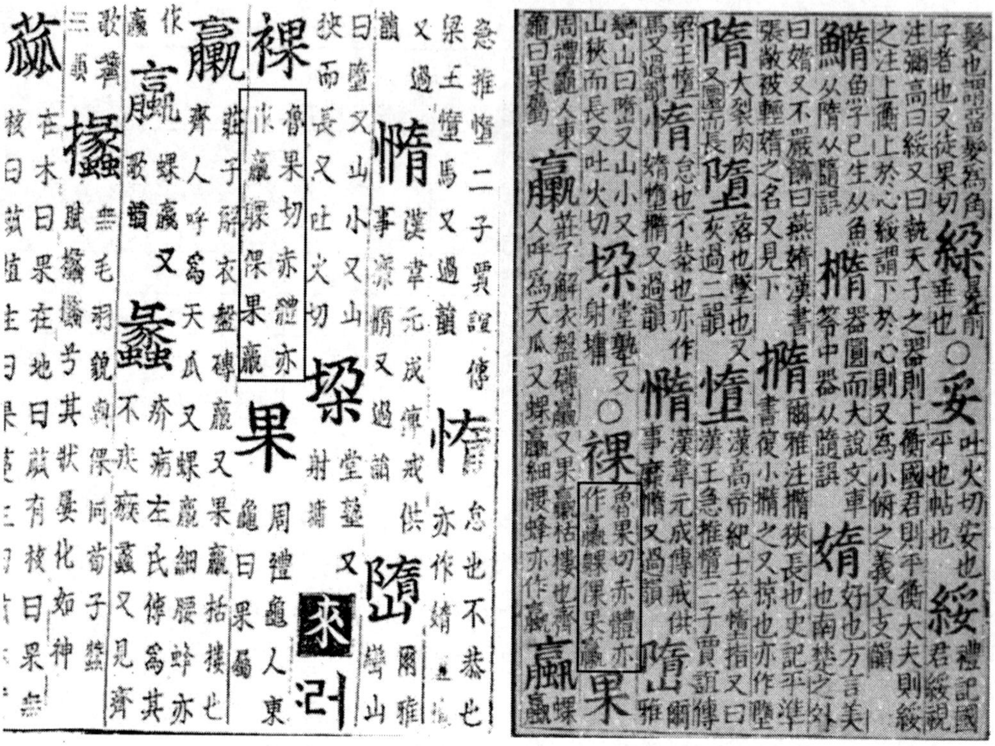

图 5.12　小韵"裸"在《洪武正韵译训》与嘉靖版《洪武正韵》中的对比

马韵包含 17 个小韵，其中有标注俗音的 3 个，具体见表 5.15。

表 5.15　十五马韵文字转写表

序号	小韵	反切上字	反切下字	字母	谚文注音及国际音标	俗音及国际音标	汉语拼音	注释
1	馬	莫	下	明	마 me		ma	乘畜生於午稟火氣而生火不能生木故有肝無膽膽木之精氣也木藏不足故食其肝者死易乾為馬馬與蠱同氣物不兩大蠱四月死五月再生蠱盛則馬病故周官禁原蠱說文馬武也象頭髦尾四足之形又姓馬服君趙奢之後
2	把	補	下	幫	바 pe		ba	執也荷也柔也又禡韻
3	鮓	側	下	照	자 tɕe		zha	菹也釀魚肉為菹也亦作鮺
4	槎	茶	下	牀	짜 dʑe		cha	邪斫木又麻韻

续表

序号	小韵	反切上字	反切下字	字母	谚文注音及国际音标		俗音及国际音标		汉语拼音	注释
5	灑	沙	下	審	사	ʂɐ			sa	汛也亦作洒又紙解薺真禡五韻
6	下	亥	雅	匣	ᅘᅣ	ɣje			xia	上下定體又底也又姥禡二韻
7	賈	擧	下	見	갸	kje			jia	姓又姥韻上从西西許下切又音亞覆也賈覈覈覆類皆从西俗作賈
8	姹	齒	下	穿	차	tɕʰɐ			cha	女美亦作妊又河上姹女水銀也又暮禡二韻
9	閜	許	下	曉	햐	xje			xia	廣韻大裂相如賦唅呀豁閜郭璞曰澗谷之形容也杜甫大清宮賦仡神光而鉗閜
10	啞	倚	下	影	ᅙᅣ	ʔje			ya	瘖也又麻陌二韻
11	雅	語	下	疑	ᅌᅣ	ŋje	ᅌᅣ	je	ya	正也又素也漢書一曰之雅卜式雅行躬耕又開雅又楚烏也亦作鴉孔叢子純黑而反哺者謂之烏小而腹下白不反哺者謂之雅烏又雅烏鷽也朱咸雅鴉竝音五下反荀子注雅正也烏有善德者謂之雅說文音平聲又麻韻
12	踝	戶	瓦	匣	ᅘᅪ	ɣwe	꽈	gwe	huai	腿兩旁曰內外踝
13	跨	苦	瓦	溪	콰	kʰwe			kua	齊跨兩股間也亦作胯袴又行不進又麻暮禡三韻
14	寡	古	瓦	見	과	kwe			gua	少也孤特也大戴禮五十無夫曰寡凡孀嫠皆曰寡婦
15	瓦	五	寡	疑	ᅌᅪ	ŋwe	ᅌᅪ	we	wa	屋瓦又紙韻
16	打	都	瓦	端	다	te			da	擊也北史張彝傳擊打其門杜甫有觀打魚歌又詩云棗熟從人打皆無音又梗韻
17	莎	數	瓦	審	솨	ɕwe			suo	上黨莎人縣

马韵中共有 43 个韵字。

韵中诸字明朝官话音与现在差别不大。表 5.15 中俗音反映了疑母与喻母合流的现象。而小韵 12 "踝"的俗音注音中，韵母并未发生变化，声母却变为[g]。根据《说文》所言，"踝"之读音"从足果声"。大概在许慎所处时代，辅音尚读[g]。这可于"从衣果声"的"裹"字音求得实证。在高本汉、周法高、李方桂的拟音体系中，"踝"字的上古音声母部分看作[g]，但是到了中古音阶段所有学者都认为"踝"的声母应为[ɣ]。这大约是因为在汉字单音节化的过程中，复辅音 gr/gl 之次声 r/l 部分消失，部分则转为介音 i/u。其转化有先有后，从魏晋而至唐宋，大约上千年。到了宋朝，"踝"音转"胡瓦切"，拟构"gwa/gua"。此音在中原官话里一直保留至明初，也是基于此，当时的很多人仍然将"踝"读作[gwɐ]，因此该音才会出现俗音注音。此外，明朝迁都以后，官话音中杂糅了北方音，其主元音[a]后添加了一个不确定的尾音[i]，[ua]的读音在现代汉语中被读作[uai]。

与嘉靖本对比，马韵中诸字的反切与注释并无不同之处。

者韵包含 10 个小韵，具体见表 5.16。

表 5.16　十六者韵文字转写表

序号	小韵	反切上字	反切下字	字母	谚文注音及国际音标		俗音及国际音标		汉语拼音	注释
1	者	止	野	照	져	tɕjʌ			zhe	即物之辭若曰如彼者如此者又此也凡稱此箇曰者箇俗多用這字這乃魚戰切迎也佩觿集曰迎這之這爲者回其順非有如此者俗又借用遮字亦非古文下從白今作者俗作者
2	社	常	者	禪	쎠	zjʌ			she	地主土神也共工氏有子曰句龍爲后土能平水土故祀以爲社杜預曰在家則主中霤在野則爲社白虎通曰非土不立故封土立社示有土也又漢昭五年兗州刺史洪賞禁民私所自立社張晏曰民間三月九月又社號曰私社薛瓚曰舊制二十五家爲一社而民或五家十家共爲田社是私社也薛說爲長字從示從土示古祇字俗作社
3	寫	先	野	心	셔	sjʌ			xie	傾也輸也舒也除也程也盡也又謄鈔又摹畫

序号	小韵	反切上字	反切下字	字母	谚文注音及国际音标		俗音及国际音标		汉语拼音	注释
4	且	七	野	清	쳐	tsʰjʌ			qie	借曰之辭如論語且予與其死於臣之手也又姑且發語且夫且如之類是也又與古語載字同且戰且卻之類是也又與姑同且以喜樂且以永日之類是也又未定之辭如俗言漫且如此且胡為其不可以反宿之類是也又此也詩匪且有且是也又與又同詩式歌且舞多且旨是也又苟且草率又魚模語三韻
5	捨	始	野	審	셔	ɕjʌ			she	釋也棄也亦作舍
6	苴	才	野	從	쩌	dzjʌ			ju	慢也一曰伺也荀子藍苴路作似知而非
7	鯵	昌	者	穿	쳐	tɕʰjʌ			che	寬大也
8	野	以	者	喻	여	jʌ			ye	郊外曰野牧外曰野大野曰平亦作壄壄又朴野論語質勝文則野又語韻
9	惹	爾	者	日	셔	njʌ			re	亂也引著也
10	姐	子	野	精	져	tsjʌ			jie	蜀人呼母曰姐

者韵中共有 25 个韵字。

[jʌ] 的读音在现代汉语中发展为 [iɛ]，在拼写中简化为 [ə]。

同时，对比嘉靖本后也并无不同之处。

养韵包含 46 个小韵，其中有标注俗音的 2 个，有附注读音说明的 1 个，具体见表 5.17。

表5.17　十七养韵文字转写表

序号	小韵	反切上字	反切下字	字母	谚文注音及国际音标		俗音及国际音标		汉语拼音	注释
1	養	以	兩	喻	양	jɛŋ			yang	育也樂也飾也又與懩同荀子骨體膚理辨寒暑疾養又養養心憂不定貌詩憂心養養又漾韻凡生養養育與涵養皆上聲如孟子養氣與苟得其養禮記學養子而後嫁之類是也彼非自養而我養之則去聲如孝經以養父母論語是謂能養孟子以天下養養親養志之類是也
2	鞅	倚	兩	影	ᅙ야ᇰ	ʔjɛŋ			yang	牛駕具在腹曰鞅說文頸組曰鞅此馬鞅也亦謂之縷又強也懟也與怏同又漾韻
3	象	似	兩	邪	썅	zjɛŋ			xiang	大獸長鼻牙三年一乳又形象也肖似也陸德明曰精象擬象也又罔象水名怪又摹做孟子為其象人而用之也俗作象亦作像
4	獎	子	兩	精	쟝	tsjɛŋ			jiang	勸使又縱臾又助也崇也稱也亦作獎說文从將从犬嗾犬屬之也當作獎
5	兩	良	獎	來	량	ljɛŋ			liang	二十四銖古作兩說文引易參天兩地漢志兩者兩黄鍾律之重也李奇曰黄鍾之律十二銖兩十二得二十四也一曰偶也再也易參天兩地地數六二與四兩者為六也亦曰兩三為六也又周禮五伍為兩又罔兩土石怪又飾也左傳宣十二年御下兩馬又漾韻从从从音兩二入也俗作兩

序号	小韵	反切上字	反切下字	字母	谚文注音及国际音标		俗音及国际音标		汉语拼音	注释
6	彊	巨	兩	群	꺙	gjeŋ			jiang	勉彊力行也牽彊假合也又自是而不肯資人曰彊又倔彊不順從也木彊不和柔貌亦作彊又姓光武紀強華奉赤伏符又陽韻
7	仰①	魚	兩	疑	앙	ŋjeŋ	양	jeŋ	yang	舉也反首望也又青帝名靈威仰又偃仰仰卧也亦作卬又陽韻
8	想	息	兩	心	샹	sjeŋ			xiang	思也意之也
9	瓶	楚	兩	穿	챵	tɕʰjeŋ			chuang	除垢瓦石又見下
10	掌	止	兩	照	쟝	tɕjeŋ			zhang	手心又主也又常主也左傳使其後掌之孟子我使掌與汝秉古作不覆手為爪反爪為不今作掌
11	爽	所	兩	審	샹	ʃaŋ	솽	ʃwaŋ	shuang	明也清快也差也忒也又肅爽馬名又陽韻
12	響	許	兩	曉	향	xjeŋ			xiang	應聲亦作嚮鄉向
13	襁	居	仰	見	걍	kjeŋ			qiang	論語襁負其子博物志曰織縷為之廣八寸長二尺以約小兒於背上李奇曰絡也以繒布為之絡負小兒孟康曰即今之小兒繦顏師古曰孟說是
14	丈	呈	兩	牀	쨩	dzjeŋ			zhang	十尺曰丈
15	壤	汝	兩	日	샹	njeŋ			rang	柔土無塊又境壤糞壤鄒陽傳壤子王梁代思古曰梁益之間所愛謂其肥盛曰壤
16	賞	始	兩	審	샹	ɕjeŋ			shang	褒賜酬功也嘉也賞罰國之二柄
17	上	是	掌	禪	썅	zjeŋ			shang	登也進也

---

① 《洪武正韵译训》中对小韵"仰"有附注读音说明"韻內中聲卜音諸字其聲稍深宜以卜‧之間讀之唯唇音正齒音以卜呼之"。

续表

序号	小韵	反切上字	反切下字	字母	谚文注音及国际音标		俗音及国际音标		汉语拼音	注释
18	髴	妃	兩	非	빵	feŋ			fang	髴髯猶依稀也見不審貌亦作仿佛彷彿髣佛
19	罔	文	紡	微	빵	ʋɐŋ			wang	罔罟易作結繩而為網罟詩天之降罔史漢禁罔踈闊亦作網又誣也無也又羅致也孟子是罔民也又罔兩若有若無又土石之怪又罔象水怪亦作方又罔罔昏蒙無知貌論語學而不思則罔少儀衣服在身而不知其名曰罔篆作网今作罔偏旁作冈罔网凡罝罘罟羅皆从网
20	枉	嫗	往	影	황	ʔwɐŋ			wang	曲也抑屈也
21	往	羽	枉	喻	왕	wɐŋ			wang	之也去也行也至也
22	怳	詡	往	曉	황	xwɐŋ			huang	狂貌又怳惚憿怳亦作怳怳
23	搶	七	兩	精	챵	tsjɐŋ			qiang	爭取也突也
24	迋	具	往	群	꽝	gwɐŋ			kuang	欺也怨也又漾韻又去王切
25	蕩	徒	黨	定	땅	dɐŋ			dang	大也廣遠也又動蕩又蕩除又蕩蕩法度廢壞之貌又蕩蕩無檢束貌又漾韻內
26	黨	多	曩	端	당	tɐŋ			dang	五百家又朋也偏也長也輩也美也庇也又頻也荀子怪星之黨見又見下
27	儻	他	曩	透	탕	tʰɐŋ			tang	倜儻卓異又或然之辭亦作黨又漾韻
28	灢	乃	黨	泥	낭	nɐŋ			nang	屭也夕也昔也
29	榜	補	曩	幫	방	pɐŋ			bang	木片又標榜亦作牓又陽庚漾敬四韻
30	莽	母	黨	明	망	mɐŋ			mang	茂草可以毒魚又草深貌左傳哀元年暴骨如莽杜預注草生廣野莽莽然故曰草莽又與嶭同杜甫詩莽莽萬重山又鹵莽苟且貌又姥有韻

续表

序号	小韵	反切上字	反切下字	字母	谚文注音及国际音标		俗音及国际音标		汉语拼音	注释
31	顙	寫	曩	心	샹	sɐŋ			sang	東齊謂額為顙又陽韻
32	蒼	采	莽	清	챵	tsʰɐŋ			cang	莽蒼莊子音義近野也一曰草野之色又陽韻
33	駔	子	黨	精	쟝	tsɐŋ			zang	駿馬又牡馬又牙儈也會兩家之買賣如今度市也呂氏春秋曰段干木晉之大駔也又姥韻
34	奘	在	黨	從	짱	dzɐŋ			zang	駔大方言秦晉間人大謂奘或謂之壯又漾韻
35	沆	下	黨	匣	향	ɣɐŋ			hang	漭沆大水貌又沆瀣北方夜半氣又漾韻
36	忼	口	黨	溪	캉	kʰɐŋ			kang	竭誠又忼慨感傷之意又倜儻也亦作慷又漾陽二韻
37	坱	於	黨	影	향	ʔɐŋ			yang	塵也楚辭坱兮軋兮王逸曰坱霧昧貌說文塵埃也又北無垠齊貌賈誼賦坱北無垠又漾韻
38	昑	舉	盎	見	강	kɐŋ			gang	境也陌也又陽韻
39	駉	語	昑	疑	앙	ŋɐŋ			ang	馬驚怒貌又陽韻
40	晃	戶	廣	匣	향	ɣwɐŋ			huang	暉也明也光也照耀也又寬明貌亦作晄爌又漾韻
41	懭	苦	廣	溪	쾅	kʰwɐŋ			kuang	大也又漾韻
42	廣	古	滉	見	광	kwɐŋ			guang	大也闊也闞也播也又陽漾二韻
43	講	古	項	見	걍	kjɐŋ			jiang	論也謀也究也告也和解也
44	棒	步	項	並	빵	bɐŋ			bang	杖也打也亦作棓
45	項	戶	講	匣	향	ɣjɐŋ			xiang	頸後又姓
46	朗	里	黨	來	랑	lɐŋ			lang	明也

养韵中共有 187 个韵字。

俗音注音有两处：其中一处是疑母、喻母合流现象的反映；另一处则是"爽"字读音由[ɛɐŋ]变为[ɛwaŋ]，这种变化并未形成大规模的趋势，其余韵字中的[ɐŋ]读音并未发生改变，应为"爽"字本身的读音在官话音杂糅北音后产生了变化。其余诸字的读音与现代普通话的读音基本一致。

与嘉靖本对比，有如下不同之处：

（1）嘉靖本中的小韵"敞"，昌两切，在《译训》中不算作小韵，如图 5.13 所示。

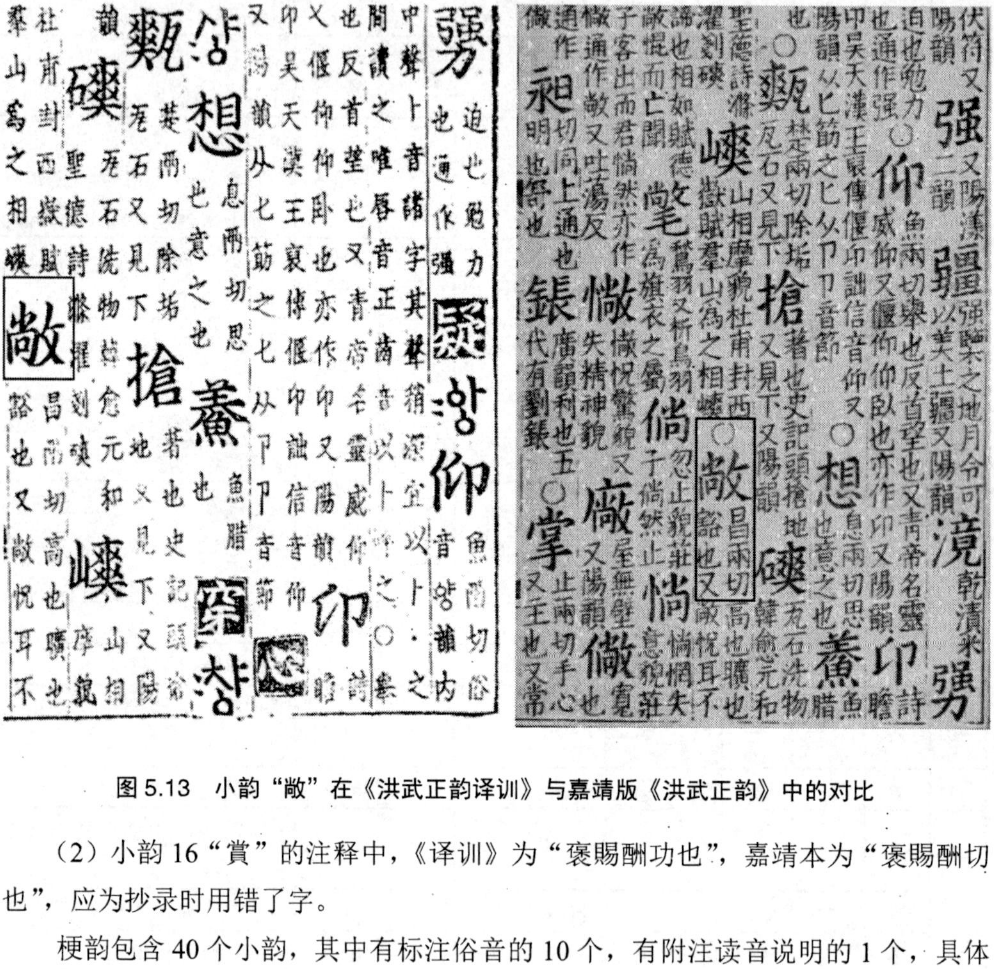

图 5.13　小韵"敞"在《洪武正韵译训》与嘉靖版《洪武正韵》中的对比

（2）小韵 16"赏"的注释中，《译训》为"褒赐酬功也"，嘉靖本为"褒赐酬切也"，应为抄录时用错了字。

梗韵包含 40 个小韵，其中有标注俗音的 10 个，有附注读音说明的 1 个，具体见表 5.18。

表 5.18 十八梗韵文字转写表

序号	小韵	反切上字	反切下字	字母	谚文注音及国际音标		俗音及国际音标		汉语拼音	注释
1	梗①	古	杏	見	긩	kwiŋ	궁	kuŋ	geng	木也又直也孔叢子馬回梗梗亮直亦作鯁又桔梗藥名戰國策求柴葫桔梗於沮澤則累世不得一焉又塞也撓也害也病也詩至今為梗方言梗略也郭璞曰梗概大略也廣韻作挭又枝梗
2	杏	何	梗	匣	혱	ɣiŋ			xing	果名
3	朴	胡	猛	匣	퀭	ɣwiŋ	궝	kwiŋ	kuang	金玉未成器周禮有朴人又古猛切與礦同又諫韻
4	礦	古	猛	見	궝	kwiŋ			kuang	銅鐵朴石亦作朴
5	猛	母	梗	明	밍	muiŋ	뭉	muŋ	meng	健犬又勇也嚴也悍也威也暴也
6	鼆	蒲	猛	並	삥	gwiŋ			beng	蚌脩為鼆圓為蟧亦作鼆又皆韻
7	冷	魯	杏	來	링	luiŋ	릉	luŋ	leng	清甚也寒也又庚韻
8	瑒	杖	梗	牀	찡	dziŋ			chang	珪尺有二寸有瓚以祀宗廟又陽漾二韻
9	丙	補	永	幫	빙	piŋ			bing	十幹名爾雅歲在丙曰柔兆月在丙曰修漢志明炳於丙丙丁火行丙陽火丁陰火又姓
10	竝	部	迥	並	삥	biŋ			bing	併也皆也亦作並偖又敬旱漾三韻
11	頃	丘	穎	溪	킁	kʰjuŋ	킹	kʰiŋ	qing	田百畝也後漢黃憲傳汪汪若千頃之陂又庚紙二韻
12	迥	戶	頂	匣	휑	ɣjuŋ			jiong	寥遠
13	詗	火	迥	曉	흥	xjuŋ			xiong	告言又明悟了知也又敬韻
14	濚	烏	迥	影	흥	ʔjuŋ			ying	泓濚小水貌
15	悻	下	頂	匣	혱	ɣiŋ			xing	很也恚貌孟子悻悻然見於其面楚辭鮌悻悻直以亡身

---

① 《洪武正韵译训》中对小韵"梗"有附注读音说明"又音긩"。

续表

序号	小韵	反切上字	反切下字	字母	谚文注音及国际音标		俗音及国际音标		汉语拼音	注释
16	警	棄	挺	溪	킹	kʰiŋ			qing	警欬
17	皿	眉	永	明	밍	miŋ			min	食器盤盂之屬
18	省	所	景	審	싱	ɕuiŋ	승	ɕuŋ	sheng	視也漢以禁中為省中顔師古曰省察也言入此中者皆當察視不可妄省又簡少也荀子省官職又見下及銑韻
19	影	於	丙	影	힝	ʔiŋ			ying	形影本作景葛洪加彡
20	穎	庚	頃	喻	잉	iŋ			ying	禾穎穟穟又穗也書異畝同穎詩實穎實栗小爾雅禾穗謂之穎
21	景	居	影	見	깅	kiŋ			jing	光也明也炤也周禮日至之景又大也像也慕也仰也又諡又姓見上
22	永	于	憬	喻	윙	juiŋ	융	juŋ	yong	長也遠也引也遲也方言凡施於眾長謂之永本歌永字借為永久反永為血辰字又敬韻
23	憬	居	永	見	깅	kiŋ			jing	覺悟詩憬彼淮夷又遠也又古迥切
24	耿	古	幸	見	깅	kiŋ			geng	介也光也憂也又古迥切
25	幸	下	耿	匣	혱	ɣiŋ			xing	非所當得而得與不可免而免皆曰幸荀子朝無幸位民無幸生論語罔之生也幸而免又徼幸覬非所當得也袁盎傳聖王不徼幸又冀望也御也愛也寵也好也又巡幸蔡邕傳天子車駕所至見令長三老官屬親臨軒作樂賜以食帛帶之之屬民爵有級或賜田租之半故因謂之幸晉灼曰凡言幸者漢儀注民臣被其德以為僥倖也顔師古曰幸者吉而免凶可慶幸也故福喜之事皆稱為幸漢高祖紀以幸天下

续表

序号	小韵	反切上字	反切下字	字母	谚文注音及国际音标		俗音及国际音标		汉语拼音	注释
26	黽	母	耿	明	밍	miŋ			meng	蛙屬又黽也縣名史記楚世家作鄳徐廣曰或以為黽是當與迴字韻内冥字通用又銑韻
27	靜	疾	郢	從	찡	dziŋ			jing	寂也定也和也息也澹也澄也無為也亦作靚也敬韻
28	省①	息	井	心	싱	siŋ			xing	察也視也
29	请	七	靜	清	칭	tsʰiŋ			qing	謁也祈也扣也又請給又庚敬二韻
30	井	子	郢	精	징	tsiŋ			jing	田九百畝曰井象九區之形市井邑居為市野廬為井又井泉易井卦東井宿名井井良易貌又經畫端整貌荀子井井兮其有條理畝曰井象九區之形市井邑居為市野廬為井又井泉易井卦東井宿名井井良易貌又經畫端整貌荀子井井兮其有條理也又往來連屬貌易往來井井又姓古作丼象韓罋之形
31	逞	丑	郢	穿	칭	tɕʰiŋ			cheng	矜也自呈也通也快也疾也免也盡也又不檢謂之不逞从壬壬音頲
32	領	里	郢	來	링	liŋ			ling	項之背又管領又受也又統理也禮記父子君臣之節又凡衣要襘著項領處皆曰領漢書音義所謂頸下施衿領正方學者之服此又深衣與古青衿是也又文選劉公幹詩沈迷簿領書注領録也又山道嚴助傳興輬而踰領又首領將帥及酋長如人身之有頭項也

①《洪武正韵译训》中对小韵"省"有附注读音说明"又音숭"。

续表

序号	小韵	反切上字	反切下字	字母	谚文注音及国际音标		俗音及国际音标		汉语拼音	注释
33	頂	都	領	端	딩	tiŋ			ding	頭顚
34	肯	苦	等	溪	킝	kʰɯiŋ	큰	kʰɯŋ	ken	筋肉會處曰肯莊子技經肯綮之未嘗又可也說文作肎骨間肉也一曰骨無肉从肉冎省文漢書作肎
35	茗	莫	迥	明	밍	miŋ			ming	茶晚取者亦作槙
36	挺	徒	鼎	定	띵	diŋ	팅	tʰiŋ	ting	超拔也直也又寬也月令挺重囚又見下
37	濘	乃	挺	泥	닝	niŋ			ning	泥淖又敬韻
38	拯	之	庱	照	징	tɕiŋ			zheng	上舉也援也救也助也左傳宣十二年注出溺為拯古作丞承亦作抍撜抍
39	殅	色	拯	審	싱	ɕiŋ			seng	殅殅欲死貌
40	等	多	肯	端	딍	tɯiŋ	등	tɯŋ	deng	齊也類也比也輩也等級也候待也稱輕重也

梗韵中共有 154 个韵字。

从表 5.18 中的小韵 1、5、7、18、34、40 的俗音注音可以看出，韵母 [ɯiŋ] 变化为 [ɯŋ]，读音呈现简化趋势，这种趋势也在普通话中得到了继承，汉语拼音中的韵母为 /eng/（音标为 [əŋ]）。

小韵 3 "扑" 字正音的声母 [ɣ] 在俗音中读作 [k]，由于在实际读音中 [k] 与 [g] 在当时的实际差别并不大，因此这仍然可以看作明朝官话音中出现的互转现象。

小韵 11 和 22 的俗音注音中 [jujŋ] 分别简化为 [iŋ] 和 [juŋ]，形成了新的读音，但这种简化并非常态，这两个字的读音变化沿袭至今，现代汉语普通话的读音与俗音基本相同。

小韵 36 的正音声母 [d] 在俗音中变为 [tʰ]，这一变化是浊音清化的体现。由于《洪武正韵》保留了全浊音，因此浊音清化这种明朝官话音中的语音现象无法得以呈现，而《洪武正韵译训》一书则通过正俗音分别注音的方式呈现出了这一变化。正如《洪武正韵译训·凡例》第二条中记载：

四声皆为平上去入，而全浊之字平声近于次清，上去入近于全清，世之所用如此，然亦不知其所以至此也。

全浊上去入三声之字，今汉人所用初声与轻声相近，而亦各有清浊之别，独平声之字初声与次清相近，然次清则其声清，故音终直低，浊声则其声浊，故音终稍厉。

小韵36"中"的正俗音声母的不同正是浊音清化的表现。此外，前文所述的[ɣ]音与[k]音的互转现象也是浊音清化的一种表现。

与嘉靖本对比，有如下不同之处：

（1）小韵10"竝"的反切字，《译训》为"部迥切"，嘉靖本是"部迥切"。由于"竝"字在《广韵》中为"蒲迥切"，反切下字与《译训》相同，由此可知嘉靖本的应为抄录错字，如图5.14所示。

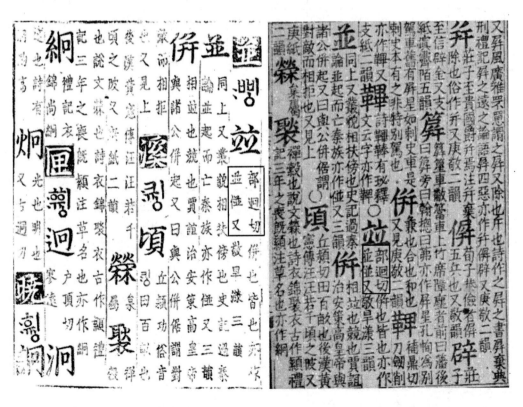

图5.14 小韵"竝"在《洪武正韵译训》与嘉靖版《洪武正韵》中的对比

（2）小韵 17 "皿"注释中，《译训》为"盤盂之屬"，嘉靖本为"盤盂之屬"，后者"孟"应为抄录错字。

（3）小韵 35 "茗"的反切字，《译训》为"莫迥切"，嘉靖本为"莫迥切"，与前面相同，应为嘉靖本抄录错字。

有韵包含 36 个小韵，其中有标注俗音的 1 个，具体见表 5.19。

表 5.19　十九有韵文字转写表

序号	小韵	反切上字	反切下字	字母	谚文注音及国际音标		俗音及国际音标		汉语拼音	注释
1	有	云	九	喻	일	imʲ			you	對無之稱篆作有从又从肉今文作有又宥韻
2	潃	息	有	心	실	simʲ			xiu	說文久泔也秦人謂溲曰脩溲所九反禮記潃瀡以滑之又溺也荀子其漸之潃亦作糔
3	酒	子	酉	精	질	tsimʲ			jiu	儀狄杜康所作元酒明水也
4	首	始	九	審	실	ɕimʲ			shou	元也俗呼爲頭又始也先也君爲元首易乾爲首又魁帥也又宥韻
5	帚	止	酉	照	질	tɕimʲ			zhou	帚篲也
6	醜	齒	九	穿	질	tɕʰimʲ			chou	類也竅也惡也亦作魗
7	受	是	酉	禪	씰	zimʲ			shou	承也稟也繼也容也納也取也領也盛也从爪从又俗或作受非受音胡到反下从丈
8	蹂	忍	九	日	실	ŋimʲ			rou	蹩踐也獸足蹂地又宥尤二韻
9	紂	丈	九	牀	찔	dzimʲ			zhou	說文馬緧也一曰商辛別號謚法殘義損善曰紂
10	柳	力	九	來	릴	limʲ			liu	木名古亦作桞又宿名爾雅味謂之柳又曰柳鶉火也服虔曰東郡謂廣轍車爲柳李奇曰大牛車爲柳鄧展曰喪車爲柳木作柳
11	紐	女	九	泥	닐	nimʲ			niu	結會
12	黝	於	糾	影	힐	ʔimʲ			you	青黑色亦作幽
13	朽	許	久	曉	힐	ximʲ			xiu	木腐
14	糗	去	九	溪	킬	kʰimʲ			qiu	熬米麥又宥韻

续表

序号	小韵	反切上字	反切下字	字母	谚文注音及国际音标		俗音及国际音标		汉语拼音	注释
15	九	舉	有	見	길	kiŋ			jiu	老陽數九者究也又尤韻
16	臼	巨	九	群	낄	giŋ			jiu	舂臼象形
17	黈	他	口	透	틈	tʰuŋ			tou	黃色又冕旁纊曰黈纊東方朔傳黈纊充耳所以塞聰顏師古曰以黃綿為圓用組挂之於冕垂兩耳傍示不外聽也
18	鋀	徒	口	定	뜸	duŋ			tou	酒器
19	塿	郎	斗	來	름	luŋ			lou	培塿小阜亦作部婁
20	穀	乃	后	泥	늠	nuŋ			gou	乳子亦作穀又古候切
21	缶	俯	九	非	픔	fuŋ			fou	瓦器所以盛酒漿秦人擊之以節歌詩坎其擊缶注疏即今瓦盆爾雅盎謂之缶
22	阜	房	缶	奉	쁨	vuŋ			fu	大陸曰阜廣雅山無石曰阜又厚也通也盛也
23	溲	所	九	審	슴	ɕuŋ			sou	沃也水調粉麪也又尤韻
24	掫	側	九	照	즘	tɕuɐt			zhou	擊也行夜持更者左傳陪臣干掫又曰賓將掫即今擊柝也又魚尤韻
25	厚	胡	口	匣	씀	ɣuŋ			hou	厚薄之對又重也廣也釀也又宥韻亦作垕
26	吼	許	厚	曉	흠	xuŋ			hou	虩聲一曰牛鳴亦作呴吽又宥韻
27	口	苦	厚	溪	큼	kʰuŋ			kou	易兌為口
28	者	舉	后	見	금	kuŋ			gou	耈夕也詩注者凍梨也爾雅耇壽也一曰老人面若垢曰耇
29	歐	於	口	影	흠	ʔuŋ			ou	吐也亦作嘔舊注云捶擊誤歐吐字從欠伸之欠毆擊字从敲支之支亦作攴文又宥韻

续表

序号	小韵	反切上字	反切下字	字母	谚文注音及国际音标		俗音及国际音标		汉语拼音	注释
30	偶	語	口	疑	을	ŋɯm	을	im	ou	伉儷也合也匹也兩也對也諧也凡數雙曰偶隻曰奇亦作耦又適然也俑也像也木像曰木偶土像曰土偶耦與偶義同者不得雙用如用偶耕與偶然土木偶者非
31	剖	普	厚	滂	픕	pʰɯm			pou	判也破也亦作部
32	母	莫	厚	明	믐	mɯm			mu	父母母者乳也慕也嬰兒所慕也易坤為母从女字中兩點蒼頡篇云其中有兩點象人之乳其中直通者音無曲禮母不敬是也與父母字不同又牝也孟子五母雞二母彘又橫姥韻
33	叟	蘇	后	心	씀	sɯm			sou	尊老之稱古作叜亦作傁又宥尤二韻
34	趣	此	苟	清	춤	tsʰɯm			cu	促也趣馬官名主駕又魚御屋三韻俗作趣
35	走	子	口	精	춤	tsɯm			zou	趨走也指趨走之體而言之也又宥韻
36	斗	當	口	端	듬	tɯm			dou	量名十升為斗漢志斗者聚升之量也又宿名南北二斗象皆如斗又科斗蛙鼃又斗絶崖壁峭絶也又與也亦作枓豆又斛器又語韻

有韵中共有 166 个韵字。

由表 5.19 可知，正音中韵尾读音仍然为[ɱ]，与传统拟音的推测并不相同。

与嘉靖本对比，有一处不同：

小韵 7 "受"的注释中，《译训》为"从受从口俗或作受"，而嘉靖本为"从受从冖俗或作受"，如图 5.15 所示。

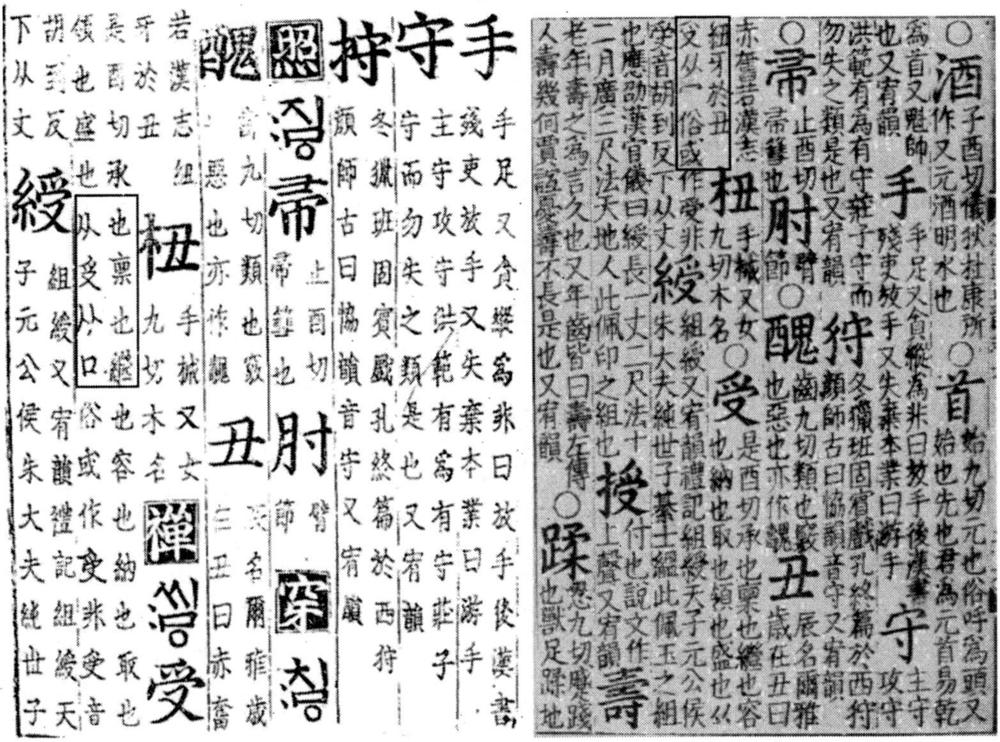

图 5.15　小韵"受"在《洪武正韵译训》与嘉靖版《洪武正韵》中的对比

寝韵包含 17 个小韵，其中有标注俗音的 3 个，有附注读音说明的 1 个，具体见表 5.20。

表 5.20　二十寝韵文字转写表

序号	小韵	反切上字	反切下字	字母	谚文注音	及国际音标	俗音	及国际音标	汉语拼音	注释
1	寝①	七	稔	清	침	tsʰim	친	tsʰin	qin	堂室也古者正朝曰路寝次曰燕寝又凡居室皆曰寝礼记庶人祭於寝是也亦作寝义卧也息也又貌不扬曰寝亦作侵又侵韵

①《洪武正韵译训》中对小韵"寝"有附注读音说明"韵内诸字終声同"。

序号	小韵	反切上字	反切下字	字母	谚文注音及国际音标		俗音及国际音标		汉语拼音	注释
2	窨	子	袵	精	짐	tsim			jin	縣名在汝南漢地理志注應劭曰叔敖子所邑之窨丘是也世祖更名固始師古曰窨音子袵切又濫也
3	審	式	荏	審	심	ɕim			shen	悉也詳也熟究也从宀从采从田采蒲莧切說文作宩與寀宺字不同俗作審又寒韻
4	瀋	昌	枕	穿	침	tɕʰim	신	tɕʰin	chen	汁也左傳猶拾瀋也亦作沈
5	枕	章	荏	照	짐	tɕim			zhen	臥薦首者又沁韻毛晃曰衾枕之枕上聲詩角枕粲兮之類是也以首枕物去聲論語曲肱而枕之易險且枕之類是也
6	甚	食	枕	禪	씸	zim			shen	劇過也尤也陸賈名聲籍甚音義曰言狼籍甚盛又沁韻
7	餁	忍	甚	日	심	ȵim			ren	熟食亦作飪
8	痒	所	錦	審	심	ɕim			shen	洛澤謂之痒瘃又寒病也
9	墋	楚	錦	穿	츰	tɕʰɯm			chen	不清澄貌陸機漢高祖功臣贊茫茫宇宙上墋下黷注墋垢也黷濁也又土也
10	糝	桑	錦	心	심	sim			shen	以米和羹也周禮糝食注菜餗蒸鄭玄謂取牛羊豕肉生如一小切之與稻米二肉一合以為餌煎之又孔子厄於陳蔡藜羹不糝本作糂粒也又感韻
11	吟	魚	錦	疑	임	ŋim	인	in	yin	揚雄解嘲蔡澤雖噤吟而笑唐擧師古曰噤吟頷頤貌俗作吟又侵沁二韻也
12	踸	丑	錦	穿	침	tɕʰim			chen	行無常貌亦作跈

续表

序号	小韵	反切上字	反切下字	字母	谚文注音及国际音标		俗音及国际音标		汉语拼音	注释
13	朕	呈	稔	澄	찜	dzim			zhen	蔡邕曰古者上下共稱名朕與帝舜言稱朕屈原曰朕皇考曰伯庸伊尹曰惟朕以懌周公曰朕復子明辟是也至秦始皇二十六年始專為天子自稱漢因之不改篆作朕从舟从火从巜今作朕俗作朕
14	廩	力	錦	來	림	lim			lin	倉有屋曰廩古作稟後世加广以別之又危懼也與懍同賈誼書為此廩廩从广从靣从禾俗作廪
15	錦	居	飲	見	김	kim			jin	織文
16	噤	渠	飲	群	낌	gim			jin	寒而口閉
17	飲	於	錦	影	힘	ʔim			yin	歔也飲食也凡可飲者亦謂之飲周禮四飲左傳下取飲注云飲謂酒也又沁韻

　　寝韵中共有 44 个韵字。

　　由表 5.20 可知，寝韵中的俗音反映出了疑母、喻母合流现象。此外，从 3 个标注了俗音的小韵读音中正音的 [m] 在俗音中变为 [n] 的现象，与侵、覃、盐三韵中所分析的情况一样，正是 [m] 开始在官话音中消失，逐步变为 [n] 读音的直接反映。

　　与嘉靖本对比，有如下不同。

　　小韵 14 "廩" 的注释中用字不同，《译训》是 "俗作廪"，嘉靖本则用了 "俗作廪"，如图 5.16 所示。

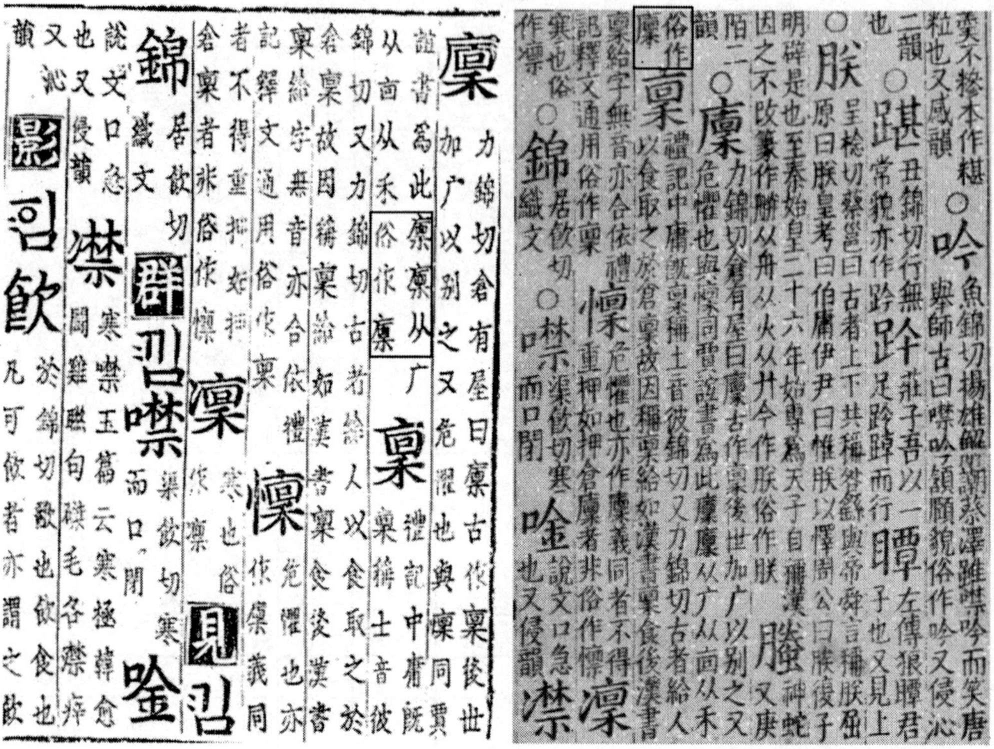

图 5.16　小韵"廪"在《洪武正韵译训》与嘉靖版《洪武正韵》中的对比

感韵包含 27 个小韵，其中有标注俗音的 2 个，有附注读音说明的 1 个，具体见表 5.21。

表 5.21　二十一感韵文字转写表

序号	小韵	反切上字	反切下字	字母	谚文注音	及国际音标	俗音	及国际音标	汉语拼音	注释
1	感①	古	禫	見	감	kɛm	간	kɛn	gan	感應格也動也觸也又見下又勘韻
2	禫	徒	感	定	땀	dɛm			dan	除服祭苟子神禫其辭注神禫猶冲澹也俗作禫
3	頷	戶	感	匣	땀	ɣɛm			han	頤頷漢班超虎頭燕頷又說文曰面黃色又離騷云長顑頷兮何傷注不飽貌又見下

① 《洪武正韵译训》中对小韵"感"有附注读音说明"韻內中聲卜音諸字其聲稍深宜以卜·之間讀之唯唇音正齒音以卜呼之韻中諸字終聲同"。

续表

序号	小韵	反切上字	反切下字	字母	谚文注音及国际音标		俗音及国际音标		汉语拼音	注释
4	坎	苦	感	溪	캄	kʰɐm			kan	卦名險也陷也小阱也又小罍形似壺亦作垎阳又坎坎擊鼓聲詩坎其擊鼓又坎坎鼓我
5	晻	鄔	感	影	함	ʔɐm			an	不明又勘琰二韻
6	顉	五	感	疑	암	ŋɐm	안	ɐn	han	低頭左傳逆於門者顉之而已杜預曰顉搖其頭也舊韻作頷誤
7	糝	桑	感	心	삼	sɐm			san	米粒和羹亦作糝又雜也亦作糝又寢韻
8	慘	七	感	清	참	tsʰɐm			can	慅也酷毒也憯戚也愁恨也亦作憯
9	歜	徂	感	從	짬	dzɐm			chu	昌蒲菹左傳享有昌歜又屋韻
10	寁	子	感	精	잠	tsɐm			zan	速也詩不寁故也又葉韻
11	紞	都	感	端	담	tɐm			dan	杜預曰冠之垂者又擊鼓聲晉書紞如打五鼓
12	襑	他	感	透	탐	tʰɐm			xin	衣博大也又侵韻
13	歉	下	斬	匣	햠	ɣjɐm			xian	豆半生
14	闞	虎	覽	曉	함	xjɐm			han	怒聲詩闞如虓虎又勘韻
15	槧	在	敢	從	짬	dzɐm			qian	斷木為槧削版牘也又鹽豔二韻
16	膽	覩	敢	端	담	tɐm			dan	肝膽
17	啖	徒	覽	定	땀	dɐm			dan	噍也食也餌之也亦作啗噉又勘韻
18	壈	盧	感	來	람	lɐm			lan	坎壈屯塞不得志也俗作壏
19	敢	古	覽	見	감	kɐm			gan	果敢勇敢忍為也篆作𢿫古作㪗
20	覽	魯	敢	來	람	lɐm			lan	視也从監从見俗作覧
21	減	古	斬	見	걈	kjɐm			jian	損也減耗也又姓
22	黭	乙	減	影	햠	ʔjɐm			an	深黑又人名漢有汲黯俗作黭

续表

序号	小韵	反切上字	反切下字	字母	谚文注音及国际音标		俗音及国际音标		汉语拼音	注释
23	摻	所	斬	審	삼	ɕɐm			shan	執也詩摻子之袪兮毛傳摻摮也又鹽咸勘三韻
24	斬	側	減	照	잠	tɕɐm			zhan	斷首又盡也禮斬衰謂裳下不緝正割如斬然
25	湛	丈	減	牀	짬	dzɐm			zhan	湛湛露貌又澄也澹也又侵覃鹽勘沁五韻
26	鋄	忙	范	明	맘	mɐm			wan	馬首飾西京賦金鋄鏤錫
27	范	房	啖	奉	빰	vɐm			fan	草名又蠭也禮記范則冠而蟬有綏又以模鑄金禮記范金合土亦作範又姓下本从弓弓音頷今作范

感韵中共有 109 个韵字。与嘉靖本相比，有以下不同之处：

（1）在感韵中，嘉靖本的小韵"檻"，胡览切，在《译训》中不算为小韵，如图 5.17 所示。

图 5.17　小韵"檻"在《洪武正韵译训》与嘉靖版《洪武正韵》中的对比

（2）嘉靖本的小韵"嶄"，土减切，在《译训》中不算为小韵。

（3）小韵 18"壈"的注释用字不同，《译训》"俗作壈"，嘉靖本"俗作壈"。

琰韵包含 18 个小韵，其中有标注俗音的 2 个，有附注读音说明的 1 个，具体见表 5.22。

表 5.22　二十二琰韵文字转写表

序号	小韵	反切上字	反切下字	字母	谚文注音及国际音标		俗音及国际音标		汉语拼音	注释
1	琰①	以	冉	喻	염	jʌm	연	jʌn	yan	璧上美色又琰圭九寸
2	奄	於	檢	影	혐	ʔjʌm			yan	覆也忽也止也又鹽豔二韻
3	閃	失	冉	審	섬	ɕjʌm			shan	闚頭門中又躝避廣韻出門貌又豔韻
4	冉	而	琰	日	섬	ŋjʌm			ran	毛冉冉又冉冉行貌楚辭老冉冉其將至今作冄亦作冉
5	諂	丑	琰	穿	쳠	tɕʰjʌm			chan	諂諛亦作謟
6	斂	力	冉	來	렴	ljʌm			lian	收也聚也歷法春夏曰發秋冬曰斂又鹽豔二韻
7	險	虛	檢	曉	혐	xjʌm			xian	巇險也深陷不可測也危也阻難也易坎險也天險不可升也地險山川丘陵也王公設險以守其國凡不可犯者皆險也亦作嶮
8	檢	居	奄	見	겸	kjʌm			jian	書檢印窠封題也又校也柅也檢押防範也三蒼解詁云檢法度也爾雅檢等也釋云檢模範也郭璞云模範同等說文云書署也署程式也今俗謂文書槀草為檢子是也漢武帝紀注封禪有金策石函金泥玉檢謂以玉為檢束也
9	儉	巨	險	群	꼄	gjʌm			jian	約也少也歲歉也
10	噞	魚	檢	疑	엄	ŋjʌm	연	jʌn	yan	山形如重甗爾雅重甗曰隒
11	貶	悲	撿	幫	볌	pjʌm			bian	謫也損也抑也

---

① 《洪武正韵译训》中对小韵"琰"有附注读音说明"韻內諸字終聲同"。

续表

序号	小韵	反切上字	反切下字	字母	谚文注音及国际音标		俗音及国际音标		汉语拼音	注释
12	颭	職	琰	照	졈	tɕjʌm			zhan	風蕩激也
13	忝	他	點	透	텸	pʰjʌm			tian	沾辱也累也又豔韻
14	點	多	忝	端	뎜	tjʌm			dian	點注又更點俗作点
15	簟	徒	點	定	떰	djʌm			dian	竹席方言宋魏之間謂之笫或謂之籧篨自關而西謂之簟或謂之菥其粗者謂之籧篨左思賦桃笙象簟荀子不下簟席之上
16	淰	乃	點	泥	념	njʌm			nian	濁也又寢韻
17	歉	苦	簟	溪	켬	kʰjʌm			qian	食不滿穀梁傳一穀不升曰歉又不足貌亦作嗛又豔韻
18	漸	秦	冉	從	쩜	dzjʌm			jian	稍也次也進也事之由來也又漸江今之浙江也又卦名又鹽覃二韻

琰韵共计 77 个韵字。

同寝韵一样,感、琰两韵中的俗音除了反映疑母、喻母合流现象外,正音的[m]在俗音中变为[n]的现象反映了[m]开始在官话音中消失,逐渐变为[n]读音,如表5.21、表5.22 所示。

与嘉靖本对比,琰韵诸字保持一致。

在上声部分的读音里,纸韵的正音中非常规范的"声母+[i]"读音在俗音中有了变化,俗音[i]大部分变为[ɯ]且增加了一个日母读音成为韵尾,在俗音的发音结尾便连起来成了[ɯŋ̩]。可以认为这个时期南北杂糅后的官话音中儿化现象已经初见端倪。此外,韵母[ʌ]变为[ə]以及读音简化等现象亦常见于上声部分。

第六章

《洪武正韵译训》去声部分的

注音与明朝官话音

　　《洪武正韵译训》去声部分分为四卷，保留得较为完整，影印版中未见漫漶不清之处。

　　根据统计，去声部分共计 22 个大韵，631 个小韵，3689 个韵字。其中有 88 个小韵标注了俗音（时音），另对 9 个小韵进行了专门的读音说明。

第一节　去声卷十

　　《洪武正韵译训》去声卷十包含送、寘、霁 3 个大韵，共计 69 个小韵，其中有标注俗音的 27 个，有 2 个读音说明，共 718 个韵字。

　　送韵包含 28 个小韵，其中有标注俗音的 9 个，具体见表 6.1。

表 6.1　一送韵文字转写表

序号	小韵	反切上字	反切下字	字母	谚文注音及国际音标		俗音及国际音标		汉语拼音	注释
1	送	蘇	弄	心	숭	suŋ			song	餞也遣也將也隨也贈行曰送漢陸賈傳他送亦千金蘇林曰非橐中物故曰他送
2	鳳	馮	貢	奉	뽕	vuŋ			feng	瑞禽羽蟲之長一名鶤麟前麞後蛇頸魚尾龍文龜背燕頷雞喙聲若簫翼若干出於東方君子之國見則天下大安寧王者德盛則鳳至爾雅鶤鳳其雌皇孔演圖曰鳳為火精生於丹穴非梧桐不棲非竹實不食非醴泉不飲身備五色鳴中五音有道則見在天為朱雀古文作鵬朋
3	謥	千	弄	清	총	tsʰuŋ			cong	謥詞言急俗作認
4	糉	作	弄	精	종	tsuŋ			zong	角黍亦作粽
5	縱	足	用	精	종	tsjuŋ	종	tsuŋ	zong	緩也舍也放縱也肆也亦作從又東韻
6	凍	多	貢	端	둥	tuŋ			dong	冰凍又音東

续表

序号	小韵	反切上字	反切下字	字母	谚文注音及国际音标		俗音及国际音标		汉语拼音	注释
7	痛	他	貢	透	퉁	tʰuŋ			tong	隱也傷也楚也疼也
8	洞	徒	弄	定	뚱	duŋ			dong	空也恭也又幽壑又董韻
9	弄	盧	貢	來	룽	luŋ			nong	玩也戲也侮也
10	哄	胡	貢	匣	쭝	ɣuŋ			hong	衆聲唱聲又驕哄呵唱聲
11	烘	呼	貢	曉	훙	xuŋ			hong	烘燎火乾也又東韻
12	控	苦	貢	溪	쿵	kʰuŋ			kong	引也告也詩控于大邦集傳控持而告之也又操制也詩抑磬控忌注止馬曰控謂勒止也又陽韻
13	貢	古	送	見	궁	kjuŋ			gong	獻也薦也周禮八則五曰賦貢以馭其用注貢功也九職之功所稅也又姓夏后氏稅名書禹貢釋文云字或作贛
14	甕	烏	貢	影	흉	ʔuŋ			weng	罌也又汲瓶亦作甕甕
15	夢	蒙	弄	明	뭉	mjuŋ			meng	神交為夢亦作癮又不明也亦作瞢又雲夢澤名周禮作薝又東庚二韻俗作夢
16	賵	撫	鳳	非	훙	fuŋ			feng	贈死物應劭注漢書曰車馬曰賵衣服曰襚杜預注左傳曰賵助喪之物公羊傳曰賵者以乘馬束帛車馬曰賵貨財曰賻衣被曰襚注賵猶覆也賻猶助也襚猶遺也知生者賵賻知死者贈襚
17	雍	於	用	影	흉	ʔjuŋ			yong	蔽也擁也滯也又姓文王子雍伯之後左傳郜雍曹滕杜預曰雍國在河內山陽縣西又州名禹貢黑水西河惟雍州本作雝又東董二韻
18	衆	之	仲	照	즁	tɕjuŋ	즁	tɕuŋ	zhong	三人為衆又多也又姓又東韻篆从目从三人當作㐺今作衆
19	仲	直	衆	牀	쭝	dzjuŋ	쭝	dzuŋ	zhong	中也次也周人冠而字五十乃加伯仲亦作中

续表

序号	小韵	反切上字	反切下字	字母	谚文注音及国际音标		俗音及国际音标		汉语拼音	注释
20	用	余	頌	喻	융	juŋ			yong	以也使也庸也
21	頌	似	用	邪	쑁	zjuŋ	쑹	zuŋ	song	稱述也詩美盛德之形容以其成功告於神明者曰頌又東韻
22	從	才	仲	從	쫑	dzjuŋ	쭁	dzuŋ	cong	隨行從天子駕曰法從侍從漢時為隨使出疆者為少從摀言其少年而從使也亦曰傔從傔兼也音欠
23	匈	許	用	曉	훙	xjuŋ			xiong	讙議聲亦作訩詾凶荀子君子不為小人匈匈也而輊行又東董二韻
24	共	渠	用	群	뀽	gjuŋ	꿍	guŋ	gong	同也皆也合也公也
25	恐	欺	用	溪	쿵	kʰjuŋ	쿵	kʰuŋ	kong	疑也慮也億度也又董韻上从卂舊从凡誤懼也心悸也
26	供	居	用	見	궁	kjuŋ	궁	kuŋ	gong	陳設又具也通作共又東韻
27	憃	丑	用	穿	충	tɕʰjuŋ	충	tɕʰuŋ	chong	愚也又東陽漾三韻
28	齈	奴	凍	泥	눙	njuŋ			nong	多涕鼻疾

送韵中共有 123 个韵字。

与上声的董韵相同，去声的送韵中，正音[juŋ]在 9 个标注了俗音的小韵里已经转变为[uŋ]，同样反映了明朝官话音杂糅北音后读音简化趋势的发展。

与嘉靖本对比，并无不同之处。

真韵包含 27 个小韵，其中有标注俗音的 16 个，有附注读音说明的 1 个，具体见表 6.2。

表 6.2　二真韵文字转写表

序号	小韵	反切上字	反切下字	字母	谚文注音及国际音标		俗音及国际音标		汉语拼音	注释
1	寘①	支	義	照	지	tɕi	짆	tɕiɳ	zhi	置之也納之也猶言安著也又止也廢也

---

① 《洪武正韵译训》中对小韵"寘"有附注读音说明"說見支韻支字"。

续表

序号	小韵	反切上字	反切下字	字母	谚文注音及国际音标		俗音及国际音标		汉语拼音	注释
2	恣	资	四	精	ㅈᅳ	tsɯ	ㅈᇰᅳ	tsɯŋ	zi	縱肆也
3	翅	昌	智	穿	ㅊᅳ	tɕʰɯ	ㅊᇰᅳ	tɕʰɯŋ	chi	說文翼也亦作翄翹又與啻同孟子奚翅食重从羽从支聲又不翅過多也又支韻
4	侍	時	吏	禪	씨	zi	씨ᇰ	ziŋ	shi	近也徒也承也亦作寺
5	二	而	至	日	ᅀᅵ	ŋi	ᅀᇰ	ŋɯŋ	er	地數之始古作弍
6	四	息	漬	心	스	sɯ	ᄉᇰ	sɯŋ	si	倍二為四說文陰數也从口从八口音圍象四方也八者別也口中八象四分之形古文作亖
7	自	疾	二	從	쯔	dzɯ	ᄍᇰᅳ	dzɯŋ	zi	所从來也由也率也躬親也
8	智	知	意	照	지	tɕi	지ᇰ	tɕiŋ	zhi	心有所知也亦作知暂
9	治	直	意	牀	찌	dzi	찌ᇰ	dziŋ	zhi	理效也又攻也从水从台音怡諧聲也古作乿經典釋文平聲借假作治道平治者竝去聲又見支韻
10	眙	丑	吏	穿	치	tɕʰi	치ᇰ	tɕʰiŋ	chi	直視一曰注視又支韻
11	異	以	智	喻	이	i			yi	奇也分也怪也違也
12	試	式	至	審	시	ɕi	시ᇰ	ɕiŋ	shi	用也嘗也探也較也
13	芰	奇	寄	群	끼	gi			ji	菱也
14	譬	匹	智	滂	피	pʰi			pi	諭也亦作辟
15	祕	兵	媚	幫	비	pi			bi	隱也密也神也視也藏也从示从必監本从禾誤
16	避	毗	意	並	삐	bi			bi	違也迴也亦作辟
17	誓	時	智	禪	씨	zi	씨ᇰ	ziŋ	shi	約信也
18	未	無	沸	微	븽	mji			wei	六月之辰也五行木老於未象木重枝葉也支辰名太歲在未曰協洽又前漢書律歷志昧薆於未又猶未也
19	厠	初	寺	穿	츠	tɕʰɯ	ᄎᇰᅳ	tɕʰɯŋ	ce	說文間也雜也次也圊也又居高臨垂邊曰厠又高岸夾水曰厠

续表

序号	小韵	反切上字	反切下字	字母	谚文注音及国际音标		俗音及国际音标		汉语拼音	注释
20	次	七	四	清	ㅊ	tsʰɯ	ㅊㅇ	tsʰɯŋ	ci	次第也行師再宿為信過信為次又位次周禮大次若今更衣處也又婦人首飾次第髮長短為之所謂髮髻也又見支韻
21	戲	許	意	曉	ㅎㅣ	xi			xi	嬉也謔也歌也說文三軍之偏也一曰兵也又支模韻
22	意	於	戲	影	ㅎㅣ	ʔi			yi	志意心所嚮也又支陌二韻
23	費	芳	未	非	ㅸㅣ	fi			fei	耗也糜也又見下
24	世	始	制	審	ㅅㅣ	ɕi	ㅅㅣㅇ	ɕiŋ	shi	三十年為一世又當時為世又父子相代為一世
25	掣	尺	制	穿	ㅊㅣ	tɕʰi	ㅊㅣㅇ	tɕʰiŋ	che	掣曳易其牛掣王弼云滯隔不進也又與觢同鄭康成作掣牛角皆踊也又屑韻
26	衁	火	掃	曉	ㅎㅣ	xi			xu	靜也詩閟宮有衁又陌韻
27	閟	必	弊	幫	ㅂㅣ	pi			bi	掩也塞也閟也又屑韻

真韵中共有 405 个韵字。

表 6.2 中真韵诸字俗音出现了与前面平声中相同的情况，俗音的韵尾多出了一个日母成为韵尾，音节结尾的读音成为[ŋ]。这种变化在平声的支韵与上声的纸韵中均出现过。由此可见，支、纸、真韵诸字融合了当时的北京话后，新的官话音产生了儿化音，这也是明朝迁都后形成的新官话读音体系的例证。

与嘉靖本对比，发现了大量在嘉靖本算作小韵而《译训》不算的韵字：

（1）嘉靖本中的小韵"熾"，昌制切，在《译训》中不算作小韵，如图 6.1 所示。

图 6.1 小韵"燨"在《洪武正韵译训》与嘉靖版《洪武正韵》中的对比

（2）嘉靖本中的小韵"笇"，相吏切，在《译训》中不算作小韵。

（3）嘉靖本中的小韵"制"，征例切，在《译训》中不算作小韵。

（4）嘉靖本中的小韵"詣"，倪制切，在《译训》中不算作小韵。

（5）嘉靖本中的小韵"曳"，以制切，在《译训》中不算作小韵。

（6）嘉靖本中的小韵"医"，于计切，在《译训》中不算作小韵。

（7）嘉靖本中的小韵"彎"，兵臂切，在《译训》中不算作小韵。

（8）嘉靖本中的小韵"臂"，必辔切，在《译训》中不算作小韵。

霁韵包含 14 个小韵，其中有标注俗音的 2 个，有附注读音说明的 1 个，具体见表 6.3。

表6.3 三霁韵文字转写表

序号	小韵	反切上字	反切下字	字母	谚文注音及国际音标		俗音及国际音标		汉语拼音	注释
1	霁①	子	計	精	졔	tsje	지	tsi	ji	雨止漢魏相霁威嚴唐太宗霁威義如雨止也
2	劑	才	詣	從	쪠	dzje			ji	分劑亦作齊又支韻
3	細	思	計	心	셰	sje			xi	小也微也密也
4	切	七	計	清	쳬	tsʰje			qie	衆也大凡也又屑韻
5	帝	丁	計	端	뎨	tje			di	帝王君也諦也上帝天之神也
6	替	他	計	透	톄	tʰje			ti	代也廢也滅也委靡也又屑韻
7	第	大	計	定	뗴	dje			di	第宅孟康曰有甲乙次第故曰第也亦作弟又次第亦作弟又但也酈食其傳第言之亦作弟本从竹从弟今省作第
8	利	力	地	來	례	lje			li	宐也通也銛也利澤也順易也財用也功用也
9	器	去	冀	溪	켸	kʰje			qi	說文皿也亦作器
10	計	吉	詣	見	계	kje			ji	籌策又筭也會計也又姓又最簿漢制郡國歲時上計師古曰計若今諸州之計帳
11	泥	乃	計	泥	녜	nje			ni	泥濘也執不通也又齊薺二韻
12	系	胡	計	匣	쪠	ɣje			xi	緒也繼也聯屬也亦作繫係
13	寐	彌	計	明	몌	mje	믜	muj	mei	寢也臥也息也寐者眛也目閉神藏莊子其寐也魂交
14	滯	直	例	牀	쪠	dzje			zhi	凝也積也淹也留也廢也止也通作躓

霁韵中共有 190 个韵字。

两处俗音注音反映了韵母上的变化。正音中的[je]在两个俗音注音中分别变为两种不同的读音:小韵 1 中俗音简化为[i],这样的变化在第四章平声部分的齐韵与上声部分的荠韵都出现过,已经进行了分析;而小韵 13 的俗音中却变为[ɯj],在齐、荠两韵中的明母后都未发生此种变化,结合《广韵》《礼部韵略》中反切下字"二"来看,小韵"寐"本身的读音在官话音的发展中就已经出现了变化,《中州音

---

①《洪武正韵译训》中对小韵"霁"有附注读音说明"韻中諸字中聲同說見齊韻"。

韵》中记载"寐"为"忙背切",可见"寐"的读音到了 16 世纪初期[①],在官话音中已经变为[ɯj]。

在与嘉靖本对比,同样发现了多个嘉靖本算作小韵而《译训》不算的韵字。

(1)嘉靖本中的小韵"地",徒利切,在《译训》中不算作小韵,如图 6.2 所示。

图 6.2　小韵"地"在《洪武正韵译训》与嘉靖版《洪武正韵》中的对比

(2)嘉靖本中的小韵"麗",力霁切,在《译训》中不算作小韵。

(3)嘉靖本中的小韵"契",去计切,在《译训》中不算作小韵。

(4)嘉靖本中的小韵"寄",吉器切,在《译训》中不算作小韵。

---

① 根据张竹梅在《中州音韵研究》(中华书局,2008 年版,第 1 页)中的介绍,中州音韵成书约在 15 世纪与 16 世纪之交。

第二节　去声卷十一

《洪武正韵译训》去声卷十一包含御、暮、泰、队、震 5 个大韵，合计 164 个小韵，其中标注了俗音的有 14 个，但仅有 1 个读音说明，共收录 1157 个韵字。

御韵包含 19 个小韵，具体见表 6.4。

表 6.4　四御韵文字转写表

序号	小韵	反切上字	反切下字	字母	谚文注音及国际音标		俗音及国际音标		汉语拼音	注释
1	御	魚	據	疑	유	ŋju			yu	侍也撫也統也進也使也幸也用也御馬也亦作馭又步挽輦車詩徒御不驚又止也扞也亦作禦又勸侑曰御禮記御食於君又凡衣服被於體飲食適於口嬪妾接於寢器物用於手皆曰御又天子所止謂之御前書曰御書服曰御服皆取統御四海之義又語禡二韻
2	飫	依	據	影	유	ʔju			yu	燕食亦作醼說文飽也亦作饇从食从夭舊从大誤
3	豫	羊	茹	喻	유	ju			yu	卦名逸也遊也悅也安也猒也樂也怠也猶豫也早也先也通作預與豫本獸名象屬故字从象
4	孺	而	遇	日	슈	ŋju			ru	稚也屬也長也爾雅屬也說文乳子也一曰輸也尚小也从子需聲
5	去	區	遇	溪	큐	kʰju			qu	來去相去去就離去之去又魚語二韻
6	據	居	御	見	규	kju			ju	依據也引援也按也拒守也亦作据
7	懅	忌	遇	群	뀨	kju			ju	鷹隼視失守貌亦作懼又魚韻
8	絮	息	據	心	슈	sju			xu	敝緜一曰繰餘為絮不繰為緜
9	覷	七	慮	清	츄	tsʰju			qu	伺視
10	怚	將	豫	精	쥬	tsju			ju	驕也

序号	小韵	反切上字	反切下字	字母	谚文注音及国际音标		俗音及国际音标		汉语拼音	注释
11	聚	族	遇	從	ᄍ	dzju			ju	會也萃也斂也又邑落曰聚漢平帝立學官聚曰序顏師古曰聚小於鄉音才喻切又聚之辨在語韻
12	恕	商	豫	審	ᄸ	ɕju			shu	以己體人曰恕論語子貢問曰有一言而可以終身行之者乎子曰其恕乎己所不欲勿施於人
13	樹	殊	遇	禪	ᄽ	zju			shu	生植之總名也
14	處	昌	據	穿	ᅕ	tɕʰju			chu	所也又語韻
15	著	陟	慮	照	ᅐ	tɕju			zhu	明也章也紀述也亦作箸又朝內列位曰表著又見下又魚語藥三韻
16	筯	治	據	牀	ᄍ	dzju			zhu	梜也亦作箸
17	噓	許	御	曉	ᅘ	xju			xu	吹噓見廣韻韓愈元和聖德詩柴燎噓呵音去聲又魚韻
18	慮	良	據	來	ᄙ	lju			lü	謀思也憂也疑也又總計曰亡慮前漢書注師古曰舉凡之言無非思慮而大計增韻猶言多少如是無疑也又姓也
19	女	尼	據	泥	ᄂ	nju			nü	以女妻人又語韻

御韵中共有 161 个韵字。

由表 6.4 可知，小韵 1 "御" 本身为疑母，但俗音并未将其标注为喻母读音，仍然保留着疑母 [ŋ] 本身的读音，可见在《洪武正韵译训》编写的年代疑母和喻母合流的现象虽然已经开始发生，但疑母、喻母完全合流至少在明初官话音中尚未完成，应是在明中期以后二者的合流才完成。

与嘉靖本进行对比，有如下不同之处：

（1）小韵 1 "御" 的注释中 "統" 字不同，《译训》为 "侍也撫也統也"，嘉靖本为 "侍也撫也統也"，如图 6.3 所示。

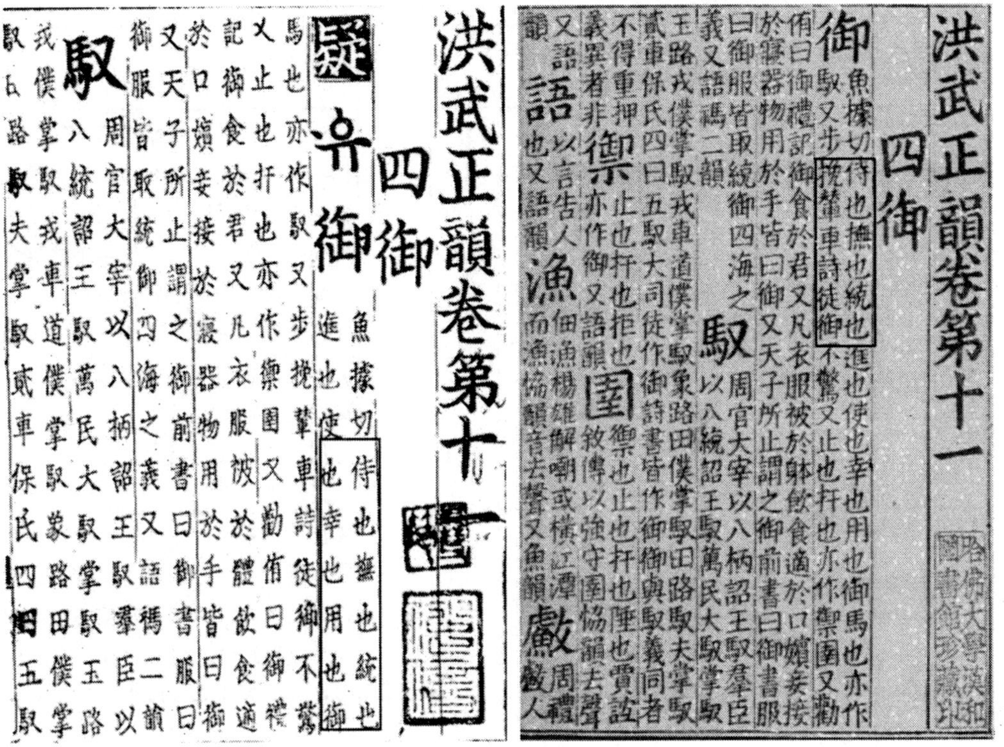

洪武正韻卷第十一

四御

疑 ᅌᅲ 御 魚據切侍也撫也統也進也使也幸也用也御馬也亦作馭又步挽輦車詩徒御不驚又止也扞也亦作禦圉又勸侑曰御禮記御食於君又凡衣服被於體飲食適於口嬪妾接於寢器物用於手皆曰御又天子所止謂之御前書曰御書服曰御服皆取統御四海之義又語禡二韻

馭 周官大宰以八柄詔王馭羣臣以八統詔王馭萬民大馭掌馭玉路戎僕掌馭戎車道僕掌馭象路田僕掌馭田路馭夫掌馭貳車保氏四曰五馭

洪武正韻卷第十一

四御

御 魚據切侍也撫也統也進也使也幸也用也御馬也亦作馭又步挽輦車詩徒御不驚又止也扞也亦作禦圉又勸侑曰御禮記御食於君又凡衣服被於躰飲食適於口嬪妾接於寢器物用於手皆曰御又天子所止謂之御前書曰御書服曰御服皆取統御四海之義又語禡二韻

馭 周官大宰以八柄詔王馭羣臣以八統詔王馭萬民大馭掌馭王路戎僕掌馭戎車道僕掌馭象路田僕掌馭田路馭夫掌馭貳車保氏四曰五馭大司徒作御詩書皆作御御與馭義同者不得重押義異者非

禦 止也扞也拒也亦作御又語韻

圉 禦也止也扞也陲也賈誼敔傳以強守圉協韻去聲又語韻

語 以言告人也又語韻

漁 佃漁楊雄解嘲或橫江潭而漁協韻音去聲又魚韻

戲 周禮戲人

图 6.3　小韵“御”在《洪武正韵译训》与嘉靖版《洪武正韵》中的对比

（2）小韵 12“恕”注释中“體”字不同，《译训》是“以己體人”，嘉靖则是“以己躰人”。

暮韵包含 26 个小韵，具体见表 6.5。

表 6.5　五暮韵文字转写表

序号	小韵	反切上字	反切下字	字母	谚文注音及国际音标		俗音及国际音标		汉语拼音	注释
1	暮	莫	故	明	무	mu			mu	日晚又冥也本作莫
2	鋪	普	故	滂	푸	p^hu			pu	設也陳也賈肆也又魚模二韻
3	布	博	故	幫	부	pu			bu	陳也鋪也又錢別名漢志布於布謂錢之流布廣於布帛也又布帛小爾雅麻紵葛曰布篆文从父从巾今作布

序号	小韵	反切上字	反切下字	字母	谚文注音及国际音标		俗音及国际音标		汉语拼音	注释
4	步	薄	故	並	뽀	bu			bu	徐行又一舉足曰步爾雅堂下謂之步步布也禮所謂堂下布武是也又曰徒鼓瑟謂之步又輦行曰步武成王朝步自周召誥王朝步自周則至于豐畢命王朝步自宗周至于豐皆輦行也後世稱輦車步輦謂人荷而行不駕馬也又水際渡頭曰步又司馬法六尺為步又姓又災害馬之神周禮校人冬祭馬步从止从少反止為少音他達切蹈也今文作少从少誤
5	素	蘇	故	心	수	su			su	質素又情素又白也徒也又故舊平常曰雅常所踐履曰素履又徒行曰素行又與傃同中庸曰素其位而行謂安其常分而行也又霍光傳注菜食無肉曰素食鄭康成解喪服素食曰平常之食失之矣又白練曰素又衣物無飾曰素禮喪物尚素又器皿梡桊之朴曰素从主从糸
6	措	倉	故	清	추	tsʰu			cuo	處置也安著也施布也又委置也亦作厝通作錯
7	祚	靖	故	從	쭈	dzu			zuo	位也祿福也說文作胙
8	作	臧	祚	精	주	tsu			zuo	造為也後漢廉范傳廉叔度來何暮不禁火民安作平生無襦今五袴又見簡藥二韻
9	助	狀	祚	牀	쭈	dzu			zhu	益也佐輔也勵也求也嚴也相也
10	詛	莊	助	照	주	tɕu			zu	呪詛亦作誻又語韻
11	妒	都	故	端	두	tu			du	妬色詩作妬
12	度	獨	故	定	뚜	du			du	過也則也分寸丈尺引曰五度又與渡同賈誼曰度江河亡維楫又藥韻
13	兔	土	故	透	투	tʰu			tu	獸名亦作菟

序号	小韵	反切上字	反切下字	字母	谚文注音及国际音标		俗音及国际音标		汉语拼音	注释
14	路	魯	故	來	루	lu			lu	一達謂之道路又大也車也又姓又羸瘠也勞弊也孟子是率天下而路也又頽圮貌荀子田疇穢都邑路注路謂無城都牆垣尋此二義皆謂露現古露字也又藥韻
15	怒	奴	故	泥	누	nu			nu	恚也憤也又姥韻中庸喜怒哀樂之未發謂之中詩大雅王赫斯怒孟子文王一怒而安天下之民並無音唯衛風逢彼之怒釋文云怒協韻乃故反是正音上聲又音去聲合於二韻通用
16	護	胡	故	匣	후	ɣu			hu	擁全之也救視也又與濩同荀子武象起而韶護廢上从艹非从卄也俗作護
17	謼	荒	故	曉	후	xu			hu	號謼又模韻
18	庫	苦	故	溪	쿠	kʰu			ku	貯物舍
19	顧	古	慕	見	구	ku			gu	迴也又眷也又姓亦作顧又與雇同漢平帝紀女子犯罪出顧山錢龜錯傳斂民財以顧其功顏師古曰顧讎也若今言雇賃也又思念也漢志贊顧古為之有數又賈誼傳足居上首顧居下顏師古顧亦反也言如人反顧然唐書顧不諒哉又韋顧二國名
20	汙	烏	故	影	후	ʔu			wu	羽清音說文薉也从水于聲一曰小池為汙廣韻又染也集韻或作洿湛
21	誤	五	故	疑	우	ŋu			wu	謬也亦作悞又惑也荀子誤於亂說
22	疏	所	故	審	수	ɕu			shu	條陳又記注也又模韻俗作疏
23	楚	創	故	穿	추	tɕʰu			chu	木名又心利又辛痛又語韻
24	赴	芳	故	非	부	fu			fu	奔也至也趨就也
25	附	防	父	奉	뿌	vu			fu	寄也依也麗也又益也亦作坿又轉附山名又肺附心脅田蚡以肺附為相劉向得託肺附衛青傳注肺附謂親戚也若身之於心脅也亦作肺附麗字亦作傅

续表

序号	小韵	反切上字	反切下字	字母	谚文注音及国际音标		俗音及国际音标		汉语拼音	注释
26	務	亡	暮	微	무	ɱu			wu	事務也專力於事也強也遽也趣也又語韻

暮韵中共有 168 个韵字。

韵中诸字读音与普通话基本一致，值得注意的仍是非、奉合流的现象。

与嘉靖本对比，并无反切、注释等方面的不同。

泰韵包含 33 个小韵，其中有标注俗音的 5 个，有附注读音说明的 1 个，具体见表 6.6。

表 6.6　六泰韵文字转写表

序号	小韵	反切上字	反切下字	字母	谚文注音及国际音标		俗音及国际音标		汉语拼音	注释
1	泰①	他	蓋	透	태	tʰɛ			tai	卦名通也寬也安也大也過也極也甚也侈也爾雅丘石陵曰泰西風謂之泰時作大風
2	代	度	耐	定	때	dɛ			dai	世也更也替也國名郡名
3	帶	當	蓋	端	대	tɛ			dai	紳也又繫帶凡衣物結束皆有帶又蛇別名莊子蚰蛆甘帶說文男子繫革婦人繫絲象繫佩之刑帶有巾故从巾
4	大	度	奈	定	때	dɛ	따	dɐ	da	小大之對
5	賴	落	蓋	來	래	lɛ			lai	恃也國名又姓也又讎也南楚之外曰賴秦晉曰讎又利也無利入於家曰亡賴又顧藉也
6	奈	尼	帶	泥	내	nɛ			nai	果名徐鍇韻譜云俗別作奈非
7	菜	倉	代	清	채	tsʰɛ			cai	蔬也亦作采菜采義異者分押
8	蓋	居	大	見	개	kɛ			gai	覆也掩也苫也車蓋也張帛也又大率也發語端也俗作盖又合韻
9	愛	於	蓋	影	해	ʔɛ			ai	慕也憐也恩也寵也好樂也說文行貌

---

① 《洪武正韵译训》中对小韵"泰"有附注读音说明"韻內中聲卜音諸字其聲稍深宜讀以卜·之間讀之唯唇印正齒音直以卜呼之韻中諸字中聲同說見皆韻"。

续表

序号	小韵	反切上字	反切下字	字母	谚文注音及国际音标		俗音及国际音标		汉语拼音	注释
10	艾	半	蓋	疑	애	ŋɛ			ai	草名可灸又老也熟也曲禮五十曰艾詩或肅或艾爾雅艾歷也郭璞曰長者多更歷也又云頤艾育養也方言汝潁梁宋之間謂養為艾又曰東齊魯衛之間凡尊長謂之傁或謂之艾屈原九歌竦長劔兮擁幼艾注艾長也幼艾猶言少長也又美好也孟子知好色則慕少艾又過半也詩夜未艾又息也左傳方興未艾又養也安也詩保艾爾後又懲創也魏相傳無所懲艾又艾狘牡豬亦作犾又霽韻
11	害	下	蓋	匣	해	ɣɛ			hai	傷也嫉也忌也好也不利也又曷韻中从乑乑音害
12	外	五	塊	疑	왜	ŋwɛ			wai	表也遠也疏斥也霍光傳盡外我家
13	嘅	於	邁	影	해	ʔɛ			sha	氣逆老子終日號而嗌不嘎又禡韻
14	慨	丘	蓋	溪	캐	kʰɛ			kai	忼慨竭誠貌太史公曰婢妾賤人感慨而自殺者非能勇也徐廣曰或作概音同
15	再	作	代	精	재	tsɛ			zai	兩也重也
16	在	作	代	從	째	dzɛ			zai	所也存也察也又解韻
17	嘬	楚	邁	穿	채	tɕʰɛ			chuai	一舉盡臠禮記毋嘬炙又齧也孟子蠅蚋姑嘬之
18	戒	居	拜	見	개	kjɛ	계	kje	jie	刺也警也謹也備也具也防患曰戒亦作誡
19	隘	烏	懈	影	해	ʔjɛ			ai	陋也陜也險也亦作阨阸又陌韻
20	睚	牛	懈	疑	애	njɛ	애	jɛ	ya	怒視又目際亦作厓又陌韻
21	鞢	口	戒	溪	캐	kʰjɛ	켸	kʰje	kai	鼓名亦作揩
22	派	普	夬	滂	패	pʰɛ			pai	水分流古作辰俗作派或作泒非泒音孤水名

序号	小韵	反切上字	反切下字	字母	谚文注音及国际音标		俗音及国际音标		汉语拼音	注释
23	拜	布	怪	幫	배	pɛ			bai	拜手手至地禮記拜服也稽首服之甚也从兩手从丅丅古下字篆文作撵今作拜鄭康成曰拜而後稽顙曰吉拜稽顙而後拜曰凶拜婦人吉事肅拜凶事手拜荀子平衡曰拜下衡曰稽首至地曰稽顙注平衡謂磬折首與要平又拔也詩勿翦勿拜亦作扒
24	敗	薄	邁	並	빼	bɛ			bai	敗壞敗北穨毀也破也彫也肉臭壞也又虛羸也荀子曰孟子惡敗而出妻義與憊相近
25	賣	莫	懈	明	매	mɛ			mai	鬻物中从回與网同
26	曬	所	賣	審	새	ʂɛ			shai	暴也又寘韻
27	塞	先	代	心	새	sɛ			sai	隔也邊界也又陌韻
28	怪	古	壞	見	괘	kɛ			guai	異也奇也楊倞曰非常之事曰怪亦作恠
29	砦	助	邁	牀	째	dzɛ			zhai	木柵又壘也亦作寨柴
30	債	側	賣	照	재	tɕɛ			zhai	負也亦作責又陌韻
31	快	苦	夬	溪	괘	kʰwɛ			kuai	稱意又爽快又急疾也
32	械	下	戒	匣	햬	ɣjɛ	혜	ɣje	xie	器具又桎梏三蒼云械摠名也說文云無所盛曰械
33	壞	萆	賣	匣	괘	ɣwɛ			huai	物自敗

泰韵中共有 242 个韵字。

表 6.6 中泰韵中出现的俗音标注，除了反映疑母、喻母合流现象外，同上声解韵一样，小韵中正音的半开前元音[jɛ]的读音在俗音中变为半闭前元音[je]，发生了小变化，但普通话的/ie/（音标为[iɛ]）并未继承俗音的读音，反而继续使用了正音的读音。

此外，小韵 4 "大"的俗音为[dɐ]或者说[da]，在此之前，《广韵》《集韵》《韵略》中皆读为[dɛ]，而传统的拟音中一直是按照正音构建的，此处的俗音注音为[da]表示从明朝开始对于"小之对"的"大"字，官话音开始读为[da]，而这种变化一直沿袭至今，普通话中"大小"的"大"字正是读作[da]。

与嘉靖本对比，亦有多处不同：

（1）嘉靖本中的小韵"戴"，丁代切，在《译训》中不算作小韵，如图 6.4 所示。

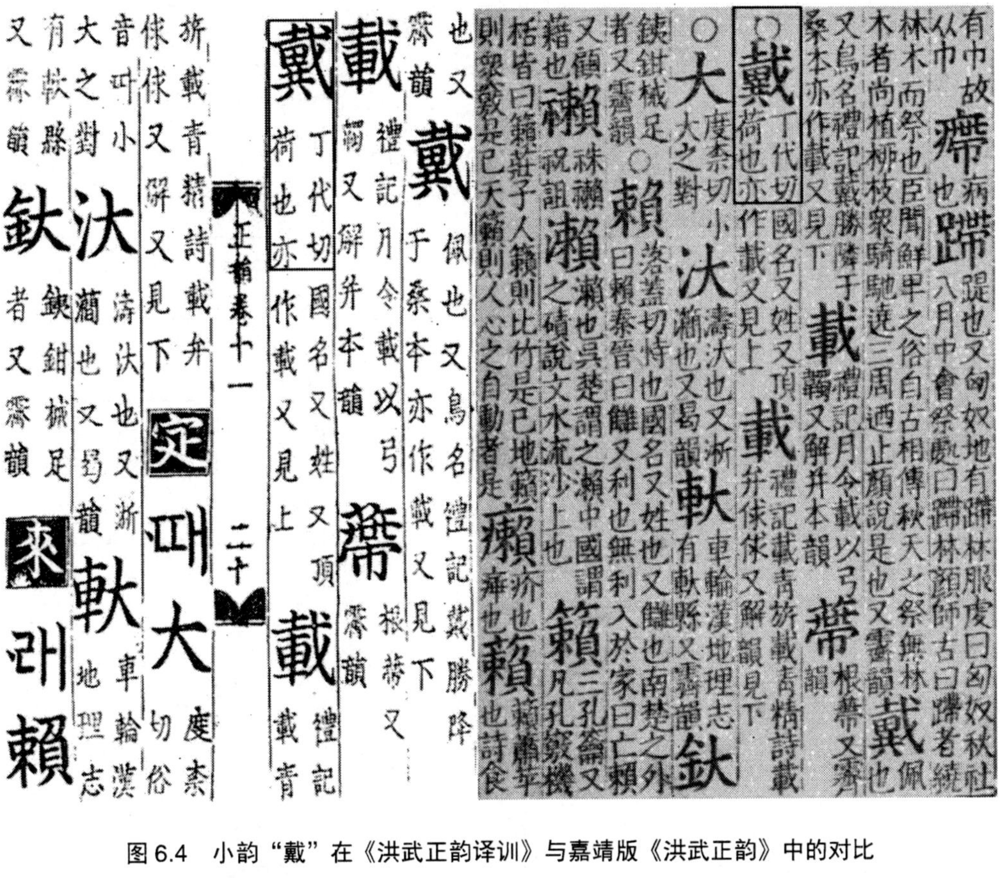

图 6.4　小韵"戴"在《洪武正韵译训》与嘉靖版《洪武正韵》中的对比

（2）嘉靖本中的小韵"徕"，洛代切，在《译训》中不算作小韵。

（3）嘉靖本中的小韵"瘥"，楚懈切，在《译训》中不算作小韵。

（4）小韵 10"艾"反切上字不同，《译训》是"半盖切"，嘉靖本是"牛盖切"。

（5）小韵 16"在"反切上字不同，《译训》是"作代切"，嘉靖本是"昨代切"。

（6）小韵 23"拜"，注释中间部分，《译训》是"从两手从丁丁古下字"，嘉靖本是"从两手从下下古下字"。

（7）小韵 25"賣"，注释不同，《译训》为"从回與网同"，嘉靖本为"从罒與网同"。

队韵包含 34 个小韵，其中有标注俗音的 5 个，具体见表 6.7。

表 6.7 七队韵文字转写表

序号	小韵	反切上字	反切下字	字母	谚文注音及国际音标		俗音及国际音标		汉语拼音	注释
1	隊	杜	對	定	뒤	dwi			dui	輩也又賄實二韻
2	對	都	內	端	뒤	twi			dui	遂也答也當也配也應也古作對漢文帝以為言多非誠故去其口從上從举從寸今作對又質韻
3	退	吐	內	透	튀	tʰwi			tui	卻也亦作逯
4	類	力	遂	來	뤼	lwi			lei	善也法也等也種類也肖似也說文種類相似唯犬為甚故從犬
5	配	滂	佩	滂	퓌	pʰwi	피	pʰui	pei	侑也對也合也匹也又品配又流刑隸也
6	斾	步	昧	並	쀠	bwi	쁴	bui	pei	旗也繼旐曰斾亦作沛茷左傳云以兵車之斾與罕駟車先陳杜曰斾先驅車也
7	背	邦	妹	幫	뷔	pwi	븨	pui	bei	身北曰背又堂北曰背又負也又見上
8	妹	莫	佩	明	뮈	mwi	믜	muui	mei	女娣又與沬同又邑名水名書明大命于妹邦
9	歲	須	銳	心	쉬	swi			sui	年歲說文曰木星也從步從戌越歷二十八宿宣徧陰陽十二月一次釋名歲越也越故限也楚辭獻歲發春獻進也爾雅春為發生言新歲進而發生也後漢馮衍顯志賦開歲發春章懷大子曰開發皆始也爾雅夏曰歲郭璞曰取歲星行一次也木星謂之歲星與年謂之歲義實相因以其一年行一次十二次而周天故曰歲星此星行一次而四時之功畢故年謂之歲從步者躔度之行可推步也從戌者木星之精生於亥自亥而行至戌而周天戌與歲亦諧聲俗作嵗

续表

序号	小韵	反切上字	反切下字	字母	谚文注音及国际音标		俗音及国际音标		汉语拼音	注释
10	遂	徐	醉	邪	쒸	zwi			sui	成也就也因也繼也从也又周禮五縣為遂鄭司農曰百里外曰六遂遂人主之左傳僖四年遂伐楚杜預曰遂兩事之辭又因循也荀子小事殆乎遂亦作術又擅成事也公羊傳大夫無遂事易無攸遂
11	翠	七	醉	清	쵸ㅣ	tsʰwi			cui	鳥名赤羽曰翡青羽曰翠翠小如燕毛青黑色翎深青有光彩飛水上食魚翡大如鳩毛紫赤翎點點青不深無光彩林棲不食魚今俗呼□亦曰翡翠杜甫詩以翡翠對鵁鶄是也又翡翠碧玉能屑金韓愈詩以翡翠對琉璃是也又尾肉曰翠內則舒鳧翠
12	萃	秦	醉	從	쯰	dzwi			cui	卦名聚也
13	潰	胡	對	匣	쌩ㅣ	ɣwi			kui	逃散也亂也左傳民逃其上曰潰杜預曰眾散流移若積水之潰又遂也詩是用不潰于成又曰草木潰茂
14	誨	呼	對	曉	휘	xwi			hui	曉教也
15	慧	胡	桂	匣	쌩ㅣ	ɣwi			hui	性通解也妍也了也曉點也亦作惠
16	叡	于	芮	喻	위	wi	쉬	ŋwi	rui	深明通達亦作睿睿
17	汭	儒	稅	日	쉬	ŋwi			rui	水相入也孔安國注禹貢曰水北曰汭杜預注左傳曰水之隈曲曰汭又曰水曲流為汭亦作芮
18	儈	古	外	見	귀	kwi			kuai	會合市人牙儈也从胃誤
19	貴	居	胃	見	귀	kwi			gui	尊也位高也貴賤之反
20	匱	具	位	群	뀌	gwi			kui	乏也竭也匣也
21	墜	直	類	牀	쮸ㅣ	dzwi			zhui	隕落亦作隊隧

序号	小韵	反切上字	反切下字	字母	谚文注音及国际音标		俗音及国际音标		汉语拼音	注释
22	穢	烏	胃	影	퀴	ʔwi			hui	惡也污也又荒也蕪也亦作薉濊俗从歲下同
23	胃	于	位	喻	위	wi			wei	穀府亦作胃胃字下从月傍旁肉字也加月於其旁後人妄添耳
24	魏	魚	胃	疑	위	ŋwi			wei	國名又姓又象魏觀闕也象者法象也魏者高巍也魯人因謂教令之書為象魏左傳哀三年命藏象魏又支韻
25	惴	之	瑞	照	쥐	tɕwi			zhui	憂懼
26	吹	蚩	瑞	穿	취	tɕʰwi			chui	噓之也又鼓吹也凡吹笛簫成音者皆謂之吹月令入學習吹爾雅徒吹謂之和又支韻
27	瑞	殊	偽	禪	쒸	zwi			rui	以玉為信曰瑞周禮春官以玉作六瑞以等邦國王執鎮圭公執桓圭侯執信圭伯執躬圭子執穀璧男執蒲璧又典瑞掌王瑞玉器之藏注人執以見曰瑞禮神器曰瑞符信也又嘉祥符應曰瑞
28	稅	輸	芮	審	쉬	ɕwi			shui	征稅租也又稅駕脫鞍憩息也班固敘傳稅介免胄謂脫甲冑也又以物遺人曰稅檀弓未仕者不人如稅人則以父兄之命注稅謂遺曰稅檀弓小功不稅予人又曰月以過乃聞喪而服又音娧又翰實二韻
29	諉	女	恚	泥	뉘	nwi			wei	爾雅諉諉累也郭璞曰以言相屬累曰諉諉又賈誼傳尚有可諉蔡謨曰諉記也
30	觖	窺	睡	溪	퀴	kʰwi			jue	怨望又屑韻
31	悸	其	季	群	뀌	gwi			ji	心動又帶下垂貌詩垂帶悸兮
32	喟	丘	媿	溪	퀴	kʰwi			kui	歎息聲亦作喟又實韻

续表

序号	小韵	反切上字	反切下字	字母	谚文注音及国际音标		俗音及国际音标	汉语拼音	注释
33	醉	將	遂	精	쥐	tswi		zui	為酒所酺曰醉說文醉卒也各卒其度量入至於亂也
34	睢	香	萃	曉	휘	xwi		sui	恣睢暴戾矜放貌又支韻

队韵中共有 334 个韵字。

与上声贿韵相同，队韵中小韵读音的声母部分是唇音的，韵母的读音[wi]在俗音中变为[ui]。此外，小韵 16 的正音中声母喻母在俗音中变为日母[n̠]，这一变化亦延续至今。

与嘉靖本对比，有如下不同之处：

（1）嘉靖本中的小韵"尉"，纡胃切，在《译训》中不算作小韵，如图 6.5 所示。

图 6.5 小韵"尉"在《洪武正韵译训》与嘉靖版《洪武正韵》中的对比

（2）嘉靖本中的小韵"帅"，所累切，在《译训》中不算作小韵。

（3）嘉靖本中的小韵"内"，奴对切，在《译训》中不算作小韵。

震韵包含 52 个小韵，其中有标注俗音的 7 个，具体见表 6.8。

表 6.8　八震韵文字转写表

序号	小韵	反切上字	反切下字	字母	谚文注音及国际音标		俗音及国际音标		汉语拼音	注释
1	震	之	刃	照	진	tɕin			zhen	卦名易震為雷謂雷震之所為也縣曰震來虩虩又直謂雷為震也震動也威也懼也起也妊娠也詩載震載夙亦作娠娠又眞韻
2	陣	直	刃	牀	찐	dʑin			zhen	行列經典作陳楊子音義云古作𨻱佩觿集曰軍陳為陣始於王羲之小學章
3	稕	朱	閏	照	쥰	tɕjun			zhun	束稈
4	刃	而	振	日	신	ȵin			ren	鋒刃又與軔同刀加鉅為刃象形俗作刄
5	閏	儒	順	日	슌	ȵjun			run	餘分附月也周禮注於文王在門謂之閏是以禮閏月詔王居門
6	憖	魚	僅	疑	인	ŋin	인	in	yin	問也恭謹也強也傷也且也閑也詩不憖遺一老注強也方言傷也楚穎之間謂之憖又發語音左傳憖使吾君聞以為快又缺也文十二年皆末憖
7	孕	羊	進	喻	인	in			yun	懷孕
8	印	衣	刃	影	힌	ʔin			yin	刻文合信也小爾雅璽謂之印漢官儀諸王侯黃金印橐鈕文曰寶列侯黃金印龜鈕文曰章御史大夫金印紫綬文曰章中二千石銀印龜鈕文曰章千石至四百石皆銅印文曰印

序号	小韵	反切上字	反切下字	字母	谚文注音及国际音标		俗音及国际音标		汉语拼音	注释
9	慎	時	刃	禪	찐	zin			shen	从心从眞心眞為慎說文謹也从中奎草為日暵也徐曰慎不鹵莽也古亦作脊前漢紀海外肅脊莫不賀又史記虞卿傳王脊勿予
10	儐	必	刃	幫	빈	pin			bin	導也通作擯古者諸侯自相為賓之禮各有副賓副曰介主副曰擯又陳也詩擯爾籩豆
11	奔	逋	悶	幫	분	pun	븐	pun	ben	奔走湊集也又眞山二韻
12	信	思	晉	心	신	sin			xin	誠信愨實也不疑也不差爽也於文人言為信又左傳再宿為信孟子有諸己之謂信又眞韻
13	峻	須	閏	心	쓘	sjun			jun	高也險峭也嚴急也速也亦作埈駿又見下
14	殉	松	閏	邪	쓘	zjun			xun	偶人送死亂世以人從葬檀弓不殆於用殉乎哉又從也孟子以身殉道以道殉身又營也求也
15	巽	蘇	困	心	쓘	sun			xun	卦名入也順也柔也卑也亦作巺俗作㢲
16	晉	即	刃	精	진	tsin			jin	卦名進也晝也國名又姓又與搢同周官田僕凡田王提馬而走諸侯晉大夫馳注晉謂抑也抑之正奔也
17	盡	齊	進	從	찐	dzin			jin	竭也又軫韻
18	俊	祖	峻	精	쥰	tsjun			jun	智過千人曰俊楚辭注千人才為俊北史蘇綽進萬人之秀曰俊又大而敏也亦作儁㑺
19	焌	祖	寸	精	쥰	tsun			jun	然火周禮遂歃其焌又質韻
20	燼	徐	刃	邪	씬	zin			jin	火餘燭餘又遺民曰燼左傳靡自有鬲氏收二國之燼以滅浞而立少康

序号	小韵	反切上字	反切下字	字母	谚文注音及国际音标		俗音及国际音标		汉语拼音	注释
21	親	寸	遴	清	친	tsʰin			qin	左傳庶人工商各有分親注以親疏為分別釋文有平去兩音今世謂姻家為親家又眞韻
22	薣	初	覲	穿	츤	tɕʰun			qin	本槻亦作槻
23	趁	丑	刃	穿	친	tɕʰin			chen	踐也逐也亦作趂陸機文賦舞者趁節以披袂又銑韻
24	吝	良	刃	來	린	lin			lin	悔吝文鄙吝易屯六三往吝謂不知幾冒險而往以自取窮可鄙賤也又羞吝恆卦九三或承之羞正吝家人九三婦子嘻嘻終吝皆謂可羞吝易坤為吝論語出納之吝謂之有司皆謂靳惜也又恨也噬嗑六三小吝無咎謂小有悔恨也亦作恡恪傳
25	論	盧	困	來	룬	lun			lun	論議也辨論也又眞韻
26	菣	去	刃	溪	킨	kʰin			qin	香蒿亦作䕔又霰韻
27	釁	許	刃	曉	힌	xin			xin	血祭亦作衅興牲血塗器曰釁血者幽陰之物釁用血蓋所以厭變怪禦妖釁也禦妖釁而謂之釁猶治亂曰亂也周禮天府上春釁寶鎮及寶器注釁謂殺牲以血畔之大祝隋釁謂薦血也凡血祭曰釁又罅隙曰釁或謂器成必有釁隙殺牲取血塗其釁隙以厭除不祥因謂之釁又爭端曰釁謂瑕隙也亦作疊又賈誼傳釁面吞炭鄭曰釁漆面以易貌顏曰釁熏也以毒熏入之也
28	僅	具	吝	群	낀	gin			jin	少也略也纔也劣也亦作廑廑懂又眞韻

续表

序号	小韵	反切上字	反切下字	字母	谚文注音	及国际音标	俗音	及国际音标	汉语拼音	注释
29	舜	輸	閏	審	슌	ɕjun			shun	有虞氏號張晏曰仁聖盛明曰舜舜之言充也說文艸也楚謂之蕦秦謂之蔓
30	順	食	閏	禪	쓘	zjun			shun	不逆也和也從也詩克順克比左傳慈惠徧服曰順
31	問	文	運	微	뭉	ɱjun	믄	ɱjun	wen	訊也聘也又問遺論語問人於他邦謂因問遺物又聲問匡衡傳淑問揚乎彊外與聞同
32	分	房	問	奉	뿡	vun	뿐	vuun	fen	名分也分劑也禮記分毋求多荀子分分兮其有終始也又眞軫二韻
33	捃	居	運	見	균	kjun			jun	拾也取也亦作攈擽又軫韻
34	郡	具	運	群	꾼	gjun			jun	杜預曰周書作雒篇曰周制天子地方千里分為四縣縣有四郡故春秋傳上大夫受縣下大夫受郡秦初天下置三十六郡以監天下之縣釋名郡羣也人所羣聚也韋昭曰秦漢之制中國為内郡緣邊障塞者為外郡
35	醞	於	問	影	훈	ʔjun			yun	釀也又醞藉含蓄亦作溫又軫韻
36	訓	吁	運	曉	훈	jun			xun	教誡也誨也爾雅訓道化道說文義也如某字訓作某義从言川聲徐曰訓者順其意以訓之也又男曰教女曰訓又姓也集韻古作譽又作平聲音熏見眞韻
37	運	禹	慍	喻	윤	jun			yun	行也轉也動也用也又五運五行氣化流轉之名又天造曰運韓愈詩君子法天運又運祚漢高祖筭漢承堯運謂歷數也又國語廣運百圭東西為廣南北為運

续表

序号	小韵	反切上字	反切下字	字母	谚文注音及国际音标		俗音及国际音标		汉语拼音	注释
38	慁	胡	困	匣	뽄	ɣun			hun	憂也擾也悶亂也又污辱也禮記儒有不慁君王范睢傳天以寡人慁先生漢陸賈傳無久慁公為也唐元結傳一第慁子耳義與溷同
39	惛	呼	困	曉	훈	un			hun	不憭又眞韻
40	困	苦	悶	溪	쿤	kʰun			kun	卦名窮也悴也又病甚又倦劇力乏也古文作𡧪
41	噴	普	悶	滂	푼	pʰun	픈	pʰun	pen	鼓鼻也嚏也嘆也又眞韻
42	坌	步	悶	並	뿐	bun	쁜	bun	ben	塵埃也竝也亦作坋相如賦坌入曾宮之嵯峩又軫韻
43	悶	莫	困	明	문	mun	믄	mun	men	煩悶心鬱也亦作懣
44	寸	村	困	明	춘	tsʰun			cun	十粟為分十分為寸十寸為尺家語布指知寸漢志寸者忖也有法度可忖凡法度字皆从寸
45	鐏	祖	悶	精	준	tsun			zun	秘底銳者又子囷切又旱韻
46	頓	都	困	端	둔	tun			dun	下首又貯也次也杜甫詩頓頓食黃魚謂食一次也又壞也左傳襄公四年甲兵不頓昭元年師徒不頓又丘一成曰頓丘詩至于頓丘又陟頓遽也又見下又質韻
47	鈍	杜	困	定	뚠	dun			dun	不利亦作頓
48	嫩	奴	困	泥	눈	nun			nen	弱也
49	褪	吐	困	透	튼	tʰun			tun	卸衣又花謝也
50	恨	下	艮	匣	뽄	ɣun			hen	怨恨
51	艮	古	恨	見	근	kun			gen	卦名堅也止也限也很也
52	硍	苦	恨	溪	큰	kʰun			ken	石有痕曰硍

震韵中共有 252 个韵字。

震韵中的俗音情况同上声的贿韵相似，在唇音后，正音中韵母的读音[un]在俗音中变为[uɯn]，在现代汉语中也沿袭了这种变化，普通话中的读音是/en/（音标为[ən]）。结合前文出现相同情况的大韵来看，真、珍、震韵中正音的韵母[u]在俗音里读作[ɯ]。

此外，小韵 6 的俗音反映了疑母、喻母合流的情况。

与嘉靖本对比，有如下不同之处：

（1）小韵 23 "趫" 的注释中，《译训》是"以披袂"，嘉靖本为"以彼袂"，如图 6.6 所示。

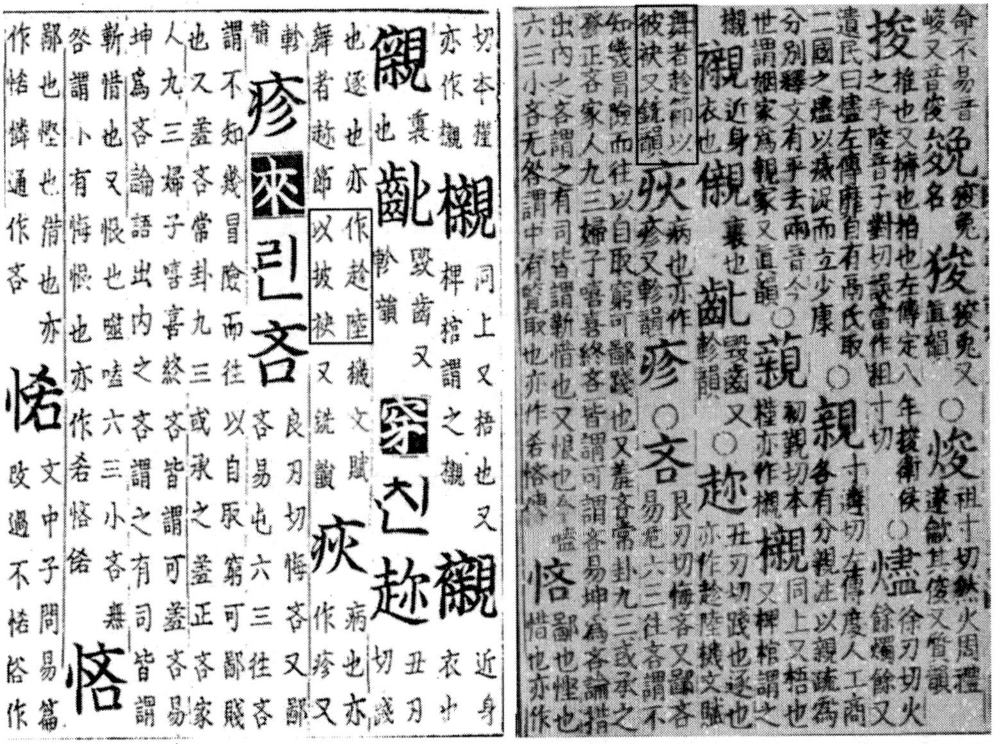

图 6.6　小韵 "趫" 在《洪武正韵译训》与嘉靖版《洪武正韵》中的对比

（2）小韵 24 "吝" 的反切上字不同，《译训》为"良刃切"，嘉靖本为"艮刃切"，从读音来看，嘉靖本应为抄录错误。同时注释中亦有不同，《译训》中是"又恨也噬嗑六三小吝无咎谓小有悔恨也"；嘉靖本则是"又恨也今嗑六三小吝无咎谓中有览取也"。

小韵 44 "寸" 在《译训》中标注为明母，但从谚文注音看应为清母，此处应为抄录错误。

小韵 45 "鐏" 注释中，《译训》为"柲底銳者"，嘉靖本为"祕底銳者"。

第三节　去声卷十二

　　《洪武正韵译训》去声卷十二中包含翰、谏、霰、啸、效、箇 6 个大韵，共计 173 小韵，其中有标注俗音 20 个，有 3 个读音说明，收录了 829 个韵字。

　　翰韵包含 22 个小韵，其中有标注俗音的 12 个，具体见表 6.9。

表 6.9　九翰韵文字转写表

序号	小韵	反切上字	反切下字	字母	谚文注音及国际音标		俗音及国际音标		汉语拼音	注释
1	翰	侯	幹	匣	헌	ɣʌn	한	ɣɛn	han	鳥羽又筆也書詞也高飛也天雞五色羽也又翰也詩維周之翰王后維翰之屏之翰召公維翰有平去二音又寒韻
2	骭	古	汗	見	건	kʌn	간	kɛn	han	井欄又牆版又柄也柘木也亦作幹
3	漢	虛	汗	曉	헌	xʌn	한	xɛn	han	天河詩維天有漢又水名又地名漢中在南鄭沛公封漢王因為國號
4	看	袪	幹	溪	컨	kʰʌn	칸	kʰɛn	kan	視也又寒韻
5	按	於	幹	影	헌	ʔʌn	한	ʔɛn	an	抑也止也據也荀子是提曰是非按曰非又撫也平原君傳毛遂按劍而前鄒陽傳按劍相眄又控也漢文帝按轡徐行又劾也
6	岸	魚	幹	疑	언	ŋʌn	안	ɛn	an	崖也廣韻水涯高者玉篇魁岸雄傑也高也又露頷曰岸漢光武岸幘見馬援又獄也詩宜岸宜獄
7	換	胡	玩	匣	쀈	ɣwʌn			huan	易也从手从側人从宂从廾今文作換

续表

序号	小韵	反切上字	反切下字	字母	谚文注音及国际音标		俗音及国际音标		汉语拼音	注释
8	喚	呼	玩	曉	훤	xwʌn			huan	呼也
9	貫	古	玩	見	권	kwʌn			guan	條貫規繩也累也行也穿也亦作毌又鄉籍也漢書奚必同條者綱目分析也貫者聯絡貫穿也又事也詩三歲貫女又繼也以緡穿錢曰貫又寒諫韻
10	愞	奴	亂	泥	눤	nwʌn			nuo	弱也亦作偄懦需奭又旱銑箇霰韻
11	玩	五	換	疑	원	ŋwʌn	원	wʌn	wan	弄也玉篇玩戲也
12	半	博	漫	幫	붠	pwʌn	번	pʌn	ban	物中分也又普半切大片曰半
13	判	普	半	滂	퐌	pʰwʌn	펀	pʰʌn	pan	剖也分也斷也大弓也又半也周禮媒氏掌萬民之判注判半也得耦爲合主合其半成夫婦也亦作泮牉
14	畔	薄	半	並	뽜	bwʌn	뻔	bʌn	pan	田界亦作泮又與叛同
15	縵	莫	半	明	뭔	mwʌn	먼	mʌn	man	繒無文漢制賜衣縵表白裏又莊子縵者音義云寬心也又曰大恐縵縵音義云齊死生貌又寒諫二韻上从曰曰音冒从日誤
16	筭	蘇	貫	心	숸	swʌn		sʌn	suan	計也數也籌也畫也說文筭長六寸計歷數者也亦作算又旱韻
17	竄	取	亂	清	춴	tsʰwʌn	췬	tsʰwʌn	cuan	逃也漢書奉頭鼠竄又誅放也書竄三苗于三危又藏匿也从鼠在穴中又點竄改易也又容著也
18	鑽	祖	筭	精	줜	tswʌn			zuan	所以穿物又寒韻
19	攅	在	玩	從	쥔	dzwʌn			cuan	聚也
20	鍛	都	玩	端	둰	twʌn			duan	小冶又冶金曰鍛作煅段

续表

序号	小韵	反切上字	反切下字	字母	谚文注音及国际音标	俗音及国际音标	汉语拼音	注释
21	象	杜	玩	定	뙨 dwʌn		tuan	易象王弼曰象者統論一卦之體繫亂象者材也謂明卦中剛柔之材也陸德明曰象斷也玉篇豕走悅也从互互音計彙頭也說文豕頭也象其銳而上見俗作象
22	亂	盧	玩	來	뤈 lwʌn		luan	理也治亂之謂亂又橫流而濟曰亂爾雅正絕流曰亂又煩亂寇亂俗作乱

翰韵中共有 126 个韵字。

由表 6.9 可以看出，翰韵中各小韵的俗音变化与平声中的寒韵相同，主要可以分为两种：

（1）小韵 1—6 的正音里[ʌn]在俗音中读作[an]，这种现象也保留至今，如今的普通话读音是/an/（音标为[an]）。

（2）小韵 11—15 正音中的[wʌn]在俗音中简化为[ʌn]。结合上一种情况可知，官话音在后续的演变中也会发生变化，最终成了汉语拼音中的[an]。

值得注意的是，小韵 17"窜"在俗音中的变化却不同于前，正音中的[ʌn]在俗音中却变为[wʌn]。但它的反切下字为"乱"，结合小韵 22"乱"字的读音，推测该小韵正音的注音出现了讹误。

此外，小韵 6 的俗音声母部分亦反映了疑母、喻母合流现象。

与嘉靖本对比，有两处不同（如图 6.7 所示）。

（1）小韵 20"鍛"的注释中，《译训》为"小治"，嘉靖本则是"小治"，从意义看应为嘉靖本抄录错字。

（2）嘉靖本中的小韵"段"，杜玩切，在《译训》中不算作小韵。

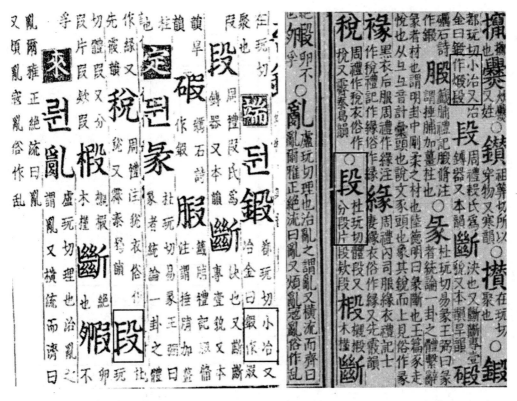

图 6.7　小韵"锻""段"在《洪武正韵译训》与嘉靖版《洪武正韵》中的对比

谏韵包含 31 个小韵，其中有标注俗音的 5 个，有附注读音说明的 1 个，具体见表 6.10。

表 6.10　十谏韵文字转写表

序号	小韵	反切上字	反切下字	字母	谚文注音	及国际音标	俗音 及国际音标	汉语拼音	注释
1	諫①	居	晏	見	간	kjen		jiɑn	直言以悟人也詩箋諫之言于也于君子之意而告之也周禮司諫注諫猶正也以道正人行又規諷也詩主文而譎諫諫从言从柬从東誤

①《洪武正韵译训》中对小韵"諫"有附注读音说明"韻内中聲卜音諸字其聲稍深宜讀以卜·之間讀之唯脣印正齒音直以卜呼之"。

续表

序号	小韵	反切上字	反切下字	字母	谚文注音及国际音标		俗音及国际音标		汉语拼音	注释
2	晏	於	諫	影	햔	ʔjɐn			yan	柔也天清也日旰也揚雄賦天清日晏注晏無雲也如淳注漢志曰三輔人以日出清濟爲晏晏而溫又後漢陳寵疏洪崇晏晏注晏晏溫和也又爾雅云晏晏柔也又詩言笑晏晏注和柔又霰韻
3	慣	古	患	見	관	kwɐn			guan	習也亦作貫串
4	患	胡	貫	匣	똰	ɣwɐn			huan	憂也病也惡也禍也苦也又刪韻
5	襻	普	患	滂	판	pʰɐn			pan	衣系
6	番	甫	患	非	봔	fwɐn	봔	fɐn	fan	數也遞也更也又先歌韻
7	慢	莫	晏	明	만	mɐn			man	惰也怠也倨也易之也忽也不敬也亦作僈謾其上從曰從日誤
8	訕	所	晏	審	산	ʂɐn			shan	謗也亦作姍又刪韻
9	棧	助	諫	牀	짠	dʐɐn			zhan	棚也又產銑韻
10	篡	初	患	穿	촨	tɕʰwɐn			cuan	說文逆而奪取之曰篡從厶算聲又弋取也楊子鴻飛冥冥弋人何篡焉俗本作慕非又奪也逆也
11	骭	下	患	匣	똰	ɣwɐn			gan	骸也又翰韻
12	薍	五	患	疑	완	ŋwɐn	완	wɐn	wan	葼薍玉篇云烏蓲也韓愈詩魚釣老蒷薍
13	粲	倉	晏	清	찬	tsʰɐn			can	爾雅餐也飯也又鮮好貌又優也察也明也又三女爲粲詩作餐漢律婦人坐使釋米使正白爲白粲又笑貌見齒粲然
14	贊	則	諫	精	짠	tsɐn			zan	參也相也佐也助也出也見也頌也篆文作賛後漢書作贊

续表

序号	小韵	反切上字	反切下字	字母	谚文注音及国际音标		俗音及国际音标		汉语拼音	注释
15	瓚	才	賛	從	짠	dzɛn			zan	裸器受五升亦作瓚又產韻漢書注臣瓚不言姓案水經注引薛瓚注漢書是姓薛也
16	炭	他	晏	透	탄	thɛn			tan	燒木未灰
17	憚	杜	晏	定	딴	dɛn			dan	忌難也畏也又旱哿簡曷韻
18	爛	郎	患	來	란	lɛn			lan	燦爛光貌方言自河以北趙魏之間火熟曰爛又寒韻从東誤
19	旦	得	瀾	端	단	tɛn			dan	昧旦早也明也詩信誓旦旦然此謂誓言明白有如曒日之意箋云我其以信誓旦旦耳言其懇惻款誠又眞韻
20	散	先	諫	心	산	sɛn			san	離析之也分離也布也說文離肉也又飲器禮記賤者獻以散鄭康成曰五升曰散孔穎達曰散者訕也飲不自節爲人謗訕也又寒旱韻
21	腕	烏	貫	影	원	ʔwɛn			wan	手腕亦作捥掔掔
22	鴈	魚	澗	疑	얀	ŋjɛn	얀	jɛn	yan	隨陽鳥大曰鴻小曰鴈
23	難	乃	旦	泥	난	nɛn			nan	阻也患也阨也寇也憂也臨難毋苟免又寒歌韻
24	鏟	初	諫	穿	찬	tɕhɛn			chan	平木鐵器又韜也損削也唐史捏光鏟彩又產韻
25	瓣	備	莧	並	빤	bɛn			ban	瓜中實廣韻瓜瓠瓣蓋瓜之觚瓤又刪韻
26	盼	匹	襇	滂	판	phɛn			pan	顧也視也亦作眄
27	綻	丈	襇	牀	짠	dzɛn			zhan	衣縫解禮記內則衣裳綻裂紉箴請補綴又縫補綻裂曰綻亦作祖袒
28	莧	狹	襇	匣	햔	ɣjɛn			xian	菜名又霰韻
29	販	方	諫	非	쀤	fwɛn	쀤	fen	fan	買賤賣貴亦作反
30	飯	符	諫	奉	쀤	vwɛn	쀤	vɛn	fan	炊穀熟曰飯亦作餅又銑韻

续表

序号	小韵	反切上字	反切下字	字母	谚文注音及国际音标		俗音及国际音标		汉语拼音	注释
31	萬	無	販	微	꿘	ŋwen			wan	十千亦作万左傳萬盈數也漢志愆於萬又萬舞又蟲名又姓

谏韵中共有 125 个韵字。

表 6.10 中正音[wen]在俗音中简化为[en]，如今普通话中的[an]读音与其相一致。这种简化情况与前文中的平声删韵相同。

此外，小韵 22 的俗音反映了疑母、喻母合流现象，而小韵 29 和 30 的声母与现代汉语拼音对比可以看出非、奉合流现象。

在与嘉靖本对比，发现两处不同：

（1）小韵 4 "患" 反切字不同，《译训》为 "胡貫切"，嘉靖本为 "胡慣切"，如图 6.8 所示。

图 6.8　小韵 "患" 在《洪武正韵译训》与嘉靖版《洪武正韵》中的对比

（2）小韵 15 "瓚" 注释开头，《译训》为 "亦作瓚"，嘉靖本为 "亦作囋"。

霰韵包含 43 个小韵，具体见表 6.11。

表 6.11　十一霰韵文字转写表

序号	小韵	反切上字	反切下字	字母	谚文注音及国际音标		俗音及国际音标		汉语拼音	注释
1	霰	先	見	心	션	sjʌn			xian	說文稷雪也蓋雪初作未成花圓如稷粒撒而下曰霰詩相彼雨雪先集維霰釋名曰霰者星也水雪相搏如星而散劉向曰盛陰雨雪凝滯而冰寒陽氣薄之不入相則散而爲霰亦作霓
2	蒨	倉	甸	清	쳔	tsʰjʌn			qian	草盛貌亦作芊又茅蒐也與茜同
3	荐	在	甸	從	쪈	dzjʌn			jian	再也屢也左傳今又荐饑爾雅乃饑爲荐郭璞曰連歲不熟也亦作洊薦
4	羨	似	面	邪	쎤	zjʌn			xian	欲也貪慕也璧羨也周禮典瑞璧羨以起度鄭司農云羨長也此璧徑長尺以起度量鄭康成曰羨不圜之貌蓋廣徑八寸袤一尺考工記玉人職曰璧羨度尺好三寸以爲度鄭司農曰羨徑也好璧孔也鄭康成曰羨猶延其袤一尺而廣狹焉釋文羨以善切延也又音賤徑也又車道檀弓注夾羨道爲位又見下又支銑韻
5	賤	在	線	從	쪈	dzjʌn			jian	卑下輕賤與貴相反
6	殿	丁	練	端	뎐	tjʌn			dian	軍前回啓後曰殿又鎮也詩殿天子之邦漢書音義上功曰最下功曰殿後漢書注殿後也謂課居後也又軍敗後奔曰殿馬融曰殿在軍後前曰奔後曰殿論語奔而殿又見下古作殿

续表

序号	小韵	反切上字	反切下字	字母	谚文注音及国际音标		俗音及国际音标		汉语拼音	注释
7	瑱	他	甸	透	텬	tʰjʌn			tian	以玉充耳詩玉之瑱也又曰充耳琇瑩毛傳充耳謂之瑱天子玉瑱諸侯以石又眞震韻
8	電	蕩	練	定	뗜	djʌn			dian	陰陽激曜也釋名曰電殄也乍見則殄滅也易離爲電淮南子雷以電爲鞭俗作電
9	練	郎	甸	來	련	ljʌn			lian	煮漚熟絲也又熟素繪又鍛鍊與練煉同漢路溫舒傳鍛練而周内之晉灼曰精熟周悉致之法中也韋彪傳鍛練之吏持心近薄注鍛椎也鍛練猶精熟也言深文之吏入人之罪猶工冶陶鑄鍛練使之成熟也又選也漢郊祀歌練時日亦作楝又木名與楝同莊子非練實不食
10	戀	龍	眷	來	뤈	ljujʌn			lian	眷念也係慕也亦作孌
11	現	形	甸	匣	현	ɣjʌn			xian	顯也露也亦作見
12	硯	倪	甸	喻	연	jʌn			yan	墨池亦作研
13	建	經	電	見	견	kjʌn			jian	說文立朝律也从聿从乁徐曰聿律也定法也廣韻樹也置也又木名在弱水直上百仞無枝又鼓名前何並傳剝其建鼓師古曰一名植鼓謂植木而旁懸鼓又建安郡名又居憲切又銑韻
14	眩	熒	絹	匣	뷘	ɣjujʌn			xuan	目無常主亦作玄又瞑眩憒亂也書若藥弗瞑眩釋文瞑莫遍切孟子若藥不瞑眩音義瞑莫甸切眩音縣竝無平聲漢宣帝曰俗儒不達時宜好是古非今使人眩於名實音胡昄切一本胡盼切則與幻惑同音亦無平聲音諸如此類可用無疑又胡涓切

续表

序号	小韵	反切上字	反切下字	字母	谚文注音及国际音标		俗音及国际音标		汉语拼音	注释
15	願	虞	怨	疑	원	ŋjuʌn			yuan	大頭也欲也思也顚望也
16	獻	曉	見	曉	현	xjuʌn			xian	進也羞也呈也賢也又諡也亦作鮮禮記犬曰羹獻又支歌韻
17	券	區	願	溪	권	kʰjuʌn			juan	約也契也史記事成操右券以責下从刀與券字不同券古倦字下从力
18	碾	女	箭	泥	년	njʌn			nian	所以轢物亦作輾又獮韻
19	絹	吉	掾	見	견	kjuʌn			juan	繒也亦作羂縛絹
20	宴	伊	甸	影	연	ʔjʌn			yan	合飲亦作醼燕又喜也息也安也亦作燕宴爾雅宴居居息也郭璞曰盛飾宴宴近處幽閑詩宴宴居息易嚮晦入宴息又宴溫亦作晏曣瞖義同者不得重押義異者非
21	絢	翾	眩	曉	현	xjuʌn			xuan	文也遠也亦作絃
22	徧	卑	見	幫	변	pjʌn			bian	周也亦作遍辯
23	怨	迂	絹	影	원	ʔjuʌn			yuan	仇也讎也恨也又先韻
24	片	匹	見	滂	편	pʰjʌn			pian	半也判也析木也瓣也亦作辨
25	麪	莫	見	明	면	mjʌn			mian	麥末
26	選	須	絹	心	선	sjuʌn			xuan	擇也又銓官也又白選貨貝名禮記選賢與能音宣面切論語選於衆音息戀切又王制選士或作撰饌又銑韻
27	縓	取	絹	清	천	tsʰjuʌn			yuan	一染紅赤黃色也檀弓黃裏縓緣纁之類釋文淺赤色今之紅也與茜相近又先韻
28	旋	隨	戀	邪	선	zjuʌn			xuan	遶也又先韻
29	扇	式	戰	審	션	ɕjʌn			shan	箑也一名搊搊側九切又吹揚也劉賁策太和於仁壽又與煽同班固叙傳梁籍扇烈又竹葦門曰扇月令仲春乃脩闔注用木曰闔用竹葦曰扇俗作扇

续表

序号	小韵	反切上字	反切下字	字母	谚文注音及国际音标		俗音及国际音标		汉语拼音	注释
30	繟	尺	戰	穿	쳔	tɕʰjʌn			chan	寬綽又帶緩又銑韻
31	戰	之	膳	照	젼	tɕjʌn			zhan	戰鬪左傳皆陳曰戰又懼也恐也亦作單又戰掉亦作顫
32	繕	時	載	禪	쎤	ʑjʌn			shan	補也編也緝也左傳隱元年繕甲兵具卒乘成十六年補卒乘繕甲兵繕治也詩鄭風叔于田序繕甲治兵注繕之言善也繕葢整緝補治之也編錄文籍謂之繕寫又敬韻
33	囀	株	戀	照	쥰	tɕjujʌn			zhuan	韻也又鳥吟
34	釧	樞	絹	穿	춴	tɕʰjujʌn			chuan	臂鐶
35	饌	除	戀	牀	쮠	dʑjujʌn			zhuan	饔具亦作膳篹籑又產銑韻
36	晪	儒	轉	日	숸	ɲjujʌn			ruan	城下田亦作堧壖又先銑箇韻
37	纏	直	碾	牀	쪈	dʑjʌn			chan	約也繳也又先韻
38	傳	柱	戀	牀	쮠	dʑjujʌn			zhuan	訓也續也遞也春秋有三傳詩毛氏傳書孔子傳漢有傳記博士皆謂訓傳也孟子傳食於諸侯謂遞續祿食也又紀載事迹以傳于世亦曰傳諸史列傳是也
39	譴	詰	戰	溪	켠	kʰjʌn			qian	問也責也怒也誚也賈誼傳大譴大何
40	倦	逵	眷	群	꿘	gjujʌn			juan	罷也猒也懈也亦作勧券俗作倦
41	健	渠	建	群	껸	gjʌn			jian	伉也強也有力也不倦也又銑韻
42	便	毗	面	並	뼌	bjʌn			bian	宜也順也安也利也又卽也莊子未嘗見舟而便操之也又近便也又先韻

续表

序号	小韵	反切上字	反切下字	字母	谚文注音及国际音标		俗音及国际音标		汉语拼音	注释
43	薦	作	甸	精	젼	tsjʌn			jiàn	籍也進也又草稠曰薦深曰莽漢景帝紀廣薦大莽唐契苾何力傳逐薦草美水以爲生又甘美草三蒼云六畜所食曰薦又薦席藁曰薦莞曰席又本韻及震韻

霰韵中共有 245 个韵字。

由表 6.11 可知霰韵诸字读音与普通话基本一致。

与嘉靖本进行对比，有如下不同之处：

（1）小韵 6 "殿" 的注释结尾部分 "殿" 字不同，《译训》是 "古作殿"，嘉靖本是 "古作殿"，如图 6.9 所示。

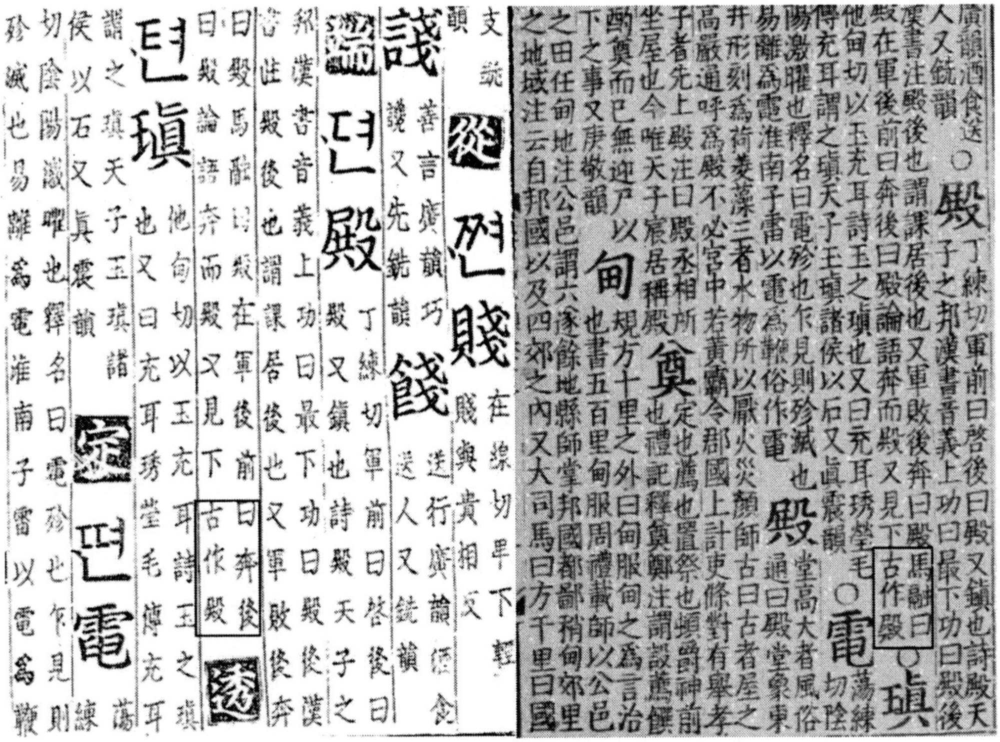

图 6.9 小韵 "殿" 在《洪武正韵译训》与嘉靖版《洪武正韵》中的对比

（2）小韵 30 "繟"反切字不同，《译训》为"尺戰切"，嘉靖本为"天戰切"，结合读音，应为后者出现讹误。

（3）小韵 42 "便"注释开头"宜"字不同，《译训》是"宜也"，嘉靖本是"亙也"。

啸韵包含 24 个小韵，其中有标注俗音的 1 个，有附注读音说明的 1 个，具体见表 6.12。

表 6.12　十二啸韵文字转写表

序号	小韵	反切上字	反切下字	字母	谚文注音及国际音标		俗音及国际音标		汉语拼音	注释
1	啸①	蘇	弔	心	셤	sjʌm	샴	sjɛm	xiao	吹聲亦作歗又質韻
2	弔	多	嘯	端	됼	tjʌm			diao	問終廣韻弔生曰喧弔死曰弔傷也愍也至也又陌韻毛曰弔字去入二音皆訓至左傳率羣不弔之人杜預曰弔至也釋文無音又上天不弔周詩不弔昊天書不弔天降割于我家言不爲天所閔弔又言不至天廣韻弔字多嘯切又音的孟子誅其君而弔其民明日出弔於東郭氏竝無音皆可通用
3	糶	他	弔	透	턀	tʰjʌm			tiao	賣米穀
4	調	杜	弔	定	뙴	djʌm			diao	選也音調樂律也才調韻致也筭度也又蕭尤韻
5	料	力	弔	來	롐	ljʌm			liao	計也量也理也祿料也又蕭韻
6	顤	五	弔	疑	옐	ŋjʌm			jiao	寒泆子名又蕭韻
7	溺	奴	弔	泥	뇰	njʌm			niao	溲便漢高祖溺儒冠韓安國傳卽溺之又陌藥韻今俗作溺
8	竅	苦	弔	溪	켤	kʰjʌm			qiao	穴也空也
9	叫	古	弔	見	결	jʌm			jiao	呼也周禮作嘂漢息夫躬傳作噭

①《洪武正韵译训》中对小韵"啸"有附注读音说明"韻内諸字中聲若直讀以ㅕ則不合時音特以ㅗ不變故讀如ㅕㅓ一之間"。

续表

序号	小韵	反切上字	反切下字	字母	谚文注音及国际音标		俗音及国际音标		汉语拼音	注释
10	要	一	笑	影	ꞔ	ʔjʌŋ			yao	樞要也凡要也要會也周禮月有要又契券也約也論語久要不忘平生之言又欲也又蕭韻
11	陗	七	肖	清	ꙮ	tsʰjʌŋ			qiao	峻也亦作峭
12	醮	子	肖	精	ꙮ	tsjʌŋ			jiao	冠娶祭名酌而無酬酢曰醮禮記醮於客位冠禮也父親醮子而命之迎昏禮也字本作醮
13	噍	在	笑	從	ꙮ	dzjʌŋ			jiao	咀噍亦作嚼又藥韻
14	少	失	照	審	ꙮ	ɕjʌŋ			shao	老少之少又篠韻
15	照	之	笑	照	ꙮ	tɕjʌŋ			zhao	明所燭也亦作炤塞昭又夕陽曰晚照
16	邵	實	照	禪	ꙮ	zjʌŋ			shao	邑名又姓亦作召又高也勉也
17	召	直	笑	牀	ꙮ	dzjʌŋ			zhao	呼也
18	燿	弋	笑	喻	ꙮ	jʌŋ			yao	光照又炫燿漢書燿名譽亦作曜耀又蟲光似螢詩熠燿宵行又鮮明貌詩熠燿其羽
19	嶠	渠	廟	群	ꙮ	gjʌŋ			qiao	山銳而高又陵絶水曰嶠廣韻亦作嶠又蕭韻
20	勡	匹	妙	滂	ꙮ	pʰjʌŋ			piao	攻劫通作剽又蕭韻
21	驃	毗	召	並	ꙮ	bjʌŋ			biao	勁疾貌亦作票嫖
22	妙	彌	笑	明	ꙮ	mjʌŋ			miao	神化不測也易神也者妙萬物而爲言者也又奇妙巧妙又好也小也微也亦作眇又精盡也荀子議兵妙之以節
23	歊	許	照	曉	ꙮ	xjʌŋ			xiao	熱氣揚雄傳散歊烝又蕭屋藥韻
24	俵	悲	廟	幫	ꙮ	pjʌŋ			biao	俵散亦作㧟

嘯韻中共有 122 个韵字。

从表 6.12 可以看出，与平声卷中的萧韵相同，啸韵中的小韵正俗音韵尾都是 [ŋ]，与普通话的/iao/（音标[iɑu]）相比及与传统拟音中推测的[ieu]并不相同。由此可以认为明初官话音中的萧、啸韵诸字的读音更可能是[iʌŋ]或者[jʌŋ]。此外，小韵"啸"的俗音中[jʌŋ]变为[jeŋ]，不过这一读音并未延续至现代汉语中，结合读音说明，实际上"啸"在当时的官话音应为[jɤŋ]。

与嘉靖本进行对比，有如下不同之处：

（1）小韵 19"嶠"的反切字不同，《译训》为"渠笑切"，嘉靖本为"梁笑切"。从实际读音来看，应为嘉靖本出现错字，如图 6.10 所示。

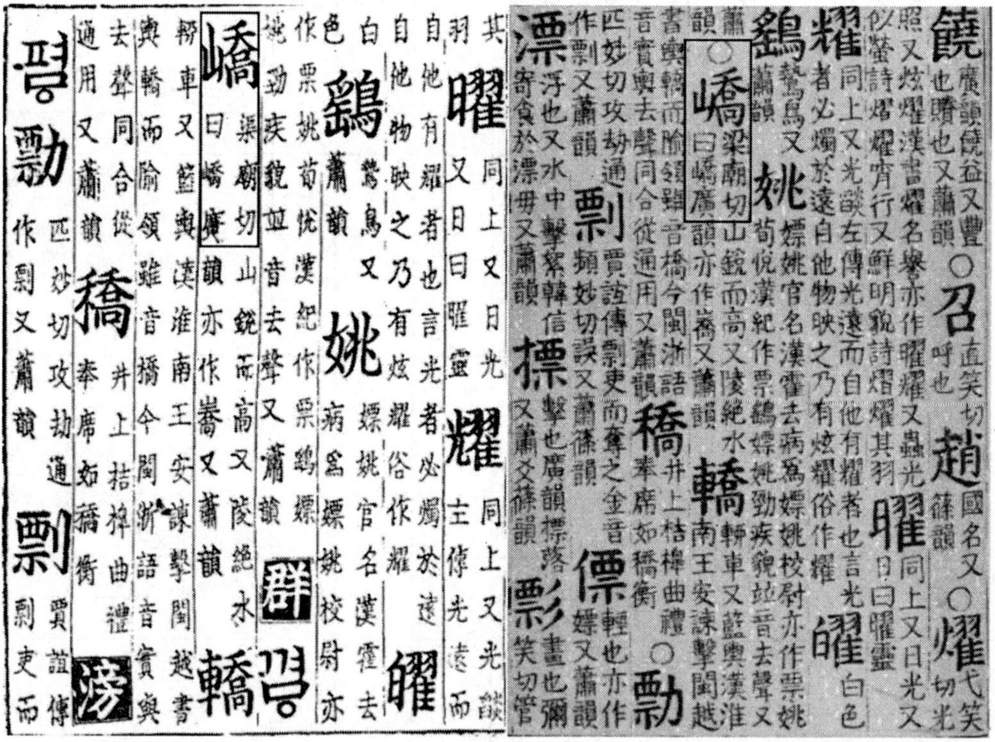

图 6.10　小韵"嶠"在《洪武正韵译训》与嘉靖版《洪武正韵》中的对比

（2）小韵 24"俵"注释最后，《译训》为"亦作捯"，嘉靖本为"亦作穮"。

效韵包含 31 个小韵，其中有标注俗音的 2 个，具体见表 6.13。

表6.13　十三效韵文字转写表

序号	小韵	反切上字	反切下字	字母	谚文注音及国际音标		俗音及国际音标		汉语拼音	注释
1	效	胡	孝	匣	햫	ɣjɛŋ			xiao	具也學也象也傚也法也功也勉也驗也亦作傚効敥爻又授也左傳宣王有志而後效官又致也左傳效節於府人而出又呈見也獻也進也禮記效馬效羊唐書房杜持衆美而效之君
2	孝	許	教	曉	햫	xjɛŋ			xiao	爾雅善父母為孝
3	敲	口	教	溪	캴	kʰjɛŋ			qiao	擊也又爻韻
4	教	居	效	見	걀	kjɛŋ			jiao	文教迪也訓也授也法也語也又爻韻
5	樂	魚	教	疑	얋	njɛŋ	얃	jɛŋ	yao	慾也好也論語知者樂水仁者樂山益者三樂損者三樂大學心有所好樂則不得其正又見嘯藥韻
6	豹	布	恔	幫	밮	pɛŋ			bao	獸名
7	砲	披	教	滂	팧	pʰɛŋ			pao	機石亦作礮礟
8	拗	於	教	影	햫	ʔjɛŋ			ao	玉篇拗捹固相違也亦作抝㧏又巧屋韻
9	貌	眉	教	明	맣	mɛŋ			mao	容貌亦作皃皃又委貌官名又藥韻
10	稍	所	教	審	샇	ʂɛŋ			shao	稟食曰稍又漸也又巧韻
11	鈔	楚	教	穿	챃	tɕʰɛŋ			chao	略取亦作抄勦又爻韻
12	罩	陟	教	照	잫	tɕɛŋ			zhao	捕魚器
13	趠	敕	教	穿	챃	tɕʰɛŋ			zhuo	行也超也又藥韻
14	櫂	直	教	牀	짷	dzɛŋ			zhao	所以進船亦作棹濯
15	鬧	女	教	泥	낳	dzɛŋ			nao	不静也擾也猥也喧囂也从鬥从市鬥音鬪俗作閙从門誤
16	抓	側	教	照	잫	tɕɛŋ			zhua	爪刺也
17	號	胡	到	匣	햫	ɣɛɣ			hao	令也召也呼也名稱也諡也亦作号又爻韻俗作号唭
18	耗	虛	到	曉	핳	xɛɣ			hao	減也敗也虛也荀子多而亂曰耗韓詩惡也董仲舒策察天下之息耗注息生也耗虛也一云息耗善惡也篆文作秏今文作耗又見下又爻韻

续表

序号	小韵	反切上字	反切下字	字母	谚文注音及国际音标		俗音及国际音标		汉语拼音	注释
19	犒	口	到	溪	칼	kʰɐŋ			kao	餉軍俗作犒亦作犓槀
20	誥	居	號	見	갈	kɐŋ			gao	告也謹也告上曰告發下曰誥周書五誥古者上下有誥漢武帝元狩六年初作誥
21	奥	於	到	影	할	ʔɐŋ			ao	深也内也藏也室西南隅也又屋韻从宀从采从廾今作奥俗作奧
22	傲	魚	到	疑	알	ŋɐŋ	알	ɐŋ	ao	慢也倨也又樂也中从土从方亦作傲敖驁謸警
23	暴	蒲	報	並	빨	bɐŋ			bao	凌也猛也驟也横也侵也猝也急也晞也日出而風爲暴風詩終風且暴又暴暴卒起貌荀子暴暴如丘山又徒搏曰暴詩禮袒裼暴虎論語暴虎馮河本作虣又屋藥韻
24	噪	先	到	心	살	sɐŋ			zao	羣呼亦作喿譟
25	操	七	到	清	찰	tsʰɐŋ			cao	節操守也持也特也劉向別錄其道閉塞悲愁而作者名其曲曰操言遇災害不失其操也又風調曰操文中子聲存而操變矣又爻韻
26	竈	則	到	精	잘	tsɐŋ			zao	爨突也
27	漕	在	到	從	짤	dzɐŋ			cao	水運又爻韻下从曰音越監本从日誤
28	到	都	導	端	달	tɐŋ			dao	至也又姓楚令尹屈到之後南史有到溉
29	導	杜	到	定	딸	dɐŋ			dao	引也啟迪也亦作道
30	勞	郎	到	來	랄	lɐŋ			lao	慰勞杜預曰勞者敘其勤以答之諸侯相朝逆之以饗餼謂之郊勞又爻韻
31	臑	奴	報	泥	날	nɐŋ			nao	臂節一曰臂也又魚爻先銑韻

效韵中共有 138 个韵字。

如表 6.13 所示，效韵中值得注意的问题同样是正音的韵尾读为[ŋ]这一情况。

与嘉靖本对比，有几处不同：

（1）小韵 1 "效" 的反切字不同，《译训》是 "胡孝切"，嘉靖本则是 "胡考切"。此外，注释中《译训》为 "美而效之君"，嘉靖本为 "美而致之君"，如图 6.11 所示。

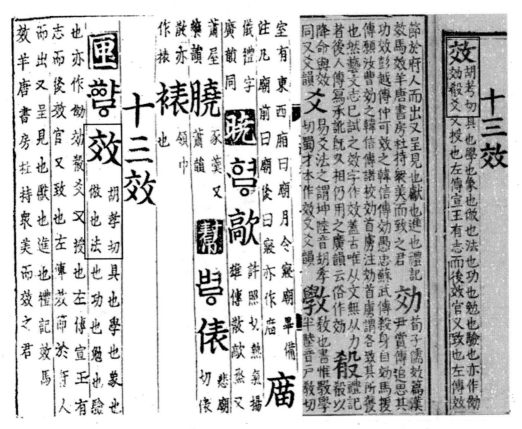

图 6.11　小韵 "效" 在《洪武正韵译训》与嘉靖版《洪武正韵》中的对比

（2）嘉靖本中的小韵 "帽"，莫报切，在《译训》中不算作小韵。

个韵包含 22 个小韵，其中有标注俗音的 1 个，有附注读音说明的 1 个，具体见表 6.14。

表6.14　十四箇韵文字转写表

序号	小韵	反切上字	反切下字	字母	谚文注音及国际音标		俗音及国际音标		汉语拼音	注释
1	箇①	古	荷	見	거	kʌ			ge	數也枚也竹筭也荀子負矢五十箇亦作个個
2	過	古	臥	見	궈	kwʌ			guo	超也越也度也過失也罪愆也誤也責也歌韻古禾切經也度也易大過小過徐邈音去聲王肅音平聲毛曰超越之過過失之過則去聲禮記時過然後學孟子過孟賁遠矣漢書過秦論伊管木能遠過賈誼論語苟有過可以無大過不貳過書宥過無大易赦過宥罪之類是也經從之過則平聲詩不我過永矢弗過論語過位歌而過孔子孟子三過其門而不入揚子過我門而不入我室之類是也易大過陸德明音相過之過小過音古臥切義與大過同觀兩卦辭義當音去聲王肅音戈非
3	軻	口	箇	溪	커	kʰʌ			ke	轗軻不得志廣韻孟子居貧轗軻故名軻字子車孟子音義軻字無音又歌哿韻
4	課	苦	臥	溪	퀴	kʰwʌ			ke	稅也試也第也計也程也
5	賀	胡	臥	匣	ᅘᅥ	ɣʌ			he	以禮物相慶曰賀又儋也唐郝處俊傳羣臣皆賀載侍亦作荷又勞也加也又姓齊慶封之後漢避安帝諱改慶爲賀
6	餓	五	箇	疑	어	ŋʌ	어	ʌ	e	飢餒也

---

① 《洪武正韵译训》中对小韵"箇"有附注读音说明"韻内諸字中聲若直讀以ㅓ則不合時音特以ㅣ不變故讀如ㅓㅣ之間其聲近於ㅗㅓ之字亦同"。

续表

序号	小韵	反切上字	反切下字	字母	谚文注音及国际音标		俗音及国际音标		汉语拼音	注释
7	邏	郎	佐	來	러	lʌ			luo	巡也从辵廣韻游兵遮也游偵也又哿韻
8	些	蘇	箇	心	서	sʌ			xie	語辭此也又邏些吐蕃城名又麻遮霽韻
9	左	子	賀	精	저	tsʌ			zuo	相助也亮也導也勸也書左右有民左右厥辟宅師周公左右先王易以左右民孔光傳天左與王者凡言左右左扶曰左右扶曰右左亦作佐又貳也副也又哿韻
10	惰	杜	卧	定	떠	dʌ			duo	怠也不恭也亦作媠憜壿
11	奈	乃	箇	泥	너	nʌ			nai	遇也那也能也又見泰韻
12	癉	丁	佐	端	더	tʌ			dan	勞也亦作憚又旱韻
13	播	補	過	幫	붜	pwʌ			bo	說文種也又布也廣韻揚也放也棄也又逋也越也遷也又哿韻
14	破	普	過	滂	풔	pʰwʌ			po	剖也裂也劈也坼也
15	磨	莫	卧	明	뭐	mwʌ			mo	磑也亦作礳又歌韻
16	剉	才	卧	從	쩌	dzʌ			cuo	折也剟斫也
17	坐	祖	卧	從	쭤	dzwʌ			zuo	行坐又處也又坐罪又坐獄對理曰坐左傳鍼莊子爲坐有二音又與座同漢梅福傳當戶牖之法坐師古曰戶牖之間謂之扆言負扆也法坐正坐也聽朝之處孔融傳坐上客常滿又哿韻
18	涴	烏	卧	影	훠	ʔwʌ			wo	泥汚物廣韻亦作污又寒銑韻
19	貨	呼	卧	曉	훠	xwʌ			huo	鄭康成曰金五曰貨布帛曰賄財泉穀也廣韻引蔡氏化清經曰貨者化也變化反易之物故字从化

续表

序号	小韵	反切上字	反切下字	字母	谚文注音及国际音标		俗音及国际音标		汉语拼音	注释
20	唾	吐	卧	透	터	tʰʌ			tuo	口液玉篇作涶
21	縛	符	卧	奉	쀠	vwʌ			fu	切束也繫也一曰所以束也又藥韻
22	呵	呼	箇	曉	허	xʌ			he	廣韻嘘氣韓愈元和聖德詩紫燄嘘呵又歌韻

箇韵中共有 73 个韵字。

由表 6.14 可知，个韵中小韵 6 的俗音反映了疑母、喻母合流的现象。此外，箇韵的读音说明与上声的哿韵相同。

韵中诸字的韵母读音[ʌ]，在官话音中的读音应在[ʌ]和[ɯ]之间，近似于[o]和[ɤ]，同时读音为[wʌ]的字亦是如此。这样，当时的官话音[ʌ]的读音应为[o]，现代汉语普通话中亦延续了这种读音规律。

第四节　去声卷十三

《洪武正韵译训》去声卷十三中包含祃、蔗、漾、敬、宥、沁、勘、艳 8 个大韵，共计 225 小韵，有标注俗音的 27 个，有 3 个读音说明，共收录 985 个韵字。

祃韵包含 19 个小韵，其中有标注俗音的 2 个，具体见表 6.15。

表 6.15　十五祃韵文字转写表

序号	小韵	反切上字	反切下字	字母	谚文注音及国际音标		俗音及国际音标		汉语拼音	注释
1	禡	莫	駕	明	마	mɐ			ma	師旅所止地祭名詩是類是禡禮記禡於所征之地亦作貉
2	怕	普	駕	滂	파	pʰɐ			pa	畏懼也又藥韻
3	霸	必	駕	幫	바	pɐ			ba	國語霸把也把持諸侯之權又陌韻從日月之月監本從月誤

续表

序号	小韵	反切上字	反切下字	字母	谚文注音及国际音标		俗音及国际音标		汉语拼音	注释
4	嗄	所	嫁	審	사	ɐɐ			sha	聲變又隊韻
5	詐	側	駕	照	자	tɐɐ			zha	僞也詭譎也荀子匿行曰詐
6	乍	助	駕	牀	짜	dzɐ			zha	初也忽也猝也甫然也
7	咤	丑	亞	穿	차	tɕʰɐ			cha	噴也叱咤也亦作吒書三咤孔安國曰莫爵也許叔重馬融作託又見下又暮韻
8	暇	胡	駕	匣	쌰	ɣjɐ			xia	閒暇無事也
9	罅	虛	訝	曉	햐	xjɐ			xia	孔隙也坼釁也亦作墢
10	骼	枯	架	溪	캬	kʰjɐ			qia	膋骨揚雄解嘲折脅拉骼又陌韻
11	駕	居	亞	見	갸	kjɐ			jia	唐制天子居曰衙行曰駕又行也車乘也漢制大駕屬車八十一乘說文馬在軛中也又馭也又具車馬曰駕孟子今乘輿已駕矣漢高帝令有明德者郡守必身勸爲之駕曲禮君車將駕又騰駕揚子仲尼駕說者也又陵駕文選詩高浪駕蓬萊
12	罷	皮	駕	並	빠	bɐ			ba	休也已也廢也黜也了也漢高紀酒罷又諸侯罷戲下又支紙解三韻
13	亞	衣	架	影	야	ʔjɐ			ya	次也少也就也醜也姻亞也相依也亦作惡又麻韻
14	訝	五	駕	疑	야	njɐ	야	jɐ	ya	嗟訝疑怪也又迎也周禮訝士注訝迎也士官之迎四方賓客掌訝注訝迎也賓客來主迎之亦作迓
15	畫	胡	挂	匣	화	ɣwɐ			hua	釋名曰畫挂也以五色挂物象也俗作畵又胡麥切

续表

序号	小韵	反切上字	反切下字	字母	谚文注音及国际音标		俗音及国际音标		汉语拼音	注释
16	化	呼	霸	曉	화	xwɑ			huɑ	敎化變化造化凡以道業誨人謂之敎躬行於上風動於下謂之化荀子注馴致於善謂之化改其舊質謂之變一曰因形而易謂之變離形而易謂之化又曰天道陰陽運行則爲化春生冬落則爲變又自少而壯壯而老則爲變自無而有自有而無則爲化寒暑相易則爲變萬物生息則爲化又泛言改易亦曰變化易擬議以成其變化韓文悼本志之變化又從化曰化老子我無爲而民自化又以德化移民曰化學記化民成俗又人死曰化莊子其死也物化又從物而移曰化禮記物至而人化物也貨賄貿易曰化書懋遷有無化居又革物曰化周禮飭化八材化治絲枲又誥諭使人回心曰化書肆予大化誘我友邦君又麻韻
17	跨	苦	化	溪	콰	kʰwɑ			kuɑ	越也足過也又騎也杜甫詩平明跨驢出又兩股間亦作胯袴又麻馬暮三韻
18	卦	古	畫	見	과	kwɑ			guɑ	說文筮也易疏云挂也懸挂萬象於其上
19	窊	五	吳	疑	와	ŋwɑ	와	wɑ	wɑ	泥窊屋

祸韵中共有 95 个韵字。

表 6.15 中的俗音反映了疑母与喻母合流的现象。此外，诸韵字的读音在普通话中基本保留了下来。

与嘉靖本对比，有一处不同：

小韵 7 "咤" 注释中用字不同，《译训》为 "許叔重馬融作託"，嘉靖本为 "許叔重馬融作𧪄"，如图 6.12 所示。

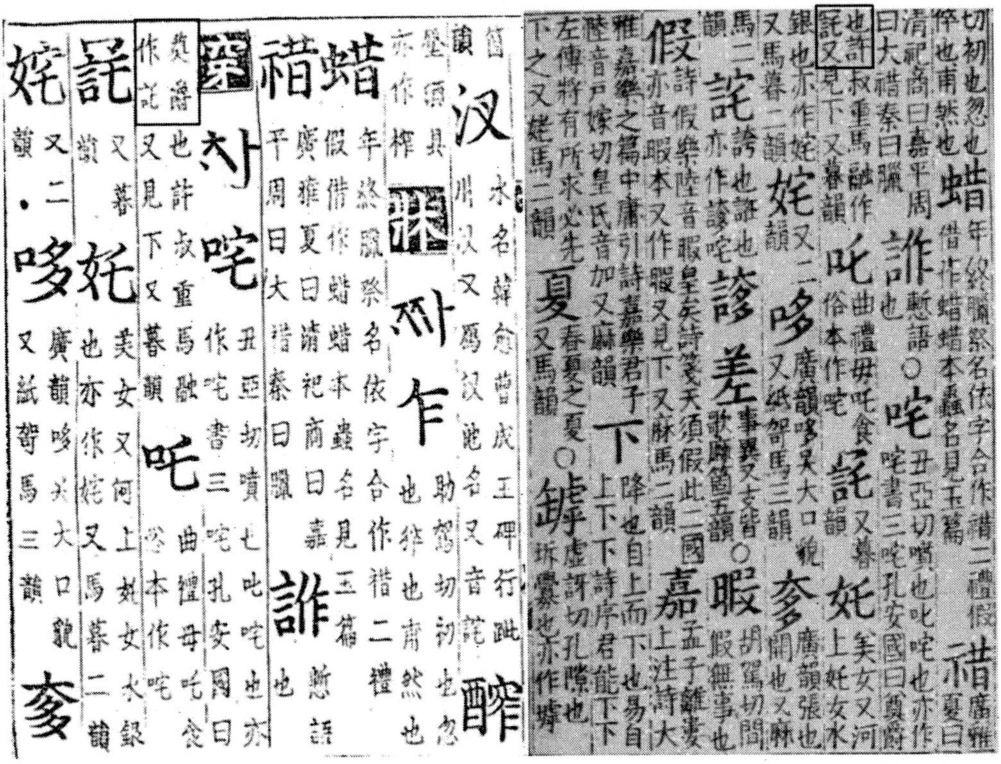

图 6.12 小韵"咤"在《洪武正韵译训》与嘉靖版《洪武正韵》中的对比

蔗韵包含 7 个小韵，具体见表 6.16。

表 6.16 十六蔗韵文字转写表

序号	小韵	反切上字	反切下字	字母	谚文注音及国际音标		俗音及国际音标		汉语拼音	注释
1	蔗	之	夜	照	져	tɕjʌ			zhe	藷蔗
2	瀉	司	夜	心	셔	sjʌ			xie	去水又馬韻
3	借	子	夜	精	져	tsjʌ			jie	假也又助也漢朱雲少時借客報仇又貸也推獎也亦作藉又陌韻
4	謝	詞	夜	邪	쎠	zjʌ			xie	辤也絕也代謝退也衰也彫落曰謝又以辭相告曰謝陳餘傳廁養卒謝其舍又致仕曰謝曲禮若不得謝又拜賜曰謝又國名又姓

续表

序号	小韵	反切上字	反切下字	字母	谚文注音及国际音标		俗音及国际音标		汉语拼音	注释
5	舍	式	夜	審	셔	ɕjʌ			she	屋也三十五里爲一舍左傳凡師一宿為舍又釋也置也左傳舍爵策勳又者陌二韻俗作舍監本作舍誤
6	射	神	夜	禪	쎠	ʑjʌ			she	射弓周禮五射又見下又陌韻
7	夜	寅	射	喻	여	jʌ			ye	晝夜夜者舍也暮也篆文从亦从夕今作夜

蔗韵中共有 21 个韵字。

由表 6.16 可知，蔗韵诸字的官话音亦与普通话相似，并无特殊之处。

此外，与嘉靖本对比亦无不同之处。

漾韵包含 51 个小韵，其中有标注俗音的 6 个，有附注读音说明的 1 个，具体见表 6.17。

表 6.17　十七漾韵文字转写表

序号	小韵	反切上字	反切下字	字母	谚文注音及国际音标		俗音及国际音标		汉语拼音	注释
1	漾	餘	亮	喻	양	jɛŋ			yang	水名又水貌又蕩漾浮游貌又水摇動貌亦作瀁孔安國曰泉始出爲漾下从永俗从水非
2	訪①	敷	亮	非	퐝	fɛŋ			fang	謀也及也問也
3	妄	巫	放	微	뫙	mɛŋ			wang	誣也誕也罔也
4	相	息	亮	心	샹	sjɛŋ			xiang	視也助也儐也導也爾雅七月爲相漢魏相字弱翁名字相配當從去聲又陽韻

---

① 《洪武正韵译训》中对小韵 "訪" 有附注读音说明 "韻內中聲卜音諸字其聲稍深唯唇印正齒音直以卜讀之其餘諸字當讀以卜·之間讀之"。

续表

序号	小韵	反切上字	反切下字	字母	谚文注音及国际音标		俗音及国际音标		汉语拼音	注释
5	尚	時	亮	禪	쌍	zjɐŋ			shang	上也庶幾也崇也高也貴也飾也曾也加也佐也主也凡主天子之物皆曰尚尚醫尚食尚方是也漢書無音合於平聲去聲通用又尊也娶公主謂之尚言帝王之女尊而尚之不敢言娶也漢王吉傳注娶天子女曰尚公主國人娶諸侯女曰承翁主尚承皆卑下之名司馬相如傳卓王孫自以使女尚司馬長卿晚顏師古曰尚配也義與尚公主同又猶尚也又陽韻
6	餉	式	亮	審	샹	ɕjɐŋ			xiang	饟也餽也亦作饟又養韻
7	唱	尺	亮	穿	챵	tɕʰjɐŋ			chang	導也引也先也亦作倡又發歌謂之唱
8	障	知	亮	照	쟝	tɕjɐŋ			zhang	蔽障邊障趙簡子晉陽堡障唐太宗以魏徵疏列爲屏障或作鄣張湯傳居一鄣間
9	將	子	亮	精	쟝	tsjɐŋ			jiang	將之也主持也將軍帥師也又中指曰將指又見陽韻
10	壯	側	況	照	쟝	tɕɐŋ	쟝	tʂɐŋ	zhuang	彊也盛也碩也大壯卦名爾雅八月爲壯从爿从士
11	狂	渠	放	群	꽝	gwɐŋ			kuang	軷爲也
12	蹡	七	亮	清	챵	tsʰjɐŋ			qiang	蹡蹡行不正貌
13	狀	助	浪	牀	쌍	dzɐŋ			zhuang	體也形象也又形容之也陳也莊子自狀其過以不當亡者衆又牒也
14	匠	疾	亮	從	쌍	dzjɐŋ			jiang	木工也从匚从斤所作器也
15	讓	而	亮	日	샹	njɐŋ			rang	退讓責讓交讓書堯典曰允恭克讓又木名兩樹相對一枯則一生岷山有之

序号	小韵	反切上字	反切下字	字母	谚文注音及国际音标		俗音及国际音标		汉语拼音	注释
16	創	楚	浪	穿	챵	tɕʰɐŋ	챵	tɕʰwɐŋ	chuang	傷也始造也孟子創業垂統又陽韻
17	仗	直	亮	牀	쨩	dziɐŋ			zhang	兵器一曰憑倚也又養韻
18	諒	力	仗	來	량	liɐŋ			liang	信也相也佐也方言衆信曰諒又照察也亦作亮涼
19	向	許	亮	曉	향	xiɐŋ			xiang	北出牖也詩塞向墐戶又面向亦作鄉嚮又見下又養韻晉叔向有上去二音
20	強	其	亮	群	꺙	giɐŋ			qiang	勉強牽強又自是也伨也木強不和柔貌荀子率羣臣百吏而相與強曰橋君橋音矯此謂君不肯爲而強之也又陽養二韻
21	怏	於	亮	影	향	ʔiɐŋ			yang	懟也情不滿足也漢書作鞅又養韻
22	仰	魚	向	疑	앙	ŋiɐŋ			yang	資也恃也漢志仰給縣官又養陽二韻中从匕箋之匕从𠤎誤
23	王	于	放	喻	왕	ɦuɐŋ			wang	興也盛也長也保有天下曰王穀梁傳孔子素王莊子元聖素王杜預左傳序立素王又曰黜周而王魯又曰仲尼素王竝音于放切詩七月序王業下武詩成王之孚皆有平去二音易王天下孟子王天下竝音去聲朱氏孟子集註曰凡有天下者人稱之曰王則平聲據其身臨天下而言曰王則去聲又陽屋二韻

序号	小韵	反切上字	反切下字	字母	谚文注音及国际音标		俗音及国际音标		汉语拼音	注释
24	況	虛	放	曉	황	xwɐŋ			kuang	說文寒水也又脩況琴名又譬擬也善也知也亦作況又與賑同漢武帝紀天地施拜況于郊郊祀歌天地竝況又興況味又臨訪曰來況亦作況
25	誑	古	況	見	광	kwɐŋ			kuang	欺也亦作迋
26	宕	徒	浪	定	땅	dɐŋ			dang	洞室一曰過也
27	儻	他	浪	透	탕	tʰɐŋ			tang	倜儻卓異也倖也又或然也又養韻
28	當	丁	浪	端	당	tɐŋ			dang	主當又底也又抵也又質當也又陽韻
29	浪	郎	宕	來	랑	lɐŋ			lang	波浪又陽韻又盧黨切
30	傍	蒲	浪	並	빵	bɐŋ			bang	近也倚也亦作徬竝並又陽庚二韻
31	喪	蘇	浪	心	상	sɐŋ			sang	死也又失位也易不喪匕鬯又陽韻
32	藏	才	浪	從	짱	dzɐŋ			cang	物所蓄曰藏又蓄物也漢志萬室之邑必有萬鍾之藏藏緡千萬千室之邑必有千鍾之藏藏緡百萬又曰山海天地之藏易慢藏誨盜周禮守藏中庸寶藏皆去聲古作臧又陽韻
33	葬	則	浪	精	장	tsɐŋ			zang	葬埋禮記葬也者藏也亦作塟又陽韻
34	吭	下	浪	匣	항	ɣɐŋ			hang	咽也又吞也蜀都賦唭吭清渠亦作肮頏又陽養二韻

续表

序号	小韵	反切上字	反切下字	字母	谚文注音及国际音标		俗音及国际音标		汉语拼音	注释
35	亢	口	浪	溪	캉	kʰɐŋ			kang	過高又抵也敵也漢書注上下相當無所卑屈曰亢又愆陽曰亢陽亦作炕又蔽也左傳昭元年太叔曰吉不能亢身焉能亢宗
36	盎	於	浪	影	항	ʔɐŋ			ang	盆盎又盎齊酒名周禮酒正注盎猶翁也盛而翁翁然又盛貌孟子盎於背注其背盎然盛朱氏曰盎體厚盈溢之意亦作瓮又漾韻
37	枊	魚	浪	疑	앙	ŋɐŋ			ang	繫馬柱一曰堅也中从匕筯之匕从匸誤
38	曠	苦	謗	溪	쾅	kʰwɐŋ			kuang	明也空也闊遠也虛大也久也豁也鄒陽傳獨觀昭曠之道師古曰昭明也曠廣也匡衡傳曠然大變其俗亦作壙又男子壯無室曰曠鰥費日曰曠日
39	謗	補	曠	幫	방	pɐŋ			bang	訕也毀也
40	廣	古	曠	見	광	kwɐŋ			guang	度廣曰又廣輪廣袤東西曰廣南北曰輪曰袤檀弓廣輪揜坎注輪從也從音子容切據此則是橫量曰廣從量曰輪又兵車左右廣又副車曰貳廣見左傳襄二十三年又陽漾二韻
41	滂	普	浪	滂	팡	pʰɐŋ			pang	滂沛雨盛下貌列子雲雨之滂潤又陽韻
42	儾	奴	浪	泥	낭	nɐŋ			nang	緩也
43	漭	莫	浪	明	망	mɐŋ			mang	漭浪大野也
44	絳	古	巷	見	걍	kjɐŋ			jiang	大赤色又地名

续表

序号	小韵	反切上字	反切下字	字母	谚文注音及国际音标		俗音及国际音标		汉语拼音	注释
45	巷	胡	降	匣	향	ɣjɐŋ			xiang	里中巷直曰街曲曰巷宫中长廡相通曰永巷天子公侯通稱唐郭子儀永巷家人三千亦作衖
46	墫	楚	降	穿	챵	tɕʰjɐŋ			zong	不耕而種亦作稯又東陽二韻
47	撞	陟	降	照	쟝	tɕɐŋ	좡	tɕwɐŋ	zhuang	擣也擊也又東韻
48	漴	士	降	牀	쨩	dzɐŋ	쫭	dzwɐŋ	shuang	水所衝決又東韻
49	淙	色	降	審	샹	ɕɐŋ	솽	ɕwɐŋ	cong	水出貌又東陽二韻
50	肨	匹	絳	滂	팡	pʰɐŋ			pang	脹臭貌
51	戆	丑	降	穿	챵	tɕʰɐŋ	촹	tɕʰwɐŋ	chuang	視不明也

漾韵中共有 245 个韵字。

由表 6.17 可知,漾韵的俗音注音显示了明朝当时的官话音中,一些韵字的韵母读音发生了变化,由[ɐŋ]变为[wɐŋ]。前面的上声养韵中也有这种情况,小韵"爽"的读音在俗音中发生了同样的改变,但养韵中只此一例,并无更多俗音注音可以作为辅证。漾韵中有更多的同类俗音可供参考,结合这些韵字的声母读音可知,明初官话音中发生变化的主要是正齿音之后的韵母,其余声母后则并无变化。正齿音的这些声母在后来的官话音中逐渐发展为普通话中的/zh/([tʂ])、/ch/([tʂʻ])、/sh/([ʂʻ])声母,所以养韵中的小韵"爽"及漾韵中的这些有俗音注音的小韵在普通话中仍保持着[wɐŋ]的读音。

与嘉靖本对比,有一处不同:

小韵 20"强"注释最后,《译训》是"又陽養二韻",嘉靖本则是"又陽養三韻",后者应为抄录中出现的讹误,如图 6.13 所示。

图 6.13　小韵 "强" 在《洪武正韵译训》与嘉靖版《洪武正韵》中的对比

敬韵包含 49 个小韵，其中有标注俗音的 15 个，具体见表 6.18。

表 6.18　十八敬韵文字转写表

序号	小韵	反切上字	反切下字	字母	谚文注音及国际音标		俗音及国际音标		汉语拼音	注释
1	敬	居	慶	見	깅	kiŋ			jing	廣韻恭也肅也謹也又姓从苟从攵苟音棘上从艹非从廿也俗作敬
2	映	於	命	影	힝	ʔiŋ			ying	明相照也廣韻亦作暎
3	競	具	映	群	낑	giŋ			jing	盛也彊也爭也逐也高也遽也篆文从二言二儿今作競俗作覺
4	生	所	敬	審	싱	ʂuiŋ	승	ʂuŋ	sheng	生死見廣韻又見庚韻
5	慶	丘	正	溪	킹	kʰiŋ			qing	說文行賀人也古禮以鹿皮爲贄故从鹿省下比字又福慶易大有慶也又姓又州名又陽庚二韻
6	更	居	孟	見	깅	kuiŋ	궁	kuŋ	geng	再也又庚韻

续表

序号	小韵	反切上字	反切下字	字母	谚文注音及国际音标		俗音及国际音标		汉语拼音	注释
7	行	胡	孟	匣	혱	ɣiŋ			xing	言行又巡視也禮記月令巡行縣鄙漢書按行行部又陽庚梗漾四韻
8	横	戶	孟	匣	휑	ɣwiŋ			heng	不以理也又庚韻
9	榜	比	孟	幫	빙	puiŋ	붕	puŋ	bang	進船又笞打也又見漾韻
10	孟	莫	更	明	밍	muiŋ	묭	muŋ	meng	長也勉也始也又姓氏
11	柄	陂	病	幫	빙	piŋ			bing	本也權也柯也亦作棅秉枋
12	病	皮	命	並	삥	biŋ			bing	疾也疧也患也憂也苦也又疾甚曰病
13	命	眉	病	明	밍	miŋ			ming	性命出於天爲命賦於人爲性孟子莫之致而至者命也中庸天命之謂性董仲舒曰天令之謂命又命令大曰命小曰令一曰上出爲命下稟爲令又必也射命中謂擬而必中也又使也教也告也戒也計也召也
14	迎	魚	慶	疑	잉	iŋ			ying	親迎逆也又庚韻从匕誤
15	詠	爲	命	喻	윙	juiŋ	융	juŋ	yong	詠歌謳吟也古作永亦作咏
16	敻	呼	正	曉	휑	juiŋ			xiong	營求也冠絶也遠也又霰韻
17	諍	側	进	照	징	tɕuiŋ	증	tɕuŋ	zheng	諫諍救止也亦作爭又庚韻
18	硬	魚	孟	疑	잉	ŋiŋ			ying	堅也強也廣韻亦作鞕
19	瞪	敕	諍	穿	칭	tɕʰuiŋ			cheng	直視貌莊子瞪若乎其後又庚韻
20	聘	匹	正	滂	핑	pʰiŋ			ping	問也公羊傳大夫來曰聘穀梁傳聘問也从耳从甹从丂俗作聘
21	性	息	正	心	싱	siŋ			xing	天理在人曰性董仲舒曰質樸之謂性又曰性者生之質也又上性亦作生
22	倩	七	正	清	칭	tsʰiŋ			qing	假借使人方言東齊之間壻謂之倩郭璞曰言可假借也唐陸贄備邊六失疏始息如倩人又霰韻俗作倩監本从月誤
23	淨	疾	正	從	찡	dziŋ			jing	潔淨無垢汙亦作凈又士耕切魯池名
24	聖	式	正	審	싱	ɕiŋ			sheng	睿也通也孟子大而化之之謂聖从壬壬音珽正也

续表

序号	小韵	反切上字	反切下字	字母	谚文注音	及国际音标	俗音	及国际音标	汉语拼音	注释
25	盛	時	正	禪	씽	ziŋ			sheng	茂也大也長也又姓又受物也東方朔傳壷者所以盛也協韻去聲又庚韻
26	稱	丑	正	穿	칭	tɕʰiŋ			cheng	權衡苟子建國家之權稱亦作秤又衣單複具曰稱左傳祭服五稱又副也孔光傳無以報稱又名稱凡名號謂之稱孟子題辭子者男子之通稱又愜也是也又度也量物所宜也易稱物平施又適物之宜易異稱而隱又相等也唐元載傳他物稱是又庚韻
27	鄭	直	正	牀	찡	dziŋ			zheng	國名又姓又鄭重頻煩也
28	正	之	盛	照	징	tɕiŋ			zheng	廣韻君也長也定也平也是也又當也又庚韻又歲之首曰正月本去聲秦始皇名政改從平聲董仲舒策正次王王次春顏師古音去聲凡正朔三正之類平去二聲皆可通用後世因之
29	令	力	正	來	링	liŋ			ling	命令律也法也善也告也長也又先庚二韻
30	瑩	縈	定	影	휑	ʔwiŋ	힝	ʔiŋ	ying	玉色一曰石次玉一曰潔也逸論語如玉之瑩又庚梗二韻
31	鏳	除	更	牀	찡	dziŋ			zeng	磨鏳出劍光或作碪
32	釘	丁	定	端	딩	tiŋ			ding	以釘釘物又見庚韻
33	聽	他	定	透	팅	tʰiŋ			ting	聆也謀也待也從也又庚韻耳下从壬壬音珽俗作土或作聴非聽音忕瞥聽欲臥貌
34	定	徒	逕	定	띵	diŋ			ding	安也靜也止也凝也決也莫也亦作奠
35	甯	乃	定	泥	닝	niŋ			ning	邑名又姓又願詞又庚韻下从用俗作甯監本从冉誤
36	甄	子	孕	精	징	tsɯiŋ	증	tsɯŋ	zeng	甑也考工記甗實二鬴注量六斗四升曰鬴䰝周古史考曰黃帝始作甑
37	孕	以	證	喻	잉	iŋ			yun	懷妊亦作繩
38	脛	形	定	匣	혱	ɣiŋ			jing	脚脛又梗韻

序号	小韵	反切上字	反切下字	字母	谚文注音及国际音标		俗音及国际音标		汉语拼音	注释
39	興	許	應	曉	힝	xiŋ			xing	比興周禮注比者比方於物興者託事於物也又興況意思也又悅也亦作嬹又見庚震二韻
40	應	於	證	影	힝	ʔiŋ			ying	物相應又當也又小鞞曰應鼓天子之門曰應門又庚韻
41	嶝	丁	鄧	端	딍	tuiŋ	등	tuŋ	deng	小坂又登涉之道亦作磴隥監本从登誤
42	鄧	唐	亙	定	띵	duiŋ	뜽	duŋ	deng	國名今爲州又姓也俗从登誤
43	塴	逋	鄧	幫	빙	puiŋ	붕	puŋ	beng	射埒又壅江水灌漑曰塴又庚韻
44	贈	昨	亙	從	찡	dzuiŋ	쯩	dzuŋ	zeng	送遺也玩也好也亦作承監本从曾誤
45	亙	居	鄧	見	깅	kuiŋ	긍	kuŋ	gen	延袤也極也通也徧也亦作𣘃中从舟今作月與亘字不同監本作亘誤
46	稜	魯	鄧	來	링	luiŋ	릉	luŋ	leng	杜甫詩塹抵公哇稜注京師農人指田遠近多云幾稜又庚韻
47	蹭	七	鄧	清	칭	tsʰuiŋ	층	tsʰuŋ	ceng	蹭蹬
48	認	而	證	日	싱	ŋiŋ			ren	辨物又而振切
49	澄	台	鄧	透	팅	tʰuiŋ			teng	小水相益

敬韵中共有 242 个韵字。

与平声的庚韵相同，敬韵中多达 15 个小韵里的[uiŋ]和[jujŋ]音中的[i]消失了，读音变化为[uŋ]和[juŋ]，同时亦有小韵的[jujŋ]读音变为[iŋ]。结合标注了俗音的韵字与普通话中的/eng/（音标为[əŋ]）来看，不难发现普通话中相关字的读音正是保留了当时的俗音。明朝官话音变化中读音的简化现象亦得到了例证。

与嘉靖本对比，有一处不同：

小韵 2"映"注释中用字不同，《译训》是"廣韻亦作暎"，嘉靖本是"廣韻亦作暎"，如图 6.14 所示。

图 6.14　小韵"映"在《洪武正韵译训》与嘉靖版《洪武正韵》中的对比

宥韵包含 41 个小韵，其中有标注俗音的 1 个，具体见表 6.19。

表 6.19　十九宥韵文字转写表

序号	小韵	反切上字	反切下字	字母	谚文注音及国际音标		俗音及国际音标		汉语拼音	注释
1	宥	爰	救	喻	일	iŋ			you	寬也
2	齅	許	救	曉	힣	xiŋ			xiu	以鼻撼氣亦作嗅臭
3	糗	丘	救	溪	킣	kʰiŋ			qiu	熬米麥又有韻
4	救	居	又	見	깋	kiŋ			jiu	振也拯也止也護也爾雅絢謂之救郭璞曰救絲以爲絢或曰亦冑名亦作穀捄捄
5	舊	巨	又	群	낋	giŋ			jiu	對新之稱久也昔也老宿也又有韻从艹从隹从杵臼之臼俗作舊監本从廾誤

序号	小韵	反切上字	反切下字	字母	谚文注音及国际音标		俗音及国际音标		汉语拼音	注释
6	副	敷	救	非	블	fuɯŋ			fu	貳也佐也稱也后夫人首飾也又屋陌二韻
7	復	扶	富	奉	쁠	vuɯŋ			fu	又也重也詩復會諸侯於東都天下喜於王化復行武王復受天命之類是也又屋韻
8	秀	息	救	心	실	siŋ			xiu	出也榮也茂也美也楚辭采三秀於山閒王逸曰芝草也文選煌煌靈芝一年三秀漢吳公聞賈誼秀才召置門下秀才之名起於此光武名秀改秀才爲茂才又草木之名曰秀詩出其東門箋荼茅秀謂茅花也論語秀而不實謂華而不實也
9	僦	卽	就	精	질	tsiŋ			jiu	賃也漢書注顧也
10	岫	似	救	邪	씰	ziŋ			xiu	山有穴曰岫
11	就	疾	僦	從	찔	dziŋ			jiu	成也促也卽也久也終也市也
12	狩	舒	救	審	실	ɕiŋ			shou	冬獵杜預曰狩圍守也冬物畢成獲則取之無所擇也又天子適諸侯曰巡狩亦作守又有韻
13	臭	尺	救	穿	칠	tɕʰiŋ			chou	氣之摠名易巽爲臭其臭如蘭禮記臭陰臭陽之類對香而言則爲惡氣海濱逐臭之夫之類是也又見上亦作殠
14	祝	職	救	照	질	tɕiŋ			zhu	說文祭主贊詞又詞也亦作詶呪又御屋二韻
15	授	承	呪	禪	씰	ziŋ			shou	付也又有韻
16	鞣	如	又	日	싈	ȵiŋ			rou	車軔又有韻

续表

序号	小韵	反切上字	反切下字	字母	谚文注音及国际音标		俗音及国际音标		汉语拼音	注释
17	不	俯	救	審	블	ɕuɯŋ			fou	不可也弗然也又魚尤有質四韻
18	瘦	所	救	審	슬	ɕuɯŋ			shou	臞瘠本作瘦詩箋作腴
19	篍	初	救	穿	츨	tɕʰuɯŋ			zao	倅也左傳僖子使平蓮氏之篍又齊飛順疾也唐書篍羽鶴鷺
20	縐	側	救	照	즐	tɕuɯŋ			zhou	蹙也詩蒙彼縐絺又縮也
21	驟	鉏	救	牀	쯜	dʑuɯŋ			zhou	馬疾行又奔也亦作騶
22	胄	直	又	牀	찔	dʑiɯŋ			zhou	裔也又國名亦作伷
23	溜	力	救	來	릴	liɯŋ			liu	水溜亦作霤
24	狃	女	救	泥	닐	niɯŋ			niu	習也就也又有韻
25	候	胡	茂	匣	뜰	ɣuɯŋ			hou	斥候也氣候也伺也待也證候也
26	詬	許	候	曉	홀	xuɯŋ			hou	厚怒也又聲也又有韻
27	寇	丘	候	溪	킬	kʰuɯŋ			kou	仇也賊也鈔也暴也又姓方言凡物盛多謂之寇郭璞曰今江東有小鳥其多無數俗謂之寇
28	漚	於	候	影	흘	ʔuɯŋ			ou	久漬也考工記亦作渥音同又尤韻
29	戊	莫	候	明	믈	muɯŋ			wu	十幹名漢志豐茂於戊爾雅歲在戊曰著雍月在戊曰厲戊在中極鉤陳之位兵衛之象故从戈从左庚戊土寄位於戊故加一則爲戊字
30	漱	先	奏	心	슬	suɯŋ			shu	瀚滌又盥漱虛口也又尤韻玉篇亦作涑
31	湊	千	候	清	츨	tsʰuɯŋ			cou	水會也聚也又趣也漢成帝帥羣臣橫大河湊汾陰亦作奏
32	奏	則	候	精	즐	tsuɯŋ			zou	進上也書敷同日奏罔功注日進於無功又節奏音樂作止高下緩急之度亦作族

续表

序号	小韵	反切上字	反切下字	字母	谚文注音及国际音标		俗音及国际音标		汉语拼音	注释
33	鬪	丁	候	端	듛	tuɯŋ			dou	競也爭也值也又姓亦作鬭說文从門从鬦兩士相對兵仗在後象鬪之形經史多訛从門故廣韻注云凡从鬥者今與門戶字同字法當从鬥
34	透	他	候	透	틍	tʰuɯŋ			tou	通也徹也過也跳也
35	豆	大	透	定	뜽	duɯŋ			dou	菽也祭器又四升曰豆又有韻
36	漏	郎	豆	來	릉	luɯŋ			lou	滲漏又爾雅西北隅謂之屋漏荀子易忌曰漏說文漏以銅受水刻節晝夜百刻亦取漏下之義又窬也廣韻禹耳三漏亦作屚又尤韻
37	耨	乃	豆	泥	늫	nuɯŋ			nou	薅器形如鑹柄長三尺刃廣二寸以刺地除草亦作鎒又耘也孟子深耕易耨
38	偶	五	豆	疑	읗	ŋuɯŋ	릉	uɯŋ	ou	適然也廣韻不期也又有韻
39	冓	居	候	見	긓	kuɯŋ			gou	說文交積材也又數也十秭曰冓又邑名又中冓宮中構結深密之處
40	幼	伊	謬	影	힣	ʔiŋ			you	小也弱也又嘯韻
41	謬	靡	幼	明	밍	miŋ			miu	詐也差誤也妄言也

宥韵中共有 198 个韵字。

由表 6.19 可知，宥韵中诸小韵韵尾的读音与平声的尤韵相同，都为[ŋ]，同样是与传统拟音中推测的[iou]或者[iəu]不同。因此也可以肯定尤、有、宥韵中诸字在明朝官话音中是读作[iŋ]或者[uɯŋ]。

此外，小韵 38 中的俗音注音疑母读作喻母，是疑母、喻母合流现象的反映。

与嘉靖本进行对比，有多处不同且主要集中在反切下字上：

（1）《译训》中的小韵 3 "糗"，丘救切，嘉靖本不算作小韵，如图 6.15 所示。

图 6.15　小韵"糗"在《洪武正韵译训》与嘉靖版《洪武正韵》中的对比

（2）小韵 4"救"注释最后，《译训》是"亦作觳"，嘉靖本是"亦作殺"。

（3）小韵 28"漚"的反切下字，《译训》是"於候切"，嘉靖本是"於候切"。

（4）小韵 29"戊"的反切下字，《译训》是"莫候切"，嘉靖本是"莫候切"。

（5）小韵 34"透"的反切下字，《译训》是"他候切"，嘉靖本则是"他候切"。

沁韵包含 17 个小韵，其中有标注俗音的 1 个，具体见表 6.20。

表 6.20　二十沁韵文字转写表

序号	小韵	反切上字	反切下字	字母	谚文注音及国际音标		俗音及国际音标		汉语拼音	注释
1	沁	七	鴆	清	짐	ts^{h}im			qin	水名
2	浸	子	鴆	精	짐	tsim			jin	漬也漸也涵也沈也澤之總名也又漸進也易剛浸而長揚子浸以光大亦作寖濅瀋湛
3	枕	職	任	照	짐	tɕim			zhen	以首據物語曲肱而枕之又寢韻

续表

序号	小韵	反切上字	反切下字	字母	谚文注音及国际音标		俗音及国际音标		汉语拼音	注释
4	甚	時	鳩	禪	씸	zim			shen	劇過也尤也深也又寢韻
5	任	汝	鳩	日	심	ȵim			ren	孕也又鄒陽傳紂剚任者觀其胎產又用也又所負者論語仁以爲己任又侵韻从千誤
6	滲	所	禁	審	合	ɕum			shen	漉也又侵韻
7	讖	楚	禁	穿	즘	tɕʰum			chen	符讖
8	譖	側	禁	照	즘	tɕum			zan	讒毀也又鹽韻
9	闖	丑	禁	穿	침	tɕʰim			chen	馬出門貌公羊傳開之則闖然何休曰闖出頭貌或作覘韓愈同宿聯句儒門雖大啓姦首不敢闖皆以窺覘爲義
10	臨	力	禁	來	림	lim			lin	喪哭論語臨喪不哀禮記臨喪則必有哀色周禮王弔臨注以尊適卑曰臨又偏向也又侵韻
11	紟	巨	禁	群	낌	gim			jin	單被禮記絞紟以衣系亦作衿又侵韻
12	鴆	直	禁	牀	찜	dzim			zhen	毒鳥
13	賃	女	禁	泥	님	nim			lin	借也僦也从千誤
14	禁	居	廕	見	김	kim			jin	制也戒也謹也止也天子所居曰禁蔡邕曰漢制天子所居門閤有禁非侍御之臣不得妄入行道豹尾中亦作禁中避元后父名改曰省中又侵韻
15	廕	於	禁	影	힘	ʔim			yin	芘也亦作廕陰又陰景曰廕左傳趙孟視廕唐書桑廕不徙而大功立說文草陰地也荀子木成廕而衆鳥息焉本作廕凡从陰者皆然
16	深	式	禁	審	심	ɕim			shen	度深曰深
17	吟	宜	禁	疑	임	ŋim	인	in	yin	廣韻長詠韓愈同宿聯句白鶴相叫吟音去聲又侵寢二韻

沁韵中共有 51 个韵字。与嘉靖本对比，并无不同之处。

勘韵包含 22 个小韵，其中有附注读音说明的 1 个，具体见表 6.21。

表 6.21　二十一勘韵文字转写表

序号	小韵	反切上字	反切下字	字母	谚文注音及国际音标		俗音及国际音标		汉语拼音	注释
1	勘①	苦	紺	溪	캄	khɐm			kan	挍也鞠囚也
2	紺	古	暗	見	감	kɐm			gan	深青赤色
3	憾	胡	紺	匣	햠	ɣɐm			han	恨也亦作感又感韻
4	暗	烏	紺	影	함	ʔɐm			an	日無光又默也深也不明也亦作闇晻
5	參	七	紺	清	참	tshɐm			can	曲名又參鼓亦作摻又見侵覃感三韻
6	探	他	紺	透	탐	thɐm			tan	嘗也試也取也伺也索也亦作撢又見覃韻
7	闞	苦	濫	溪	캄	khɐm			kan	闞也又邑名又姓又見感韻二韻
8	暫	昨	濫	從	짬	tsɐm			zan	不久亦作蹔
9	三	息	暫	心	삼	sɐm			san	三之也論語三省三思三復禮記朝於王季日三易再三瀆左傳三鼓皆有平去二音又見覃韻
10	擔	都	濫	端	담	tɐm			dan	負荷也又所負者亦作儋檐又小罌揚子吾見擔石矣亦作甔又談韻
11	淡	徒	濫	定	땀	dɐm			dan	薄味又見感琰二韻
12	賧	吐	濫	透	탐	thɐm			dan	蠻夷贖罪貨亦作佟
13	濫	盧	瞰	來	람	lɐm			lan	汎濫水延漫也搖也又蘸漿之屬内則醴濫注云濫以諸和水也紀莒之間名諸為濫釋文云乾桃乾梅皆曰諸又浴器莊子同濫而浴又感韻
14	陷	乎	韽	匣	햠	ɣjɐm			xian	地隤亦作錎
15	韽	於	陷	影	햠	ʔjɐm			an	下聲又覃韻
16	蘸	莊	陷	照	잠	tɕɐm			zhan	以物淬水中
17	湛	丈	陷	牀	짬	dʑɐm			zhan	露貌又澄也餘見沁韻
18	鑑	古	陷	見	걈	kjɐm			jian	鏡所以照也又誠也昭也照也亦作監左傳光可以鑑又下又見覃韻

---

① 《洪武正韵译训》中对小韵"勘"有附注读音说明"韻内中聲卜音諸字其聲稍宜以卜·之間讀之唯唇印正齒音以卜呼之韻内諸字終聲同"。

续表

序号	小韵	反切上字	反切下字	字母	谚文注音及国际音标		俗音及国际音标		汉语拼音	注释
19	檻	胡	監	匣	햠	ɣjem			jian	欄也檻猶閉也朱雲折檻又感韻
20	讒	士	監	牀	짬	dzem			chan	譖也又覃韻
21	摲	所	鑑	審	삼	ʂem			chan	芟也禮記有摲而播者又覃韻
22	梵	扶	泛	奉	뺨	vem			fan	梵唄羌戎吟聲又東韻

勘韵中共有 70 个韵字。与嘉靖本对比，有两处不同：

（1）小韵 4 "暗"，乌绀切，在嘉靖本中不算作小韵，如图 6.16 所示。

图 6.16 小韵 "暗" 在《洪武正韵译训》与嘉靖版《洪武正韵》中的对比

（2）小韵 13 "濫" 的注释开头部分，《译训》为 "汎濫"，嘉靖本为 "況濫"，后者应为抄录中出现错字。

艳韵包含 19 个小韵，其中有标注俗音的 2 个，有附注读音说明的 1 个，具体见表 6.22。

表 6.22　二十二艳韵文字转写表

序号	小韵	反切上字	反切下字	字母	谚文注音及国际音标		俗音及国际音标		汉语拼音	注释
1	豔[1]	以	贍	喻	염	jʌm	연	jʌn	yan	方言美也宋衛晉鄭之間曰豔又曰美色為豔郭璞曰言光豔也左傳美而豔美謂好也豔謂精彩動人也又光彩曰豔韓愈詩光豔萬丈長亦作艷人歆羨也亦作豓
2	厭	於	豔	影	염	ʔjʌm			yan	足也𩖾也亦作猒𪑷詩有厭其傑厭厭其苗毛傳苗厭然特美也箋厭厭衆齊等也又鹽琰葉合四韻
3	窆	陂	驗	幫	범	pjʌm			bian	下棺禮記作封
4	壍	七	豔	清	쳠	tsʰjʌm			qian	坑壍亦作塹
5	苫	舒	贍	審	셤	ɕjʌm			shan	廣韻草覆屋又凶禮覆席草又鹽韻
6	襜	冒	豔	穿	쳠	tɕʰjʌm			chan	披衣亦作幨襜裧又載蔽膝也亦作韂又見鹽韻
7	占	章	豔	照	졈	tɕjʌm			zhan	擅據也著位也固也又隱度其辭口以授人曰口占漢陳遵占書吏隱度戶口來附本業曰自占宣帝紀流民自占又鹽韻
8	染	而	豔	日	셤	njʌm			ran	汚也染之也廣韻作染又見琰韻
9	斂	力	驗	來	럼	ljʌm			lian	收也聚也又鹽琰二韻
10	标	他	念	透	톔	tʰjʌm			tian	炊竈木廣韻云火杖
11	店	都	念	端	뎜	tjʌm			dian	崔豹古今注店置也所以置貨鬻物杜甫詩野店引山泉
12	念	奴	玷	泥	념	njʌm			nian	常思也从今从心俗作念
13	嗛	詰	念	溪	켬	kʰjʌm			qian	食不滿又琰韻
14	僭	子	念	精	졈	tsjʌm			jian	假也儗也差也侵也又侵沁二韻俗作僣非僭音鐵

①《洪武正韵译训》中对小韵"豔"有附注读音说明"韻內諸字終聲同"。

序号	小韵	反切上字	反切下字	字母	谚文注音及国际音标		俗音及国际音标		汉语拼音	注释
15	釅	魚	欠	疑	염	njʌm	연	jʌn	yan	酢漿又醲也
16	黏	尼	欠	泥	념	njʌm			nian	膠黏又稠也又鹽韻
17	脅	虛	欠	曉	혐	xjʌm			xian	妗也又葉韻
18	欠	去	劍	溪	켬	kʰjʌm			qian	欠伸説文張口气悟也今借爲欠少字
19	劍	居	欠	見	겸	kjʌm			jian	兵器釋名劍檢也所以防檢非常

艳韵中共有 63 个韵字。

从表 6.20、表 6.21、表 6.22 可以看出，去声卷十三中最后的三个大韵沁、勘、艳反映出的语音情况是一致的，它们的俗音注音反映出疑母、喻母合流现象的同时，与平声的侵、覃、盐三韵中所分析的情况一样，正音的尾音[m]在俗音中变为[n]。这种情况亦是[m]音在明朝官话音中开始消失，逐步变为[n]读音的有力证明。

与嘉靖本对比，有两处不同：

（1）小韵 7 "占"注释中，《译训》是"隱度其辭口以授人曰口占"，嘉靖本则是"隱度其辭曰以授人曰口占"。结合《韵会》《通雅》等书的记载，嘉靖本出现了讹误。

（2）小韵 14 "僭"的注释中"僭"字不同，《译训》是"俗作僭非僭"，嘉靖本是"俗作僣非僣"。

去声部分中，同样存在诸如疑母、喻母合流，读音简化等现象。此外，上声的纸韵中均出现过的儿化现象在去声也有发生。由此可见，如今北京话中儿化用法的出现是可以从《译训》的支、纸、真韵的俗音注音中得到证实的，标志着支、纸、真韵诸字产生了新的官话音，这也是明代迁都后形成的新官话体系的例证。

第七章

《洪武正韵译训》入声部分的

注音与明朝官话音

　　入声是古汉语的四声之一，是由三种不同的塞音[k̚]、[t̚]、[p̚]做韵尾构成的声调。从元代开始，北方的入声逐步分化，形成了"入派三声"的格局，即入声字分别归入平、上、去三声中。到明初《洪武正韵》编写时期，入声保留在南音中，也被《洪武正韵》的编者收录其中。

　　音韵学界对入声研究存有争议。王力在其《汉语语音史》中对入声有这样的叙述：

　　　　中国传统音韵学分为两派：考古派和审音派。考古派以顾炎武、段玉裁为代表，他们不承认入声独立；审音派以江永、戴震、黄侃为代表，他们承认入声独立。孔广森、王念孙、江有诰、章炳麟也算考古派，孔广森认为除缉部外，古无入声，王念孙只承认月质缉盍四部独立。江有诰只承认月、缉、盍三部独立，不承认之、支、鱼、侯、宵、幽的入声独立。章炳麟干脆否认这六部有入声。①

　　本书研究的《洪武正韵译训》，其入声部分主要也是按照《洪武正韵》中的入声来划分的。根据明朝《洪武正韵》序文中的叙述，"入声"这个词是生活在吴语区的沈约等人提出的。

　　　　自梁之沈约拘以四声八病，始分为平上去入，号曰类谱，大抵多吴音也。

　　明朝成立时定都南京，朱元璋下令编写的官方韵典《洪武正韵》虽然想使书中的韵字脱离南音的影响，形成全国统一的读音，但当时的官话以南京话为主体，使用的亦是以吴音为主的南音，所以在最初的官话音（正音）中入声韵尾俱全，说话音（俗音）中仍有入声存在。

　　元代之后的北音，入声韵尾已合并至其他三声中，当时的北方大部分地区入声已消失。这在明朝后的书籍中有不少记载。太仓人陆容《菽园杂记》中记录：

　　　　殊不知北人音韵不正者尤多。如京师人以步为布，以谢为卸，以郑为正，以道为到，皆谬也。河南人以河南为喝难，以妻弟为七帝。北直隶、山东人以屋为乌，以陆为路，以阁为果，无入声韵。入声内以缉为妻，以叶为夜，以甲

---

① 王力：《汉语语音史》，中国社会科学出版社，1985 年版，第 44 页。

为贾，无合口字。①

太仓人吕毖在《明朝小史》中也说：

> 方音呼魏为喂，谷为鼓也。②

明朝官话音中的入声消失现象主要发生在迁都以后，大量的北音，特别是当时北京话的语音开始杂糅进原来的官话音中，进而形成了新的明朝官话音系。这里所说的北京话是指最早出现在幽州、燕州一带的方言，流传范围较广。同时北京话受到周边如河北等地方言的影响，在经过多年的演变后，逐渐形成了元明时期的北京话。元朝定都北京，将北京称作大都；当时流传于北方的中原雅音（宋朝的河南官话）和幽燕地区的方言结合，形成了大都话，这也是明朝初期所形成的北京话。在明朝迁都北京后，大都话融合了以南京话（那时候是吴语）、江淮话为主体的南方官话，形成了当时新的官话音体系，使得入声韵尾开始合并并逐步消失。这种新官话或者说北京官话和现代以北京语音为标准音的普通话在读音上有传承关系。

在《洪武正韵译训》编写的年代，明朝迁都北京已有数十年，书中有了正俗音，当时的京城官话中虽然读书音（正音）仍旧保留着南音的特点，但实际上民间的说话音（俗音）发生了很多变化，出现了北方官话音的特点。两种官话音同时存在，到明中期的万历年间，南方官话音中犹有入声存在。

《万历野获编》中记载南音有入声，而以京城为首的北方官话音无入声，清入字读上声。

> 京师称妇人所带冠为"提地"，盖"䯼""髻"两字，俱入声，北音无入声者，遂讹至此。又呼"促织"为"趋趋"，亦入声之误。今南客闻之习久不察，亦袭其名误矣。③

从这些记载来看，明朝宫中平时说话也是没有入声的，但经筵读书仍有入声，同时亦将这种差别区分为南北音。

东阿人于慎行在《谷山笔麈》中记载：

---

① 〔明〕陆容撰，李健莉校点：《菽园杂记》，上海古籍出版社，2012 年版，第 29 页。
② 〔明〕吕毖辑著：《明朝小史》，载郑振铎主编：《玄览堂丛书》（第 90 册），广陵书社，2010 年版，第 6 页。
③ 〔明〕沈德符：《万历野获编》，文化艺术出版社，1998 年版，第 696 页。

丁丑，行在讲筵。一日，讲官进讲《论语》至"色，勃如也"，读作入声，主上读作"背"字，江陵从旁厉声曰："当作'勃'字！"上为之悚然而惊，同列相顾失色。及考注释，读作去声者是也。盖宫中内侍伴读，俱依注释，不敢更易，而儒臣取平日顺口字面，以为无疑，不及详考，故反差耳。①

文中的"上"指万历皇帝，"江陵"指张居正。"色勃如也"的"勃"有去声、入声二读，张居正认为当读入声。

而在朝鲜半岛地区，由于自古推崇汉文化，提倡使用汉语作为官方语言，同时在语音上更加偏向于中国南音，虽然在明朝迁都后亦开始学习和使用融合后的官话，但是仍然保留了大量的入声，并持续到现代朝鲜语中。现代朝鲜语仍有约 70% 的汉字词，其中完整地保留了中古汉语的入声韵尾，即保存了 [k̚] 和 [p̚] 的入声。通过朝鲜语对应的汉字词，可以分辨出现代汉语中哪些字是古入声字。例如："学"，朝鲜语读作학（[hak̚]）；"十"，朝鲜语读作십（[sip̚]）。这两个字在朝鲜语中保留了入声韵尾 ㄱ[k̚] 和 ㅂ[p̚]，属于古入声字。

在现代朝鲜语的汉字词中入声 [t̚] 韵尾变为流音 [l]。例如："一"，朝鲜语读作일（[il]）；"八"，朝鲜语读作팔（[pʰal]）。这两个字在现代朝鲜语的汉字词读音中韵尾发生了变化，无法据此判断是否为入声字。

《洪武正韵译训》一书保留了入声，并用谚文标注了正音的读法，同时又标注了俗音的读法，这样既保留了入声字的古音读法，又提示了入声演变的趋势。

《洪武正韵译训》的入声部分共有 10 个大韵，371 小韵，其中有 29 个小韵标注了俗音，另对 12 个小韵专门进行了读音说明，共计 2482 个韵字。

第一节　入声卷十四

《洪武正韵译训》入声卷十四中包含屋、质、曷、辖 4 个大韵，共计 150 个小韵，其中有标注俗音的 18 个，有 5 个读音说明，收录了 852 个韵字。

屋韵包含 37 个小韵，其中有标注俗音的 8 个，有附注读音说明的 1 个，具体见

---

① 〔明〕于慎行：《谷山笔麈》，中华书局，1984 年版，第 19 页。

表 7.1。

表 7.1　一屋韵文字转写表

序号	小韵	反切上字	反切下字	字母	谚文注音及国际音标		俗音及国际音标		汉语拼音	注释
1	屋①	烏	谷	影	ᅙᅮᆨ	ʔuk˩	ᅙᅮᇰ	ʔuɥ˩	wu	舍也具也止也周禮夫三爲屋又屋誅刑名亦作剭又黃屋車蓋漢高紀注天子車以黃繒爲蓋裏又夏屋大俎也
2	穀	古	禄	見	국	kuk˩			gu	百穀摠名穀者實也善也續也生也左傳晉師三日館穀杜預曰館舍也食楚軍穀三日又禄也詩俾爾戬穀从穀从禾从木誤
3	酷	枯	沃	溪	쿡	kʰuk˩			ku	苛虐也慘刻也說文酒味厚也又香氣醲洌也蜀都賦芬芳酷烈又深辭晉書何無忌酷似其舅又方言自河以北趙魏之郊謂穀熟爲酷
4	熇	呼	木	曉	혹	xuk˩			he	炎氣熱也亦作歊又蕭藥二韻
5	縠	胡	谷	匣	ᅘᅮᆨ	ɣuk˩			hu	細縛又縐紗
6	卜	博	木	幫	북	puk˩			bu	說文卜灼剝龜也象炙龜之形卜赴也又姓
7	撲	普	卜	滂	폭	pʰuk˩			pu	尚書其猶可撲滅荀悅申鑒論桎梏鞭撲以加小人又荀子若馭撲馬注未調習之馬也又藥韻
8	僕	步	木	並	뿍	buk˩			pu	給事侍從者亦作儌
9	木	莫	卜	明	뭊	muk˩			mu	五行三曰木其性曲直其味酸其數八說文木冒也冒地而生東方之行也又質也論語剛毅木訥近仁又木強不柔和貌析木次名又姓古作杢象形俗作木凡从木者皆然

---

①《洪武正韵译训》中对小韵"屋"有附注读音说明"韻內諸字終聲同"。

续表

序号	小韵	反切上字	反切下字	字母	谚文注音及国际音标		俗音及国际音标		汉语拼音	注释
10	速	蘇	谷	心	슉	suk			su	疾速又召也戚也趨也亦作遬數
11	夙	蘇	玉	心	슉	sjuk	숟	suɯt	su	早也古作㛗
12	蔟	千	木	清	죡	tshuk			cu	聚也攢也
13	族	昨	木	從	쪽	dzuk			zu	宗族聚也百家也周禮四閭爲族又宥韻
14	秃	他	谷	透	특	thuk			tu	說文無髮也禾粟之形文字音義曰蒼頡出籀文作禿上从毛轉爲禾下从儿與人同監本从几誤
15	牘	杜	谷	定	뚝	duk			du	書板从片从賣俗作牘監本从賣誤
16	祿	盧	谷	來	룩	luk			lu	穀也俸也善也錄也天祿獸名
17	福	方	六	非	북	fuk			fu	善也休也祐也備也百順之名也祥也从示从畐示音祈畐音服俗作福
18	伏	旁	六	奉	뿍	vuk			fu	跧也偃也匿也隱也藏也潛也強也又姓又三伏日釋名伏者金氣伏藏之日也金畏火故三伏皆庚日歷忌日四氣代謝皆以相生至于立秋以金代火金畏于火故庚日必伏又蒲伏與匐同又宥陌二韻从人从犬與伏字不同伏音大地名在海中
19	蹙	子	六	精	쥭	tsjuk	쭏	tsuɯt	cu	迫也近也急也縮也綢也蹴也亦作蹴蹵戚又膇蹙愁貌亦作顣
20	叔	式	竹	審	슉	ɕjuk	숟	ɕuɯt	shu	漢昭帝紀以叔粟當賦又叔季也
21	柷	昌	六	穿	쥭	tɕhjuk	쭏	tɕhuɯt	zhu	所以作樂者狀如漆桶中有椎連底動之令左右擊漢志木曰柷

序号	小韵	反切上字	反切下字	字母	谚文注音及国际音标		俗音及国际音标		汉语拼音	注释
22	畜	許	六	曉	흉	xjuk̚			xu	養也亦作慉書犬馬非其土性不畜孟子俯足以畜妻子論語君賜生必食之皆音許六切唯孟子畜君何尤音敕六切朱氏音蓄訓止也止君之私欲
23	祝	之	六	照	쥭	tɕjuk̚	쥼	tɕɯt̚	zhu	祝爲主人饗神之辭禮記祝以孝告之織也詩素絲祝之又斷也丁寧也又姓又御宥二韻
24	匊	居	六	見	귝	kjuk̚			ju	詩傳兩手曰匊謂以兩手奉物廣韻物在手亦作掬本作臼
25	孰	神	六	禪	쓕	zuk̚			shu	說文食飪也成也練也禮記飯腥而苴孰三獻孰孰其殽莊子孰知其故矣又稔也相如賦盧橘夏孰又誰也莊子孰肯以物爲事又何也論語孰不可忍也俗作熟後人於生熟字下加火以別之
26	肉	而	六	日	슉	ȵjuk̚			rou	肌肉又邊也爾雅肉好和如一謂之環偏旁作月又尤宥二韻
27	育	余	六	喻	윱	juk̚			yu	養也亦作毓上从云音他骨切與云字不同
28	郁	乙	六	影	욱	ʔjuk̚			yu	論語郁郁乎文哉朱氏曰郁文盛貌又地名又姓又馥郁香醸又沉浸醸郁
29	玉	魚	欲	疑	윰	ŋjuk̚			yu	寶玉陽精之純古作王自秦更隷始加點以別王字點在下畫之傍者寶玉字也點在中畫之傍者須玉許救息六三切玉工也朽玉也又國名又人姓俗書玉玉不辨又屬玉水鳥

续表

序号	小韵	反切上字	反切下字	字母	谚文注音及国际音标		俗音及国际音标		汉语拼音	注释
30	縮	所	六	審	令	ɕuk̚			suo	收也斂也退也蹙也短也亂也不及也蔡澤傳進退盈縮又直也禮記古者冠縮縫孟子自反而縮又噏也禮記縮酌用茅左傳包茅不入王祭不供無以縮酒亦作茜又爾雅繩之謂之縮郭璞曰約束也詩縮板以載
31	逐	直	六	牀	쭉	dzjuk̚	쭇	dzuɪ̚	zhu	追也驅也從也疾也強也走也斥也放也逐逐篤實也一曰馳貌易其欲逐逐
32	朒	女	六	泥	뉵	njuk̚			nü	縮也朔而月見東方曰朒漢五行志縮朒不任事注縮朒不任事貌从日月之月从肉舊从月从肉誤
33	麴	丘	六	溪	큭	kʰjuk̚			qu	酒媒又姓亦作鞠
34	局	渠	玉	群	뀩	gjuk̚			ju	曹也分也拘也又曲也詩予髮曲局不敢不局又匣也唐文粹負局生
35	足	縱	玉	精	죡	tsjuk̚	쥿	tsuɪ̚	zu	趾也滿也止也無欠也从口从止今作足偏旁作𧾷又御韻
36	續	松	玉	邪	쑥	zjuk̚			xu	繼也連也亦作賡又姓晉有續咸
37	篤	都	毒	端	둑	tuk̚			du	厚也說文馬行頓遲也亦作竺爾雅困也

入声中第一个大韵是屋韵，屋韵中共有 316 个韵字。

表 7.1 中屋韵的谚文注音韵尾正音是塞音 [k̚]，俗音是塞音 [ɪ̚]。结合其读音说明可以看出，在当时的官话音中，入声屋韵的韵尾尽管还保留了入声读音，但已从塞音 [k̚] 变为 [ɪ̚]；并且这种读音的改变属于普遍现象。

《洪武正韵译训》的编者在编写过程曾数次请教明朝当时的知名学者，并多次前往中国北方官话区，特别是北京考察读音，从俗音中仍有韵尾 [ɪ̚] 来看，迁都后的明初官话音中尚有入声，但是入声的韵尾开始出现了混合的现象，这也符合学界对入声消失趋势的看法。入声消失首先表现出来的是入声三种韵尾的混淆，不过入声调仍然存在。

此外，与真、珍、震韵相同，屋韵正音中韵母[u]在俗音里读作[ɯ]，但从普通话读音来看，此种变化并未延续下来。此外，小韵 29 的疑母并未发生于喻母合流现象，这也进一步说明了二者合流现象在当时的官话音中仍在进行而非已经完成。

与嘉靖本进行对比，有如下不同之处：

（1）小韵 18 "伏" 注释中 "伏" 不同，《译训》为 "與伏字不同"，嘉靖本为 "與伏字不同"，如图 7.1 所示。

图 7.1　小韵 "伏" 在《洪武正韵译训》与嘉靖版《洪武正韵》中的对比

（2）小韵 32 "朒" 的注释中，《译训》是 "月見東方曰朒"，嘉靖本是 "月見東方曰朒"，后者应为抄录错误。

质韵包含 63 个小韵，其中有标注俗音的 5 个，有附注读音说明的 1 个，具体见表 7.2。

表 7.2　二质韵文字转写表

序号	小韵	反切上字	反切下字	字母	谚文注音及国际音标		俗音及国际音标		汉语拼音	注释
1	質①	職	日	照	짇	tɕiʔ	짇	tɕiʔ	zhi	朴也主也信也平也謹也正也考也驗也證也券書也椹也爾雅成也詩質爾人民左傳策名委質後漢書注委質猶屈膝也亦音摯又質當也又真韻
2	失	式	質	審	싣	ɕiʔ			shi	錯也縱也逸也遺也過也亡失也又真韻
3	叱	尺	栗	穿	칟	tɕʰiʔ			chi	呵叱也从口从七監本从匕誤
4	日	人	質	日	싣	nʑiʔ			ri	說文實也从日从一象形太陽精不虧也易離爲日漢書李尋傳日者衆陽之宗人君之表也左傳文七年日衛不睦杜預曰日往日也史漢往日曰異日亦曰日者又歷官亦曰日者又左傳天有十日謂陽數十幹自甲至癸也凡昏旦明晦朝莫旦暵之類皆从日旨字从甘書者魯習皆智等皆从自偏旁作白盈字从囚今誤皆作日白與日不同日字上畫缺俗作日
5	率	朔	律	審	쉳	ɕuʔ	솅	ɕwɜʔ	shuai	領也募也遵也循也用也行也皆也略也率先也亦作帥又真韻又見下
6	悉	息	七	心	싣	siʔ			xi	詳盡也諝究也知也从采从心采音瓣與采不同俗作悉
7	七	戚	悉	清	칟	tsʰiʔ			qi	少陽數火數也
8	塱	子	悉	精	짇	tsiʔ			ji	疾也書朕聖讒說殄行又燒土爲塱所謂聖周是也燭燼爲塱所謂折塱是也又陌韻
9	疾	昨	悉	從	찓	dziʔ			ji	病也患也惡也急也妬也

---

①《洪武正韵译训》中对小韵"質"有附注读音说明"韻內諸字終聲同"。

续表

序号	小韵	反切上字	反切下字	字母	谚文注音及国际音标		俗音及国际音标		汉语拼音	注释
10	必	壁	吉	幫	빋	pit̚			bi	定辭審也然也專也說文分極也又組也考工記天子圭中必亦作繹古作必非从心也
11	弼	薄	密	並	삗	bit̚			bi	輔也備也本正弓器也亦作拂佛說文作彌今作弼當作弼
12	密	覓	筆	明	밑	mit̚			mi	安也靜也祕也稠也廣韻山脊也又地名水名國名坤蒼作宓又姓爾雅山如堂者密尸松栢之鼠不如堂密之有美樅廣韻亦作宓三字義異者分押
13	匹	僻	吉	滂	핕	pʰit̚			pi	偶也配也兩也又馬四疋左傳襄二年賂夙衛以索馬牛皆百匹說文四丈也俗作疋與疋字不同
14	秩	直	質	牀	찓	dʐit̚			zhi	職也官也積也次也常也序也祭也書望秩于山川漢書亦作袟爾雅秩秩智也郭曰智思深長又秩秩清也郭曰德音清泠詩德音秩秩毛傳秩秩有常也鄭箋敎令清明也又秩秩斯干毛傳流行貌箋流出無極已也又左右秩秩毛傳肅敬貌箋智也言不失禮也从禾形也从失聲也本再生稻也刈而重出先後相繼故借爲秩序字後以从禾从夫爲再生稻蓋字訛也
15	栗	力	質	來	릳	lit̚			li	果名堅也竦縮也謹敬也郭璞曰栗栗積聚緻也又析也詩烝在栗薪又懼也論語使民戰栗漢元紀夙夜栗栗楊惲傳不寒而栗嚴延年傳戰栗不敢犯禁古作桌从鹵从木鹵音條草本實垂鹵鹵然也詩實穎實栗注其實栗栗然栗栗者堅實纍纍之貌又屑韻

续表

序号	小韵	反切上字	反切下字	字母	谚文注音及国际音标		俗音及国际音标		汉语拼音	注释
16	暱	尼	質	泥	닐	nit			ni	日近也亦作昵
17	仡	魚	乞	疑	읠	ŋit	잉	iʔ	yi	壯勇貌書仡仡勇夫
18	逸	弋	質	喻	일	it			yi	超也過也縱也奔也隱也遁也放也駿也說文失也从辵从兔兔謾訑善逃也亦作失逸又與佚同監本从免誤
19	一	益	悉	影	힗	ʔit			yi	數之始也物之極也均也同也少也初也又太一天之貴神又天一星在紫微垣端門之左位臨星紀歷數之所始七政之所起萬物之所從出也故漢志曰紀於一
20	乞	欺	訖	溪	킬	kʰit			qi	求也說文作气又眞韻
21	吉	激	質	見	길	kit			ji	吉凶之反得於理不失則吉也易吉凶者失得之象也又休祥也又姓又朔日詩二月初吉周禮正月之吉論語吉月从士从口俗作吉非吉音碻
22	肸	黑	乙	曉	힗	xit			xi	響布也亦作肣晉羊舌肸字叔向漢郊祀歌鴻路龍鱗罔不肸飾又盛作也相如賦肸響布寫
23	橘	厥	筆	見	귣	kjut			ju	果名書厥包橘柚錫貢
24	欻	都	律	端	둩	tjut			dui	殳也詩荷戈與殳
25	矞	休	筆	曉	훑	xjut			xu	禮運鳳以爲畜故鳥不矞又穿也釋文云矞本又作獝又見下
26	術	食	律	禪	쓣	zjut			shu	方術機術技藝也又道業也儒行營道同術莊于人相忘乎道術揚子有學術業說文邑中道也馮衍顯志賦列杜衡於外術又與述同賈山傳術追厥功又眞韻

序号	小韵	反切上字	反切下字	字母	谚文注音及国际音标		俗音及国际音标		汉语拼音	注释
27	出	尺	律	穿	츌	tɕʰjut			chu	出入也進也見也吐也寫也遠也又斥也亦作黜絀又生也左傳康公我之自出杜預曰秦康公晉之甥也又隊韻凡物自出則入聲非自出而出之則去聲然亦有叶韻互用者
28	恤	雪	律	心	슐	sjut			xu	憂也愍也賑也亦作卹左傳恤恤乎杜預曰恤恤憂患也
29	焌	促	律	清	츐	tsʰjut			qu	火燒亦火滅也又震韻
30	卒	卽	律	精	쥴	tsjut			zu	終也盡也既也禮大夫死曰卒春秋書凡列國君薨亦曰卒又見下
31	崒	昨	律	從	쭏	dzjut			zu	山高貌亦作崪又峻貌
32	窋	竹	律	照	쥴	tɕjut			zhu	物在穴貌不窋后稷之子
33	律	劣	戌	來	률	jut			lü	律呂萬法所出故法令謂之律又律己以禮法自檢也
34	聿	以	律	喻	윰	ljut			yu	循也遂也述也惟也
35	櫛	側	瑟	照	즏	tɕɯt			zhi.	梳枇總名詩其比如櫛莊子亦作楖又緫髮夏禹櫛風沐雨
36	瑟	色	櫛	審	슫	ɕɯt			se	樂器世本庖羲作瑟本五十絃後析而用其半
37	勿	文	拂	微	뭊	mjut			wu	禁止之辭毋也莫也說文州里所建旗也象其柄有三斿雜帛幅半異所以趣民故遽稱勿勿周禮作物勿與物義異者分押又見下
38	拂	敷	勿	非	붏	fut			fu	去也拭也除也擊也矯也逆也又見上
39	佛	符	勿	奉	뿛	vut			fo	大也又西方神名列子西方有聖人焉其名曰佛文中子問佛曰西方聖人也又戾也與咈同禮記獻鳥者佛其首又曰其求之也佛揚子佛乎正

续表

序号	小韵	反切上字	反切下字	字母	谚文注音及国际音标		俗音及国际音标		汉语拼音	注释
40	欻	許	勿	匣	夆	ɣjut̚			xu	風有所吹起也廣韻暴起又韓愈詩指畫變怳欻注怳欻茫昧貌當作怳惚借用欻字
41	颰	王	勿	喻	욷	jut̚			wei	大風
42	屈	曲	勿	溪	쿧	kʰjut̚			qu	曲也鬱也軋也亦作詘絀又屑韻
43	屈	九	勿	見	귿	kjut̚			qu	人姓楚公族有屈原
44	倔	渠	勿	群	꾿	gjut̚			jue	倔強梗戾貌史記作屈彊陸賈傳作屈強亦作𧺆
45	鬱	紆	勿	影	훋	ʔjut̚			yu	香草名氣也長也幽也滯也腐臭也思也木叢生也又抑屈也又水名又鬱烝熱氣鬱攸火氣周禮注鬱金香宜以和鬯故曰鬱鬯
46	沒	莫	勃	明	뭇	mut̚			mo	沈也盡也下盡階曰沒階爾雅𩇵沒勉也郭璞曰𩇵沒猶黽勉也終也與歿同从殳殳音没入水取物也上从門門音幕俗作没監本从夂誤
47	孛	蒲	沒	並	뿓	but̚	뽛	boʔ	bei	彗星又怪氣也色惡也亦作莋又與悖同
48	不	逋	沒	幫	븓	put̚			fou	不然也又見上
49	窣	蘇	骨	心	숟	sjut̚			su	穴中卒出也又勃窣行緩貌相如賦磐珊勃窣上金隄
50	卒	蒼	沒	清	춛	tsʰut̚			cu	忽也急也速也倉遽又見下
51	卒	臧	沒	精	쫃	tsut̚			zu	兵卒周禮四兩為卒卒百人也亦作倅說文隸人給事者衣為卒卒衣有題識也故从衣从十
52	咄	當	沒	端	둗	tut̚			duo	呵也咄嗟咨語也
53	硉	盧	沒	來	룯	lut̚			lu	硉矹崖貌亦作硊又礧也枚乘七發上擊下硉
54	朏	普	沒	滂	풉	pʰut̚			fei	召詔惟丙午朏注朏明也月三日明生之名陸績芳尾切又普沒芳憤二切畢命庚午朏同音又紙韻

续表

序号	小韵	反切上字	反切下字	字母	谚文注音及国际音标		俗音及国际音标		汉语拼音	注释
55	突	吐	納	定	똗	dut̚			tu	方言江湘之間凡卒相見謂之突詩突而弁兮又人名論語仲突音他沒切
56	訥	奴	骨	泥	눋	nut̚			ne	言難也亦作呐
57	覈	下	沒	匣	뽏	ɣut̚			he	陳平傳食糠覈晉灼曰覈音紇京師人謂麤屑為紇頭亦作粒又果中實亦作核又陌韻
58	鶻	胡	骨	匣	뽏	ɣut̚			hu	隼也亦作鴶又回鶻北夷種言種鷙如鶻也其先匈奴元魏時號高車部至隋曰韋紇後自稱回鶻唐書作回紇
59	忽	呼	骨	曉	홀	xut̚			hu	倏忽又滅也輕也忘也又一蠶為忽十忽為絲班固叙傳造計秒忽劉德曰忽蜘蛛網者也又荒忽
60	窟	苦	骨	溪	쿧	kʰut̚			ku	孔穴亦作堀窟
61	骨	古	忽	見	굳	kut̚			gu	肉之覈也
62	兀	五	忽	疑	욷	ŋut̚	욷	ut̚	wu	高貌又杌兀不安亦作虺又兀兀不動貌亦作掘又刖足曰兀
63	媼	烏	骨	影	옫	ʔut̚			ao	媼納肥也又巧韻

质韵中共有 339 个韵字。

通过表 7.2 可以看出，质韵中的谚文注音显示其入声韵尾是舌尖塞音 [t̚]，俗音韵尾的入声为喉塞音 [ʔ]，并且同样也有 "韵内诸字终声同" 的读音说明，由此看出这种变化并不是个例。这说明在当时的官话音中，这种读音上的变化也同样属于普遍现象。

通过表 7.1 屋韵的俗音注音及读音说明，可知当时的入声韵尾塞音 [k̚] 开始向塞音 [t̚] 演变。而在质韵中，塞音 [t̚] 读音又在俗音中进一步变化，入声韵尾 [k̚]、[t̚] 混用后最终读作 [ʔ] 这一喉塞音。

与此同时，小韵 5 的韵母读音发生了较大变化，正音中的 [u] 在俗音的注音是 [wɛ]；而在小韵 47 中，正音中的 [u] 在俗音里则读作 [o]，俗音的读音出现了分化，且没有相关的读音说明，这种读音的变化在这里应为个例，并没有大规模发展开来。

此外，通过小韵 17 和 62 的俗音可以看到，疑母和喻母在质韵中又发生了合流的现象，这说明两个声母的合流现象在平、上、去、入四个调类中皆大量存在，是明朝官话音发展中的普遍现象。

与嘉靖本对比，又有如下不同之处：

（1）小韵 18 "逸" 反切上字不同，《译训》是 "弋質切"，嘉靖本则是 "戈質切"。从 "逸" 字本身读音来看，应为嘉靖本中用字错误，如图 7.2 所示。

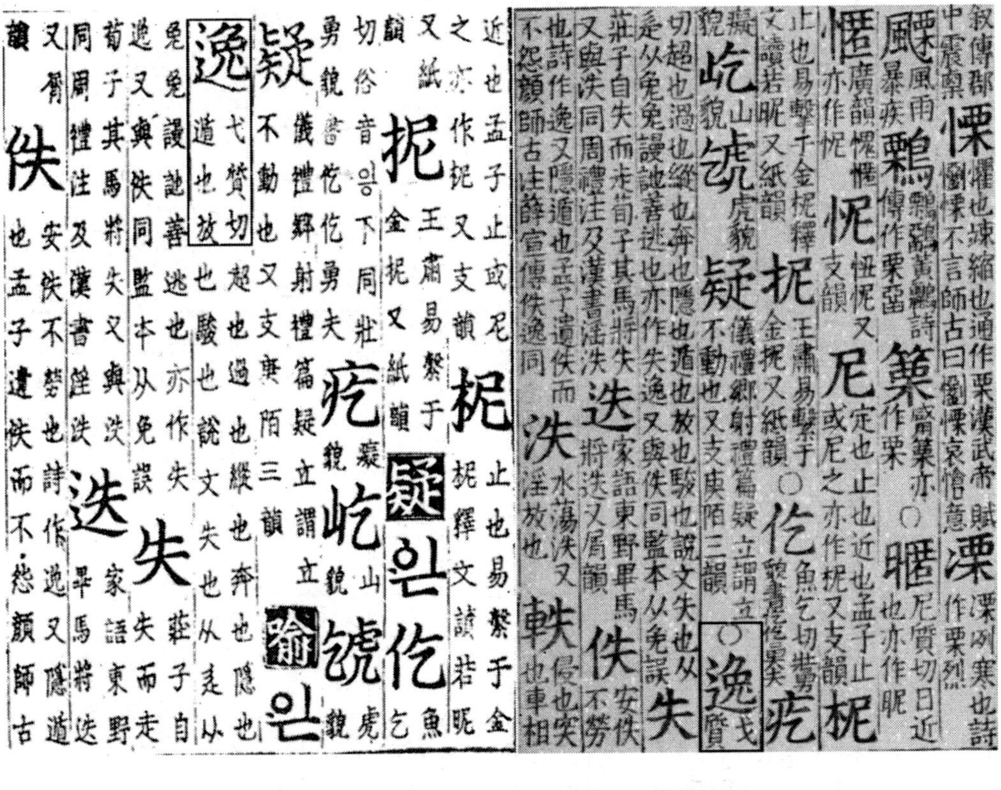

图 7.2　小韵 "逸" 在《洪武正韵译训》与嘉靖版《洪武正韵》中的对比

（2）小韵 54 "朏" 的注释最后部分，《译训》为 "又紙韻"，嘉靖本则是 "又紙隊二韻"。

曷韵包含 20 个小韵，其中有标注俗音的 1 个，有附注读音说明的 1 个，具体见表 7.3。

表7.3　三曷韵文字转写表

序号	小韵	反切上字	反切下字	字母	谚文注音及国际音标		俗音及国际音标		汉语拼音	注释
1	曷①	何	曷	匣	헗	ɣʌt̚	헣	ɣʌʔ	he	何也盍也亦作害从曰曰上有缺俗作㫲
2	喝	許	曷	曉	핟	xɐt̚			he	訶也又泰韻
3	渴	丘	曷	溪	칻	kʰɐt̚			ke	說文盡也又飢渴又屑韻
4	葛	居	曷	見	걷	kʌt̚			ge	葛藟又宛童又野葛毒草又膠葛上清之氣揚雄賦撅膠葛
5	遏	阿	曷	影	헌	ʔʌt̚			e	絕也止也爾雅逮也
6	末	莫	曷	明	뭟	mwʌt̚			mo	木杪也無也弱也遠也端也說文一在木上爲末又減也唐書宋璟傳末宥輕繫又陌韻
7	活	戶	括	匣	훯	ɣwʌt̚			huo	生也不死也又見下从氵从舌舌上从干戈之干
8	豁	呼	括	曉	훯	xwʌt̚			huo	漢書高祖豁達大度豁如也
9	闊	苦	括	溪	퀼	kʰwʌt̚			kuo	廣也遠也疏也契闊勤苦也詩死生契闊久不相見曰間闊諸葛豐傳閒何闊
10	括	古	活	見	궬	kwʌt̚			kuo	檢也根刷也結也至也包括也又與筈同書往省括于度則釋又見前从千誤
11	斡	烏	活	影	훨	ʔwʌt̚			wo	轉也旋也運也又旱韻
12	撥	北	末	幫	뷜	pwʌt̚			bo	捹開又轉之也發也理也絕也除也又發揚貌禮衣毋撥又動搖詩本實先撥如字又音蒲撥切
13	潑	普	活	滂	퓔	pʰwʌt̚			po	潎潑注曰潎散曰潑
14	跋	蒲	撥	並	뾜	bwʌt̚			ba	跋疐行貌又草行爲跋水行爲涉韓愈詩注不由蹊隧而行曰跋涉从足从友監本从友誤

---

① 《洪武正韵译训》中对小韵"曷"有附注读音说明"韻內諸字終聲同"。

续表

序号	小韵	反切上字	反切下字	字母	谚文注音及国际音标		俗音及国际音标		汉语拼音	注释
15	撮	倉	括	清	쵈	tsʰwʌt̚			cuo	六十四黍爲圭四圭爲撮又蹙聚而捎取也又見下最上從曰俗作撮盥本從曰誤
16	繓	子	括	精	죈	tswʌt̚			zuo	結也俗作繓從曰誤
17	掇	都	括	端	둴	twʌt̚			duo	採也拾也
18	脫	他	括	透	퉬	tʰwʌt̚			tuo	骨去肉又輕易也解也亦作說稅又或然之辭又見下又隊韻俗作脫
19	奪	徒	活	定	뒏	dwʌt̚			duo	攘取也亦作敚又隊韻
20	捋	盧	活	來	뤻	lwʌt̚			luo	掇取也摩也本作寽

曷韵中共有 89 个韵字。

通过表 7.3 可知，在曷韵中正音的入声韵尾舌尖塞音[t̚]在俗音注音中同样变为喉塞音[ʔ]，并有"韵内诸字终声同"的读音说明，表示曷韵内的诸字在当时的语音中皆有此种变化。其余并无特别之处。

与嘉靖本对比亦无不同之处。

辖韵包含 30 个小韵，其中有标注俗音的 4 个，有附注读音说明的 2 个，具体见表 7.4。

表 7.4　四辖韵文字转写表

序号	小韵	反切上字	反切下字	字母	谚文注音及国际音标		俗音及国际音标		汉语拼音	注释
1	轄①	胡	八	匣	햃	ɣjɐt̚	햟	ɣjɐʔ	xia	車軸頭鐵左傳叔孫昭子賦車轄今詩作舝亦作鎋
2	齧	牙	八	疑	얃	ŋjɐt̚	얗	jɐʔ	nie	漢貨殖傳山不茝蘗又屑韻
3	薩②	桑	轄	心	삳	sɐt̚			sɑ	唐六典有薩寶府掌胡神祠釋典云菩薩華言普濟
4	巀	才	達	從	짣	dzɐt̚			jie	山貌又屑韻
5	笪	當	拔	端	닫	tɐt̚			da	答也又竹籩

① 《洪武正韵译训》中对小韵"轄"有附注读音说明"韻內諸字終聲同"。
② 《洪武正韵译训》中对小韵"薩"有附注读音说明"韻內中聲卜音諸字其聲稍宜以卜‧之間讀之唯唇印正齒音以卜讀之"。

序号	小韵	反切上字	反切下字	字母	谚文注音及国际音标		俗音及国际音标		汉语拼音	注释
6	達	堂	滑	定	딸	dɐt̚			da	通也決也又生也詩先生如達毛傳如字从幸誤
7	闥	他	達	透	탈	tʰɐt̚			ta	說文門也漢號禁門曰黃闥師古曰宮中小門曰闥
8	剌	郎	達	來	랄	lɐt̚			la	僻也戾也漢有燕剌王劉向傳膠戾乖剌顏師古曰言違背也从約束之束从刀與刺字不同
9	捺	乃	八	泥	낟	nɐt̚			na	手按也
10	攃	七	煞	清	찰	tsʰɐt̚			ca	足動草聲
11	戛	訖	黠	見	걇	kjɐt̚			jia	轢之也常也禮也書不率大戛又戛戛齟齬貌
12	軋	乙	黠	影	햝	ʔjɐt̚			ya	車輾
13	猾	戶	八	匣	홹	ɣwɐt̚			hua	亂也犿也左傳無助狡猾
14	八	布	拔	幫	받	pɐt̚			ba	兩三一二爲八少陰數也木數也八者別也
15	殺	山	戛	審	샅	ʂɐt̚			sha	生殺又誅戮也又刑不以罪曰殺亦作纐煞又見泰屑韻又見上
16	察	初	戛	穿	찰	tʂʰɐt̚			cha	監也諦也知也審也覆也考省也廉視也又察察靜絜貌屈原傳誰能以身之察察受物之汶汶又察察過詳貌亦作詧
17	札	側	八	照	짤	tʂɐt̚			zha	小簡司馬相如傳令尚書給事札注札木簡之薄小者周禮注大札疫癘也左傳注夭死曰札
18	貀	女	滑	泥	뇓	nwɐt̚			na	獸似貍善捕鼠
19	楬	丘	瞎	溪	걇	kʰjɐt̚			jie	木虎止樂器一名敔又屑韻
20	刮	古	滑	見	괄	kwɐt̚			gua	剔刮周禮作捖劀
21	刷	數	滑	審	솰	ʂwɐt̚			shua	刮刷拭也掃也清之也又根刷尋究也具也又屑韻
22	喢	陟	轄	照	짤	tʂɐt̚			zha	嘲喢鳥聲

续表

序号	小韵	反切上字	反切下字	字母	谚文注音及国际音标		俗音及国际音标		汉语拼音	注释
23	帓	莫	轄	明	맏	met̚			mo	幧頭亦作帊鞨又帶也
24	獭	逖	轄	透	탇	tʰet̚			ta	水狗又見上
25	瞎	許	轄	曉	햗	xjet̚			xia	廣韻一目盲亦作瞎征蜀聯句解罪弔攀瞎
26	鍤	査	轄	牀	짣	dʐet̚			zha	草器
27	拶	宗	滑	精	잗	tset̚			za	逼拶韓愈辛卯年雪詩潏騰相排拶
28	伐	房	滑	奉	뽩	vwet̚	빵	vɐʔ	fa	征伐左傳有鐘鼓曰伐無曰侵又斬木也矜伐也自稱其功曰伐伐又耞廣五寸爲之又干盾也詩蒙伐有宛亦作瞂又積功曰伐左傳大夫稱伐漢紀非有功伐車千秋傳無伐閱功勞亦作閥
29	韤	無	發	微	맣	ŋet̚			wa	足衣亦作韈漢張釋之爲王生結韤外戚傳傅綺韤
30	髪	方	伐	非	뽩	fwet̚	빵	fɐʔ	fa	頭毛

辖韵中共有 108 个韵字。

在表 7.4 里，辖韵入声的韵尾亦是舌尖塞音[t̚]，通过俗音和辖韵的读音说明可知，当时明朝官话音的变化方向亦是入声韵尾[t̚]向着喉塞音[ʔ]发展变化。

在小韵 28 和 30 中，正音韵母的读音[we]在俗音中读为[ɐ]，读音有了简化，这种简化后的读音也延续至今，现代汉语中普通话是读音[a]。

小韵 2 "蘖" 的俗音读作喻母，与疑母合流，但是发生合流现象后喻母读音也并非全部延续至今。韵字 "蘖" 的喻母读音就没有在现代汉语中延续为零声母，而是出现了正音中的疑母[ŋ]混读为泥母[n]的现象，从而产生了现代汉语中/nie/（音标为[niɛ]）的读音。

在与嘉靖本对比，有几处不同：

（1）小韵 17 "札" 的注释中，《译训》是 "夭死曰札"，嘉靖本则是 "大死曰札"，如图 7.3 所示。

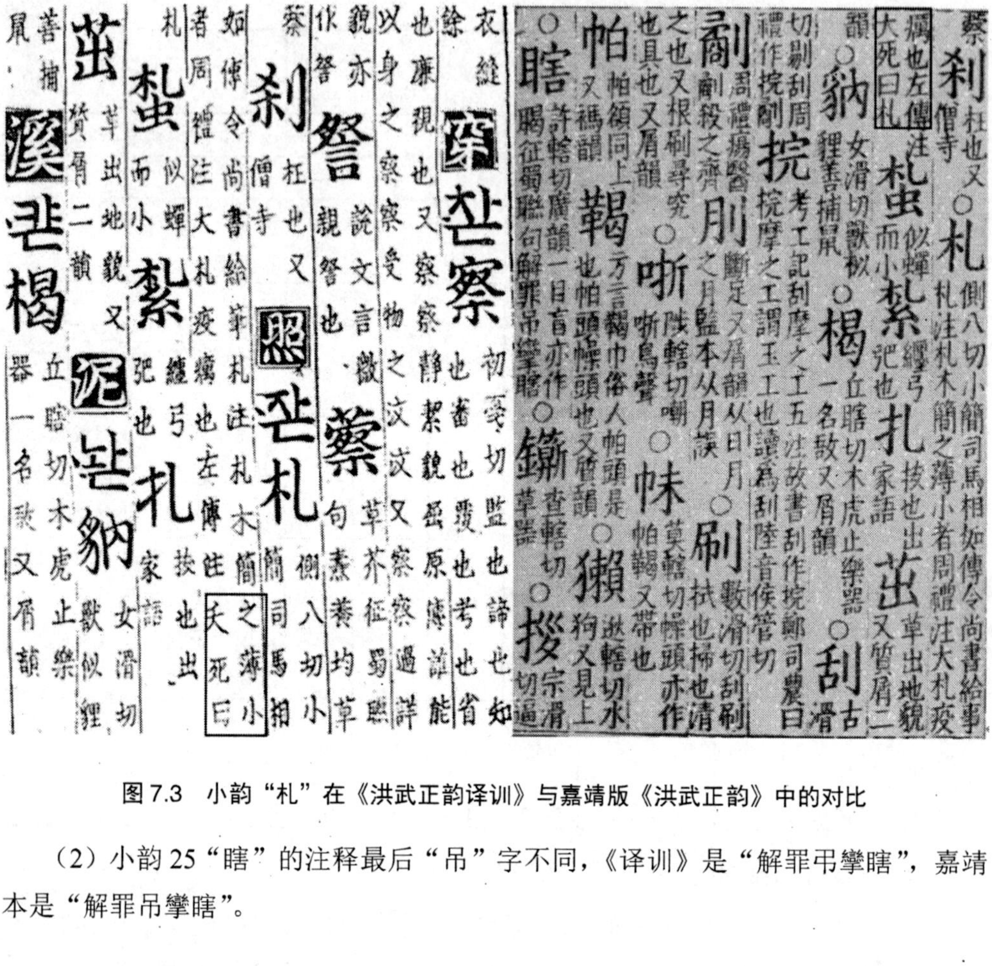

图7.3　小韵"札"在《洪武正韵译训》与嘉靖版《洪武正韵》中的对比

（2）小韵25"瞎"的注释最后"吊"字不同，《译训》是"解罪弔擘瞎"，嘉靖本是"解罪吊擘瞎"。

第二节　入声卷十五

《洪武正韵译训》入声卷十五中只有屑、药2个大韵，共计93小韵，其中标注了俗音的4个，有3个读音说明，共收录704个韵字。

屑韵包含43个小韵，其中有标注俗音的1个，有附注读音说明的1个，具体见表7.5。

表7.5 五屑韵文字转写表

序号	小韵	反切上字	反切下字	字母	谚文注音及国际音标		俗音及国际音标		汉语拼音	注释
1	屑①	先	結	心	셛	sjʌt̚	셩	ɕjʌʔ	xie	動作屑屑又清也潔也恭也碎也顧也勞也方言屑屑不安也秦晉曰屑郭璞曰往來貌漢王良傳往來屑屑不憚煩也又輕也苟也孟子不屑就不屑去古作屑
2	孽	魚	列	疑	엳	ŋjʌt̚			nie	說文庶子曰孽又盛飾貌詩庶姜孽孽又妖孽變怪也漢志蟲豸之類謂之孽孽則牙矣
3	結	古	屑	見	결	kjʌt̚			jie	締也又霽韻
4	闕	丘	月	溪	퀼	kʰjujʌt̚			que	門觀爾雅觀謂之闕郭璞曰宮門雙闕也廣雅象魏者闕也釋名闕在門兩旁中央闕然爲道也三輔黃圖云人臣至此必思其所闕少又游車補闕者曰游闕見左傳又闕翟后服刻繪爲衣不畫也亦作屈緅又失也過也不恭也空也虛也又選闕空宮也
5	朅	琦	熱	群	껼	gjʌt̚			qie	去也健也
6	別	避	列	並	뼏	bjʌt̚			bie	異也又離也解也訣也
7	鼈	必	列	幫	볃	pjʌt̚			bie	介蟲又蕨也
8	列	良	薛	來	렫	ljʌt̚			lie	剖也行次也位序也布也陳也分解也又姓又魚韻
9	月	魚	厥	疑	욀	ŋjujʌt̚			yue	太陰之精其冤象蟾兔海蚌食其光而生珠因名曰明月古作四象形今作月上有闕中二畫連左不連右與月月月三字不同
10	謁	於	歇	影	엳	ʔjʌt̚			ye	請也告也白也訪也請見也漢書謁歸謂請歸也爰盎傳上謁注若今通名也又泰韻

①《洪武正韵译训》中对小韵"屑"有附注读音说明"韻内諸字終聲同"。

续表

序号	小韵	反切上字	反切下字	字母	谚文注音及国际音标		俗音及国际音标		汉语拼音	注释
11	穴	胡	決	匣	휋	ɣjujʌt̚			xue	窟寵又壙也詩臨其穴
12	威	呼	決	曉	휋	jujʌt̚			mie	褒姒威之从戌从火火物也戌諧聲也一曰火墓於戌至戌而滅故从戌也新唐書高宗贊引詩作滅誤漢五行志引詩作威
13	拙	朱	劣	照	젿	tɕjujʌt̚			zhuo	不巧也
14	滅	彌	列	明	멷	mjʌt̚			mie	火熄也又盡也絕也沒也
15	傑	巨	列	群	겯	gjʌt̚			jie	才也特立也荀子注倍萬人曰傑白虎通賢萬人曰傑亦作桀
16	熱	而	列	日	셛	njʌt̚			re	炎氣
17	撆	匹	蔑	滂	펻	pʰjʌt̚			pie	小擊也略也引也亦作撇又真韻
18	雪	蘇	絕	心	쉃	sjujʌt̚			xue	凝雨又拭也除也洗也史記沛公遽雪足家語以黍雪桃又雪涕潔涕湮又絀蕝也杜甫詩佳人雪藕絲古作䨮
19	挈	詰	結	溪	켣	kʰjʌt̚			qie	提挈又䙡韻从丰从刀从手監本从刃誤
20	茁	側	劣	照	졷	tɕjujʌt̚			zhuo	草生貌又質轄二韻
21	絕	情	雪	從	쪋	dzjujʌt̚			jue	斷也奇也冠也超也橫度又直度也息也相去遼遠也止之也熄也峭極也古作𢇍俗作絕从色誤
22	說	輸	爇	審	쉃	ɕjujʌt̚			shuo	論說告也解也訓也述也又所論之辭也易故知死生之說書金縢代武王之說揚子仲尼駕說五經爲眾說郭文中子中說俗作説又隊韻

续表

序号	小韵	反切上字	反切下字	字母	谚文注音及国际音标		俗音及国际音标		汉语拼音	注释
23	節	子	結	精	졏	tsjʌt̚			jie	竹約又符節所以示信也又操也止也制也檢也驗也阻也又卦名顏師古曰節以毛爲之上下相重取象竹節因以爲名將命者持之以爲信又與㮮同論語山節又與岊同詩節彼南山又音截从竹从卽俗作節偏旁作巴巴已卩卪與阝不同阝音邑
24	截	昨	結	從	쩓	dzjʌt̚			jie	斷也止也廣雅盛也詩海外有截古作㦲
25	鐵	他	結	透	텯	tʰjʌt̚			tie	黑金廣韻古文作銕
26	抉	一	決	影	웷	ʔjujʌt̚			jue	挑也揹也
27	歠	昌	悅	穿	춼	tɕʰjujʌt̚			chuo	大飲亦作啜嚽
28	劣	力	輟	來	뤯	ljujʌt̚			lie	優劣弱也鄙也少也
29	蓺	儒	劣	日	쉃	njujʌt̚			ruo	燒也亦作蓺焫
30	厥	居	月	見	궐	kjujʌt̚			jue	其也短也發石也又質韻
31	徹	敕	列	穿	졏	tɕʰjʌt̚			che	通也見下
32	轍	直	列	牀	쩓	dzjʌt̚			zhe	車輪所輾跡也說文以軌爲轍非也周禮匠人注軌謂轍廣此非以軌爲轍謂軌之廣與兩輪之轍等耳亦作徹軼
33	椉	其	月	群	꿸	gjujʌt̚			jue	門梱也杙也亦作橜又車鉤心也潘岳賦懼銜椉之或變
34	浙	之	列	照	졏	tɕjʌt̚			zhe	江名在錢唐浙者折也水勢曲折激起潮頭故曰浙江亦作淛制
35	纈	胡	結	匣	쩓	ɣjʌt̚			xie	文繪从結从頁頁音纈頭也與貝字不同貝下从八頁下从人凡从頁者皆然
36	曳	延	結	喻	옏	jʌt̚			ye	拖也引也亦作拽拸又實韻
37	設	式	列	審	셜	ɕjʌt̚			she	置也陳也合也張施也

续表

序号	小韵	反切上字	反切下字	字母	谚文注音及国际音标		俗音及国际音标		汉语拼音	注释
38	涅	乃	結	泥	녈	njʌt̚			nie	水中黑土又染黑也又水名从氵从日从土俗作涅
39	舌	食	列	禪	쎨	zjʌt̚			she	口中舌又音活塞口也从干戈之干監本从千誤
40	耊	杜	結	定	뗼	djʌt̚			die	八十曰耊耊至也年之至也禮記注七十曰耊釋名耊鐵也皮膚變黑色如鐵也亦作耊
41	歇	許	竭	曉	혈	xjʌt̚			xie	氣洩又休息也臭味消息散也竭也
42	切	千	結	清	쳘	tsʰjʌt̚			qie	割也刻也近也迫也急也刌也刀批也內則聶而切之又一切謂如刀切物不容伸縮也荀子注強斬之使齊若漢書之一切者又苟且曰一切猶曰一時權宜也後漢王霸傳以徼一切之勝謂一時倖勝也又大棨曰一切又切磋治骨角也又深切譏切又反切音韻展轉相協謂之反亦作翻兩字相摩以成聲韻謂之切其實一也又門限曰切漢書昭陽宮切皆銅沓冒黃金塗又霽韻
43	刷	所	劣	審	쉴	ɕjujʌt̚			shua	掃也清也拭除也漢武帝紀刷恥改行又轄韻

屑韵中共有 316 个韵字。

根据表 7.5，屑韵诸字的入声韵尾也是舌尖塞音 [t̚]，虽然也是只有小韵 1 "屑" 标注了俗音，韵尾由正音 [t̚] 变成喉塞音 [ʔ]，不过通过读音说明可知，屑韵诸字的官话音亦是入声韵尾向着喉塞音 [ʔ] 发展变化。

此外，小韵 2 "孽" 中的疑母并未出现与喻母合流现象，其读音与辖韵中的 "蘖" 字一样，后来出现了疑母 [ŋ] 与泥母 [n] 鼻音混用现象。

与嘉靖本对比，屑韵诸字并无不同之处。

药韵包含 50 个小韵，其中有标注俗音的 3 个，有附注读音说明的 2 个，具体见表 7.6。

表 7.6　六药韵文字转写表

序号	小韵	反切上字	反切下字	字母	谚文注音及国际音标		俗音及国际音标		汉语拼音	注释
1	藥①	弋	灼	喻	약	jɐk̚	얃	jɐf	yɑo	治病艸故字从艸今金石艸木之劑皆曰藥又勺藥香草根可和食子虛賦勺藥之和具而後御之枚乘七發勺藥之醬詩贈之以勺藥韓詩離草也言將離別贈此草也又療也詩不可救藥
2	渥	乙	角	影	약	ʔjɐk̚			wo	霑濡霧霈也洽也潤也澤也賈誼傳德至渥也易其形渥亦作剭詩顏如渥丹又宥韻
3	謔	迄	却	曉	햑	xjɐk̚			xue	戲調
4	縛②	符	約	奉	뽞	vɐk̚			fu	束也繫也又箇韻
5	削	息	約	心	샥	sjɐk̚			xue	刮削又小小侵也又弱也又奪除也王制君削以地又器名考工記築氏爲削注即今書刀蓋古用竹簡筆誤則以刀削去之因名其刀曰削春秋筆削是也又嘯效二韻
6	索	昔	各	心	삭	sɐk̚			suo	荒也盡也散也紃也繩也又姓又蕭索縈紆貌漢志蕭索輪囷是謂慶雲魏書宋齊謂魏爲索魏謂以索辮髮也非戎索之索左傳昭五年韓宣子如楚送女叔向爲介鄭子皮子太叔勞諸索氏杜預曰河南成皋縣東有大索城陸音息各切据此即所謂京索是也漢書音色宅從通用又摸索又度索山名又陌韻

---

① 《洪武正韵译训》中对小韵"藥"有附注读音说明"韻內諸字終聲同"。
② 《洪武正韵译训》中对小韵"縛"有附注读音说明"韻內中聲卜音諸字其聲稍宜以卜·之間讀之唯唇印正齒音以卜呼之"。

续表

序号	小韵	反切上字	反切下字	字母	谚文注音及国际音标		俗音及国际音标		汉语拼音	注释
7	错	七	各	清	착	tsʰɐk̚			cuo	鑢也又厲石也雜也摩也舛也誤也詩傳東西爲交邪行爲錯說文金涂也又暮韻
8	鵲	七	雀	清	쟉	tsʰjɐk̚			que	鳲鵲亦作誰
9	皭	疾	雀	從	쟉	dzjɐk̚			jiao	白色又疎淨也屈原傳皭然泥而不滓蜀都賦皭若君平又嘯韻
10	爵	卽	約	精	쟉	tsjɐk̚			jue	鳥名象其形爲酌器取其能飛而不溺於酒因以寓儆戒焉大夫以上與燕享然後賜爵以章有德故因謂命秩爲爵又黑多赤少之色曰爵象爵頭色亦作雀
11	作	卽	各	精	작	tsɐk̚			zuo	造也爲也行也興也起也振也始也生也役也又見暮箇二韻
12	昨	疾	各	從	짝	dzɐk̚			zuo	昔日又與酢同周禮諸臣之所昨也
13	鑠	式	灼	審	샥	ɕjɐk̚			shuo	銷鑠
14	淖	食	角	禪	쌱	zɐk̚			zhuo	濡濕又寒淖人名
15	朔	色	角	審	샥	ɕɐk̚			shuo	月之朝又北方也車軵也始也顏師古曰朔猶始也漢武改元元朔言更爲初始也
16	灼	職	略	照	쟉	tɕjɐk̚			zhuo	燒也炙也藝也昭也灼灼紅盛貌
17	著	直	略	牀	짝	dzjɐk̚			zhu	附也麗也黏也
18	綽	尺	約	穿	쟉	tɕʰjɐk̚			chuo	寬也
19	杓	裳	灼	禪	쌱	zjɐk̚			shao	杯杓挹抒之器說文枓柄也亦作勺又蕭韻
20	若	如	灼	日	샥	njɐk̚			ruo	杜若香草又如也順也汝也語辭然也又預及之辭也爾雅善也左傳禁簒而不若又荀子出若入若注如也又若木東海木名又東海若海神名又若若盛多貌又者韻

续表

序号	小韵	反切上字	反切下字	字母	谚文注音及国际音标		俗音及国际音标		汉语拼音	注释
21	略	力	灼	來	략	ljek̚			lue	簡也封界也左傳侵犯王略王與之武公之略又經略疆理也大略大要也又忽也廣韻求也取也法也方略計畫也趙充國圖上方略又巡行曰略左傳略基趾又行取曰略漢書張良略地唐蒙略通夜郎又杜預曰不以道取曰略方言強取曰略漢武帝紀殺略龔遂傳刼略與掠同又利也詩有略其耜亦作畧筶又渠略蚼蝣
22	却	乞	約	溪	캭	kʰjek̚	컁	kʰʌʔ	que	退也止也不受也亦作卻卻
23	躩	丘	縛	溪	캭	kʰjek̚			jue	盤辟貌論語足躩如也又陌韻
24	恪	克	各	溪	칵	kʰɐk̚			ke	愿也恭也謹也左傳三恪杜甫曰其禮轉降示敬而已故曰三恪
25	覺	訖	岳	見	갹	kjek̚			jue	曉也悟也知也又明也左傳文四年以覺報宴又大也詩有覺其楹毛傳有覺言高大也箋覺直也又效韻
26	噱	極	虐	群	꺅	gjek̚			jue	嘔噱大笑不止也班固叙傳談笑大噱師古曰噱謂唇口之中大笑則見校獵賦注口中之上下曰噱
27	戄	厥	縛	見	갹	kjek̚			jue	說文佳欲逸走也从又持之戄戄也又古右手字也一曰視遽貌亦作懼又戄鑠輕健貌馬援傳戄鑠哉是翁
28	各	葛	鶴	見	각	kɐk̚			ge	異辭
29	艧	烏	郭	影	확	ʔwɐk̚			huo	丹也从丹从蒦監本作膲誤
30	霍	忽	郭	曉	확	xwɐk̚			huo	山名國名又姓又與藿同鮑宣傳漿酒霍肉注豆葉也
31	穫	胡	郭	匣	확	ɣwɐk̚			huo	刈禾又隉穫又暮韻
32	戄	許	縛	曉	확	xwɐk̚			jue	驚戄又遽視

序号	小韵	反切上字	反切下字	字母	谚文注音及国际音标		俗音及国际音标		汉语拼音	注释
33	託	他	各	透	탁	tʰɐk̚			tuo	寄也委也信任也亦作侂
34	洛	歷	各	來	락	lɐk̚			luo	水名在河南左傳作雒東漢信讖以火德忌水用雒字
35	諾	奴	各	泥	낙	nɐk̚			nuo	應聲又以言許人曰諾
36	博	伯	各	幫	박	pɐk̚			bo	廣也普也荀子多聞曰博又貿易也古琴曲有不博金
37	雹	弼	角	並	빡	bɐk̚			bao	雨冰左傳凡雹皆冬之愆陽夏之伏陰也劉向曰盛陽雨水溫煖而湯熱陰氣脅之不相入則轉而爲雹盛陰雨雪凝滯而冰寒陽氣薄之不相入則散而爲霰故沸湯之在閉氣而湛於寒泉則爲之冰及雪之消亦冰解而散此其驗也故雹者陰脅陽也
38	鐸	達	各	定	따	dɐk̚			duo	鈴屬金鐸金鈴金舌軍法用之木鐸金鈴木舌文敎用之
39	朴	匹	各	滂	팍	pʰɐk̚			po	漢文示朴爲天下先皇后紀斲彫爲朴又木名
40	莫	末	各	明	막	mɐk̚			mo	無也忽也又姓又廣也左傳狄之廣莫莊子廣莫之野又定也詩求民之莫民之莫矣又不可也論語無莫也小爾雅大也又病也詩莫此下民亦作瘼史記李牧傳輸入莫府師古曰莫府以軍幕爲義古字單用軍旅無常居止以帳幕言之詩歲亦莫止本音暮協韻音幕又暮陌二韻
41	鶴	曷	各	匣	핰	ɣɐk̚			he	鳥似鵠長喙丹頂亦作鶮又見下
42	膗	黑	各	曉	학	xɐk̚			he	肉羹
43	學	轄	覺	匣	핰	ɣɐk̚			xue	受敎傳業曰學學者效也法也又庠序摠名又效韻

续表

序号	小韵	反切上字	反切下字	字母	谚文注音及国际音标		俗音及国际音标		汉语拼音	注释
44	廓	苦	郭	溪	쾍	kʰwɐk̚			kuo	開也虛也廣韻空大也又州名周逐吐渾置廓州
45	郭	古	博	見	괵	kwɐk̚			guo	城郭內曰城外曰郭又國名又姓俗作郭又陌韻又苦穫切開也
46	惡	遏	各	影	햑	ʔɐk̚			e	不善也醜也仇怨也又糞穢也又胷臆中阻逆曰惡心器物不良曰苦惡俗作惡又模暮禡三韻
47	諤	逆	各	喻	악	ɐk̚			e	謇諤直言俗作諤
48	娖	測	角	穿	착	tɕʰɐk̚	챨	tɕʰwɐf	chuo	小謹貌史記娖娖廉謹
49	捉	竹	角	照	좍	tɕwɐk̚			zhuo	搦也搤也捕也
50	濁	直	角	牀	쫙	dzwɐk̚			zhuo	不清

药韵中共有 388 个韵字。

从表 7.6 的可以看出，入声药韵正音的韵尾也是塞音[k̚]。虽然小韵 22 的俗音韵尾仍是读作喉塞音[ʔ]，但是它与小韵 48 标注的俗音显示，在明初官话音中，入声的韵尾有着一种新的变化趋势：韵中诸字的韵尾入声塞音[k̚]并未如同前面几个大韵中的那样变为塞音[t̚]，而是读作了唇齿音的[f]。结合药韵的读音说明"韵内诸字终声同"，这种入声字的变化较多。入声变化的特点是韵尾变为喉塞音；入声消失的演变趋势是三个韵尾混读后从喉塞音转向塞音脱落造成入声消失。药韵所标注的俗音中却出现了唇齿音[f]作为韵尾的入声字，在元明传统韵书的相关研究中并未见到此类韵尾，仅有学者在研究朝鲜对音的文献中提到了这种现象。[①]由于唇齿音在现代朝鲜语中并未出现，所以也并未有此类[f]音韵尾。因此，上述这种正音韵尾[k̚]读作[f]的变化尚有存疑。

除了韵尾发生变化外，小韵 22 "却"的俗音注音中韵母由[jɐ]变为[ʌ]。小韵 48 中韵母[ɐ]则在俗音中变为[wɐ]，单以读音来看，这两种变化与韵尾[f]搭配更为方便。

与嘉靖本对比，发现了多处不同：

（1）嘉靖本中的小韵"嶽"，逆角切，在《译训》中不算作小韵。

---

① 详见叶宝魁，《明清官话音系》，福建：厦门大学出版社，2001 年版，第 97 页。

（2）嘉靖本中的小韵"約"，乙却切，在《译训》中不算作小韵。

小韵"嶽""約"在两书的对比，如图7.4所示。

图 7.4　小韵"嶽""約"在《洪武正韵译训》与嘉靖版《洪武正韵》中的对比

（3）小韵 29"膇"注释中，《译训》是"丹也从丹从蒦"，嘉靖本是"舟也从舟从蒦"。按照《说文》中记载的"从丹蒦声"来看，嘉靖本中应是抄录中出现错误。

（4）小韵 31"穫"，胡郭切，在嘉靖本中不算作小韵。

（5）小韵 46"惡"的注释中，《译训》为"俗作惡"，嘉靖本是"俗作恶"，用字不同。

第三节　入声卷十六

《洪武正韵译训》入声卷十六包含陌、缉、合、叶 4 个大韵，共计 128 小韵，其中标注了俗音的 7 个，有 4 个读音说明，收录了 926 个韵字。

陌韵包含 66 个小韵，其中有标注俗音的 3 个，有附注读音说明的 1 个，具体见表 7.7。

表 7.7　七陌韵文字转写表

序号	小韵	反切上字	反切下字	字母	谚文注音及国际音标		俗音及国际音标		汉语拼音	注释
1	陌[①]	莫	白	明	믹	muɪk̚	맹	mɛʔ	mo	田间道南北为阡东西为陌又市中街亦曰陌亦作佰
2	拍	普	伯	滂	픽	pʰuɪk̚			pai	拊也又药韵
3	百	博	陌	帮	븍	puɪk̚			bai	数名说文十十为百汉志长于百
4	白	簿	陌	並	쁵	buɪk̚			bai	西方色又洁也素也明也又告也贾山传精白以承休德荀子仁人之所务白又姓秦帅白乙丙
5	宅	直	格	牀	찍	dʐuɪk̚			zhai	居也托也屋也扬雄传有宅一区又择也拣择吉处而营之也孟子夫仁人之安宅也又旷安宅而弗居徐曰亦作宅
6	坼	恥	格	穿	칙	tɕʰuɪk̚			che	裂也开也析也易百果草木皆甲坼亦作宅又毁也俗作拆
7	檗	博	厄	帮	븍	puɪk̚			bo	说文黄木也从木辟声或作蘗徐曰即今药家黄蘗是也亦作蘗前相如传檗离朱杨史记作蘗
8	赫	呼	格	曉	힉	xuɪk̚			he	赤也发也明也盛也赫赫高明显盛貌烜赫明照貌又炙也火炙日曝皆曰赫诗反予来赫又祃韵
9	客	乞	格	溪	킥	kʰuɪk̚			ke	宾客

①《洪武正韵译训》中对小韵"陌"有附注读音说明"韵内诸字终声同"。

序号	小韵	反切上字	反切下字	字母	谚文注音及国际音标		俗音及国际音标		汉语拼音	注释
10	格	各	頟	見	긱	kwik			ge	至也來也書七旬有苗格格爾衆庶不寶遠物則遠人格月令暴風來格又告至也書歸格于藝祖又感通也書格于皇天又變革也化也論語有恥且格又正也孟子格君書格王爾雅格格舉也方言梁益謂陘曰格又以杙格獸也吳都賦萬萬笑而被格本如字協韻音閣又杙也吳都賦峭格周施又庋格凡書架倉架肉架皆曰格周禮牛人注掛肉格是也又格揉法則也法有律令格式又窮究也大學致知在格物又窮之而得亦曰格大學物格而後知至又藥韻
11	頟	鄂	格	喻	읙	uik	읭	ŋui?	e	題也顙也亦作額
12	畫	霍	虢	曉	휙	xwik			hua	指畫分也計策也界也截止也又見禡韻
13	虢	古	伯	見	귁	kwik			guo	國名亦作郭又姓
14	索	色	窄	審	싁	ɕwik			suo	取也求也又法也左傳周索戎索又擇也左傳襄二年以索牛馬皆百匹杜預曰索簡擇好者又盡也漢孫實傳氣索又地名漢書京索之間京丘名索水名二者之間也又藥韻
15	窄	側	格	照	즤	tɕwik			zhai	狹也迫也通作迮笮
16	厄	乙	革	影	읙	?uik			e	隘也災也阻難也亦作厄阨隘陀從厂從已厂音罕巳音節與已字不同俗作厄
17	賾	士	革	禪	씌	uik			ze	深也
18	昔	思	積	心	식	sik			xi	往昔前代也曩昔饗日也曏昔昨日也一昔一夕也通昔通宵也莊子通昔不寐又夜也列子昔昔夢爲國君釋文夜夜也廣韻始也爲也說文乾肉也字作㫺今作昔當作昔

续表

序号	小韵	反切上字	反切下字	字母	谚文注音及国际音标		俗音及国际音标		汉语拼音	注释
19	刺	七	迹	清	칙	tsʰik̚			ci	穿也又刃之也孟子刺人而殺之又針黹也緝也漢書終日刺繡紋又偵伺也周禮注刺探又黥也五代史軍士刺面去入二聲通用又寘韻从束从刀俗作刺誤刺音辢監本从束誤
20	席	祥	亦	邪	씩	zik̚			xi	稟秸曰薦莞蒲曰席又簟也書筍席箆席又重曰筵單曰席又藉也資也因也又姓其先司周之典籍因氏焉晉有籍談後避項羽名改爲席从广从甘从巾廿象編菅之形俗作席
21	寂	前	歷	從	찍	dzik̚			ji	靜也安也廣韻亦作宗宗
22	積	資	昔	精	직	tsik̚			ji	累也聚也堆疊也又素積皮弁服荀子皮弁素積注素積爲裳用十五升布爲之積猶辟也蹙其腰中故謂之素積亦作襀又寘韻
23	釋	施	隻	審	싁	ɕik̚			shi	捨也放也解也消散也清也廢也服也訓釋註解也从采釆音瓣俗作釋
24	尺	昌	石	穿	칙	tɕʰik̚			chi	度名說苑度量衡以粟生之十粟爲分十分爲寸十寸爲尺家語布手知尺今官文書借用赤字
25	隻	之	石	照	직	tɕik̚			zhi	物單曰隻說文鳥一枚也从又持隹持一隹曰隻二隹曰雙又古右手字也
26	石	裳	隻	禪	씩	zik̚			shi	山骨又量名漢志四鈞爲石石重百二十斤又十斗曰石石者大也漢書注凡稱石者言其量也麤布皮革羊裘之數亦稱若干石俗作石凡从石者皆然
27	擲	直	隻	牀	찍	dzik̚			zhi	投也搔也振也抛也掉也亦作擿擿
28	益	伊	昔	影	힉	ʔik̚			yi	增也進也卦名伯益人名

续表

序号	小韵	反切上字	反切下字	字母	谚文注音及国际音标		俗音及国际音标		汉语拼音	注释
29	繹	夷	益	喻	익	ik̚			yi	理也陳也長也大也終也充也說文抽絲曰繹又紬繹繙閱經書尋究之也又與釋同詩絲衣繹繹春秋壬午猶繹夏曰復胙商曰肜周曰繹後鄭曰繹祭於堂其祭禮簡而事尸禮大名曰繹又審度也書庶言同則繹
30	壁	必	歷	幫	빅	pik̚			bi	牆又東壁宿名說文垣也軍壘臨危謂之壁又見下
31	僻	匹	亦	滂	픽	pʰik̚			pi	乖僻偏側也邪哆也陋也亦作辟又僻左幽反非正道也又寘韻
32	匿	女	力	泥	닉	nik̚			ni	藏也隱也
33	闢	毗	亦	並	삑	bik̚			pi	開也啓也亦作辟
34	𤞤	俱	碧	見	긱	kik̚			jue	公孫𤞤齊人見鄒陽傳又藥韻
35	躩	驅	碧	溪	킥	kʰik̚			jue	盤辟貌論語足躩如也又藥韻
36	虩	迄	逆	曉	힉	xik̚			xi	恐懼貌易震來虩虩一曰蠅虎也常若多懼故取象焉又生責切俗作虩
37	戟	訖	逆	見	긱	kik̚			ji	戈戟雙枝爲戟單枝爲戈古作𢧢又揭也持也漢期門武士執戟以衛階陛之下曰陛戟亦作㦸俗作㦸
38	劇	竭	戟	群	끽	gik̚			ju	增也甚也艱也戲也又姓
39	逆	宜	戟	喻	익	ik̚	잉	ŋiʔ	ni	迎也卻也迕也拂也不順也亦作屰方言自關而東曰逆自關而西或曰迎或曰逢周禮宰夫主萬民之逆後鄭曰自下而上曰逆逆謂上書先鄭曰逆迎度王命者
40	隙	乞	逆	溪	킥	kʰik̚			xi	孔也釁也怨隙也空閒也暇也亦作却郤从𨸏从𡭮𡭮音欶司从小从白从小今作隙俗作隙
41	覓	莫	狄	明	믹	mik̚			mi	求也尋也索也从爪从見亦作覛
42	的	丁	歷	端	딕	tik̚			di	端的又射侯之中也指的要處也質也明也實也又蓮實亦作芍藥

续表

序号	小韵	反切上字	反切下字	字母	谚文注音及国际音标		俗音及国际音标		汉语拼音	注释
43	逷	他	歷	透	틱	tʰik̚			di	遠也亦作狄逷
44	狄	杜	歷	定	띡	dik̚			di	北狄又姓簡狄高辛妃金狄秦銅人又與翟同
45	歷	郎	狄	來	릭	lik̚			li	經也次也行也又歷數亦作歷書無疆大歷服漢書律歷亦作厤莊子厤物之意音義云古歷字廣韻治也
46	檄	刑	狄	匣	혁	ɣik̚			xi	說文以木簡爲書長尺二寸以號召也後漢紀爲封長檄猶今長牒也魏武帝奏事曰若有急則挿雞羽謂之羽檄言如飛之疾也
47	喫	苦	擊	溪	킥	kʰik̚			chi	啗也飲也亦作㱃
48	闃	苦	臭	溪	쿽	kʰjujk̚			qu	寂靜易闃其無人从門从臭俗本作闃誤
49	臭	古	闃	見	권	kjujk̚			ju	犬視
50	殈	呼	臭	曉	훡	xjujk̚			xu	卵破
51	寔	丞	職	禪	씩	zik̚			shi	是也春秋桓六年正月寔來杜預曰寔實也音時力切公羊傳寔來者何是來也又質韻案詩箋寔實同義當通用漢崔寔字子眞義與實同又陳寔皆無音亦當通用
52	測	初	力	穿	칙	tɕʰɯik̚			ce	測度
53	崱	疾	力	從	찍	dzɯik̚			ze	崱崱山貌季崱虞夏諸侯亦作前
54	卽	節	力	精	직	tsik̚			ji	就也當也卽日當日也又只也卽此只此也又火熟曰卽檀弓夏后氏卽周又燭燼管子左手執燭右手執卽亦作堲又質韻从皀从卪卪音節皀音偪皀粒也又音急又音及並穀香也與鄉字中皀字同俗作卽凡从卽者皆然
55	域	越	逼	疑	월	ŋjujk̚	잉	iʔ	yu	區域也界局也又居也又宇内曰域中老子域中有四大

序号	小韵	反切上字	反切下字	字母	谚文注音及国际音标		俗音及国际音标		汉语拼音	注释
56	德	多	則	端	득	tuik			de	道德周禮六德知仁聖義中和洪範三德正直剛克柔克臬陶謨九德自寬而栗至彊而義易四德元亨利貞天地之大德曰生日新之謂盛德禮記動容周旋中禮者盛德之至也論語中庸之爲至德凡言德者善美正大光明純懿之稱也又得於道之謂德又恩也惠澤也又四時旺氣也月令立春盛德在木又凶行曰凶德惡行曰惡德古作悳說文作㥁
57	忒	惕	德	透	특	thuik			te	差也亦作貸
58	特	敵	德	定	뜩	duik			te	一牲曰特又豕生一曰特周禮注豕三歲爲特又但也獨也賈誼傳大臣特以簿書不報期會爲故又挺立曰特儒行特立獨行又孤高也詩序武公寡特又匹也詩實維我特是婦謂夫爲特也又曰求爾新特是夫謂婦爲特也又專也勤渠也故也
59	勒	歷	德	來	륵	luik			le	馬鑣銜又抑也刻也
60	北	必	勒	幫	븍	puik			bei	朔方漢志大陰者北方北伏也陽氣伏於下於時爲冬又奔北楊倞曰北者乖背之名故以敗走爲北臣謂人道面南偝北北者背也故言以堂北爲背背亦偝也以敗走爲北者取偝之而走耳又分異也書分北三苗有兩音又隊韻从兩人相背象形亦會意也
61	匐	步	黑	並	쁙	buik			fu	匍匐伏地亦作伏服詩匍匐救之箋言盡力也謂奔趨而往也又海魚名又屋韻

续表

序号	小韵	反切上字	反切下字	字母	谚文注音及国际音标		俗音及国际音标		汉语拼音	注释
62	墨	密	北	明	믁	mɯik			mo	黑也膠煤爲之又刑名五刑墨劓荆宮大辟墨黥領也又左傳貪以敗官爲墨貪則污暗不潔白也又小爾雅五尺謂之墨莊子繩墨殺焉繩墨木匠人所用以彈畫者此以諭章程法度斷而殺之也又與默同屈原賦幽墨王逸曰墨無聲也竇嬰墨墨不得志从黑从土
63	塞	悉	則	心	싁	sɯik			se	塡也室也滿也充也壅也又與寒同書溫恭允塞剛而塞詩秉心塞淵又隊韻
64	則	子	德	精	즥	tsɯik			ze	法則凡制度品式皆曰則書明哲實作則左傳唯則定國毀則爲賊又天理不差者曰則易乃是天則又夷則律名又地未成國曰則周禮大宗伯五命賜則又大宰以八則治都鄙又卽也易見善則遷有過則改是也又且然之辭求則得之是也又然後之辭行有餘力則以學文是也又若然之辭過則勿憚改仁則吾不知是也又撙節也羽劇也搖也
65	劾	胡	得	匣	혁	ɣɯik			he	推窮罪人也按劾彈治也又解泰二韻
66	或	穫	北	匣	혁	ɣwik			huo	迷也疑也易或之者疑之也史記賈誼賦衆人或或漢書作惑劉向傳營或耳目匡衡傳或之甚者也又未定之辭書其或不恭論語其或繼周者之類是也又不定之辭易或出或處孟子或去或不去之類是也又疑辭或曰或謂或然之類是也亦作惑棫

陌韵中共有 570 个韵字。

　　根据表 7.7 中的内容，陌韵诸字正音的韵尾是塞音[k̚]，而到了俗音中，与屋韵诸字不同，陌韵的韵尾直接就读作了喉塞音[ʔ]，并没有变为塞音[t̚]。这也说明了入声韵尾的塞音[k̚]、[t̚]混用并非普遍现象，入声的消失在官话音中大势已成。

　　除了韵尾的变化，在韵母方面，小韵 1 "陌" 的韵母读音[ɯi]在俗音中变为[ɛ]，发生了读音上的简化现象，不过这一变化并未延续下来，入声消失后陌韵诸字包括韵母并未发生变化的小韵读音在今音中反而与明朝的正音读音较为相似，普通话中"陌"的韵母是/e/（音标是[ə]），与[ɯi]或者说简化为[ɯ]后的读音较为相似。

　　在小韵 11、39、55 中的俗音显示了疑母与喻母合流的现象。与平、上、去各卷章节中的合流现象对比，后者的合流发生后都是正音中的疑母在俗音中读作喻母，而陌韵中虽然小韵 55 是同样的情况，但是小韵 11 和 39 中却是喻母读作疑母。这就表示明朝官话音中疑母、喻母的合流是一种混读现象，而非单纯的疑母读作喻母的合流方式，二者的读音是混在一起的。此外，小韵 39 "逆" 俗音中的疑母鼻音亦延续至今，在现代汉语中读为[n]。

　　此外，小韵 47 "喫" 的读音到了普通话中是/chi/（音标为[tʂʻi]），与当时的读音区别较大，这正是南北音杂糅后造成的。"喫"字按照反切来看是"苦击切"，这个反切读音推导的普通话应为/qi/（音标为[tɕʻi]）。在查阅《现代汉语词典》后，我们发现"喫"字是作为"吃"这个字的异体字，读音为[tʂʻi]，表示进食。这就表示"喫"字在现代汉语中与"吃"字合并了。这是因为普通话的基础是北方官话，而当时北方地区用[tʂʻi]这个音表示进食，可能是遗留的古音或其他因素，总之当时没有确切的字，后来便借用"喫"表示进食的"吃"，而由于当时南方官话音中同义的"吃"字同样表示进食的意思，所以二者亦开始混用。在长期混用"喫""吃"表 "进食"后，现代汉语中便将"喫"（[tɕʻi]）与"吃"（[tʂʻi]）认定为是异体字，读音也被统一成[tʂʻi]。这也可以看作一种错音扶正现象。

　　与嘉靖本对比，有如下不同之处：

　　（1）嘉靖本中的小韵"黑"，迄得切，在《译训》中不算作小韵，如图 7.5 所示。

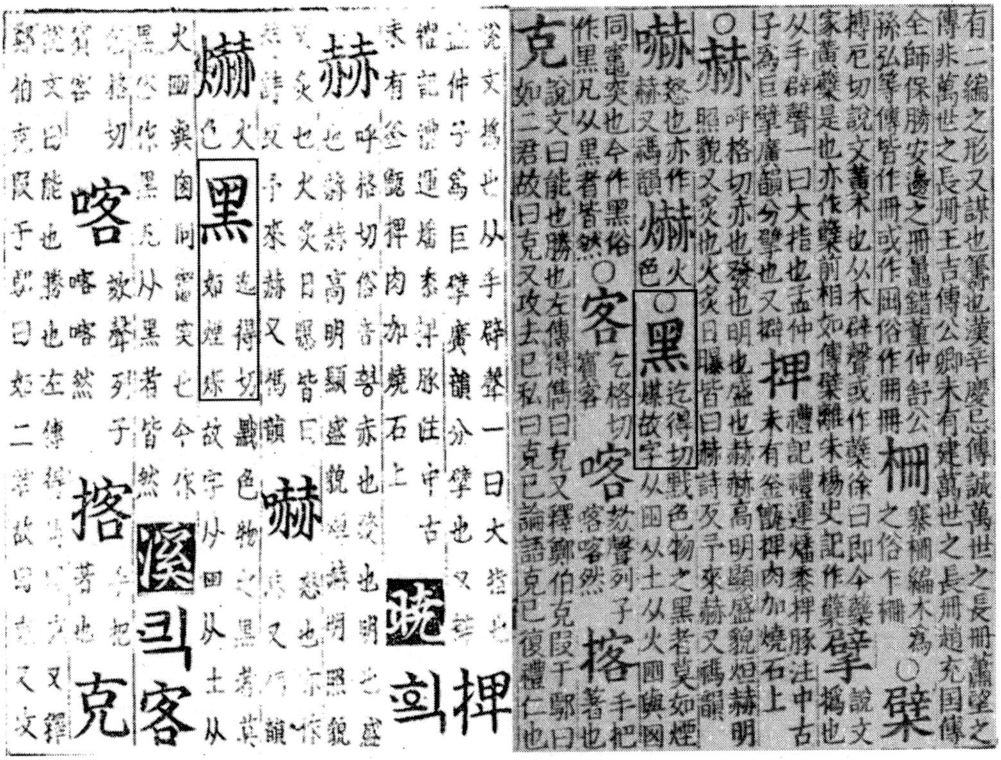

图 7.5 小韵"黑"在《洪武正韵译训》与嘉靖版《洪武正韵》中的对比

（2）嘉靖本中的小韵"賊"，疾则切，在《译训》中不算作小韵。

（3）嘉靖本中的小韵"獲"，胡麦切，在《译训》中不算作小韵。

缉韵包含 18 个小韵，其中有标注俗音的 1 个，有附注读音说明的 1 个，具体见表 7.8。

表 7.8　八缉韵文字转写表

序号	小韵	反切上字	反切下字	字母	谚文注音及国际音标		俗音及国际音标		汉语拼音	注释
1	缉①	七	入	清	집	tsʰip̚	칭	tsʰiʔ	ji	績也繼也續也
2	戢	側	入	照	집	tɕip̚			ji	止也斂也藏也亦作輯
3	霫	息	入	心	십	sip̚			xi	雨貌

①《洪武正韵译训》中对小韵"缉"有附注读音说明"韻內諸字終聲同"。

序号	小韵	反切上字	反切下字	字母	谚文注音及国际音标		俗音及国际音标		汉语拼音	注释
4	習	席	入	邪	씹	ziɪ̄p			xi	鳥數飛也月令鷹乃學習借爲學習字習者服行所傳之業爲之熟複不已也又串習慣熟也狎也因也又重也易習坎重險也又曰水洊至習坎言水流相仍而來不已也俗作習凡從習者皆然
5	集	秦	入	從	찝	dziɪ̄p			ji	鳥止木上故从隹从木論語翔而後集又聚也會也就也成也安也同也衆也又文集文所聚也唐有經史子集四庫
6	執	質	入	照	집	tɕiɪ̄p			zhi	持也操也守也捕也囚也孟子執之而已矣檀弓肆諸市朝而妻妾執又雷也亦作瓡
7	蟄	直	立	牀	찝	dziɪ̄p			zhe	蟲藏
8	蟄	尺	入	穿	칩	tɕʰiɪ̄p			zhe	和集也詩宜爾子孫蟄蟄兮
9	十	寔	執	禪	씹	ziɪ̄p			shi	數名易天一至地十天數五地數五也土生數五成於十五與五合也漢志協於十亦作什孟子公羊傳漢書什一皆用什字
10	入	日	執	日	십	ȵiɪ̄p			ru	出入又納也沒也
11	澀	色	入	禪	습	zɯ̄p			se	不滑也从氵从兩倒止从兩止亦作濇从刃誤
12	立	力	入	來	립	liɪ̄p			li	堅也成也置也建也又與粒同詩立我烝民莫匪爾極鄭箋立當作粒不知古粒字無米後人加米以別之耳以詩之義只作建立之立亦通
13	揖	一	入	影	힙	ʔiɪ̄p			yi	拱揖又進也說文手著胷曰揖又見下
14	吸	許	及	曉	힙	xiɪ̄p			xi	入息
15	泣	乞	及	溪	킵	kʰiɪ̄p			qi	淚也一曰無聲出涕又沸聲
16	急	居	立	見	깁	kiɪ̄p			ji	疾也緊也窘也褊也迫也

续表

序号	小韵	反切上字	反切下字	字母	谚文注音及国际音标		俗音及国际音标		汉语拼音	注释
17	及	忌	立	群	낍	gip̚			ji	至也逮也連累也又兼與之辭左傳與謀曰及公羊傳及我欲之暨不得已也穀梁傳及猶汲汲也又旁及覃被也又白及藥名本作笈从人从又今作及
18	湒	賮	入	精	집	tsip̚			ji	雨下貌

缉韵中共有 77 个韵字。

通过表 7.8 的谚文注音及国际音标可以看到，缉韵诸字的韵尾都是塞音 [p̚]，而俗音注音韵尾的入声塞音则变为喉塞音 [ʔ]。结合缉韵"韵中诸字终声同"的读音说明，可知入声韵尾 [p̚] 是直接向 [ʔ] 音发展的，并未有和 [k̚]、[t̚] 混用的情况发生。由此可知在明正统年间的官话音中入声韵尾 [p̚] 尚存，但在说话音中则已经开始逐渐消失。

合韵包含 26 个小韵，其中有标注俗音的 1 个，有附注读音说明的 1 个，具体见表 7.9。

表 7.9　九合韵文字转写表

序号	小韵	反切上字	反切下字	字母	谚文注音及国际音标		俗音及国际音标		汉语拼音	注释
1	合①	胡	閣	匣	합	ɣɐp̚	헝	ɣʌʔ	he	同也會也相偶也龠也六合天地四方也又荅也左傳宣三年既合而後來又合子盛物器見東方朔傳又見下
2	榼	克	盍	溪	캅	kʰɐp̚			ke	酒器
3	閣	古	沓	見	갑	kɐp̚			ge	内中小門漢文翁傳出入閨閣毛晃曰唐制天子日御前殿見羣臣曰常參朔望薦食陵寢有思慕之感不能臨前殿則御便殿見羣臣謂之入閣前殿即宣政殿便殿即紫宸殿立仗必於前殿仗自東西閣而入故曰入閣門下省曰黃塗門謂之黃閣長官曰閣老今俗通呼小室曰閣子

① 《洪武正韵译训》中对小韵"合"有附注读音说明"韵内中聲卜音諸字其聲稍深宜以卜·之間讀之唯唇印正齒音以卜呼之韵中諸字終聲同"。

续表

序号	小韵	反切上字	反切下字	字母	谚文注音及国际音标		俗音及国际音标		汉语拼音	注释
4	姶	遏	合	影	합	ʔɐp̚			e	女字又美好貌衛靈公母嫡姶
5	趿	悉	合	心	삽	sɐp̚			ta	足擸取又進足也
6	帀	作	荅	精	잡	tsɐp̚			za	周也遍也亦作迊
7	襍	昨	荅	從	짭	dzɐp̚			za	參錯也說文五綵相合也从衣从木从隹本當作襍轉作雜
8	答	得	合	端	답	tɐp̚			da	竹箇又裳也報也合也亦作荅
9	雜	七	合	清	찹	tsʰɐp̚			za	列子湯問篇雜然相許注猶僉也音七合切公羊傳定四年注諸侯雜然侵之音七合切又如字
10	錔	託	合	透	탑	tʰɐp̚			ta	以金有所冒也
11	沓	達	合	定	땁	dɐp̚			ta	重也又猥賤也孟子事君無義進退無禮言則非先王之道者猶沓沓也又與遝同
12	蠟	落	合	來	랍	lɐp̚			la	蜂脾融者爲蜜凝者爲蠟
13	納	奴	荅	泥	납	nɐp̚			na	受也入也古作內又補綴也俗作衲又與軜同荀子三公奉軜持納又納納廣大包容貌杜甫詩納納乾坤大
14	榻	託	甲	透	탑	tʰɐp̚			ta	牀狹而長者从木从叒叒音同从曰从羽俗从曰凡从叒者皆然監本从日誤
15	洽	胡	夾	匣	햽	ɣjɐp̚			qia	浹洽霑被周徧也和也合也又水名詩在洽之陽又見上
16	恰	苦	洽	溪	캽	kʰjɐp̚			qia	用心恰恰又適當之辭
17	夾	古	洽	見	갑	kjɐp̚			jia	左右持也左傳夾輔成王又兼也相雜也交並也又葉韻
18	歃	色	洽	審	샵	ʂɐp̚			sha	歠也盟者以血塗口旁曰歃又葉韻从千誤
19	臿	測	洽	穿	찹	tʂʰɐp̚			cha	舂也亦作揷从干犯之干杵臼之臼凡從臿者皆然俗作臿監本从千誤
20	劄	竹	洽	照	잡	tʂɐp̚			zha	刺箚唐人奏事非表非狀者謂之牓子亦謂之錄子今謂之劄子俗作札

续表

序号	小韵	反切上字	反切下字	字母	谚文注音及国际音标		俗音及国际音标		汉语拼音	注释
21	腌	昵	洽	泥	냡	ljɐp̚			na	腌腌隘也
22	押	乙	甲	影	얍	ʔjɐp̚			ya	簽書文字也歐陽脩曰俗以草書名爲押字又管押押拘率也又用韻曰押韻說者曰押者壓也
23	呷	呼	甲	曉	햡	xjɐp̚			xia	喤呷衆聲說文吸呷也與欱同義但聲微異耳
24	霅	直	甲	牀	짭	dʒɐp̚			zha	霅霅震電貌一曰衆言又水名在吳興
25	乏	扶	沓	奉	뺩	vɐp̚			fa	匱乏左傳攝官承乏注攝承空乏也又曰於文反正爲乏蓋反止爲之故反正爲乏也
26	法	方	甲	非	뱝	fɐp̚			fa	度也又數也常也又刑法漢紀法三章耳又方法凡技術可則效者皆曰法又則效也易卑法地荀子仁人法舜禹之制史湯法三聖又姓亦作灋

合韵中共有 139 个韵字。

葉韵包含 18 个小韵，其中有标注俗音的 1 个，有附注读音说明的 1 个，具体见表 7.10。

表 7.10 十葉韵文字转写表

序号	小韵	反切上字	反切下字	字母	谚文注音及国际音标		俗音及国际音标		汉语拼音	注释
1	葉①	弋	涉	喻	엽	jʌp̚	영	jʌʔ	ye	枝葉又姓又書冊歐陽脩曰唐人藏書皆作卷軸後有葉子似今策子又見下从艸从枼枼音葉俗作枼凡从枼者皆然
2	笈	極	曄	群	껍	gjʌp̚			ji	書箱又緝韻
3	妾	七	接	清	쳡	tsʰjʌp̚			qie	女婢从辛从女辛音愆
4	接	即	涉	精	졉	tsjʌp̚			jie	相續也交也受也承也持也連也又見下又合韻

---

① 《洪武正韵译训》中对小韵"葉"有附注读音说明"韻中諸字終聲同"。

续表

序号	小韵	反切上字	反切下字	字母	谚文注音及国际音标		俗音及国际音标		汉语拼音	注释
5	捷	疾	葉	從	쩝	dzjʌp̚			jie	勝也亦作接又獲也欻也成也敏疾也急報也報勝曰捷小爾雅二十四銖曰兩兩有半曰捷又合韻
6	攝	失	涉	審	섭	ɕjʌp̚			she	摠持也收也兼也錄也佐也捕也權攝也左傳攝官承乏又假借也檀弓攝束帛乘馬而將之又飭整也左傳襄十四年書於伐秦攝也杜預能自攝整又見下
7	讋	質	涉	照	젭	tɕjʌp̚			zhe	失氣而言又懼也亦作慹慴
8	聶	尼	輒	泥	녑	njʌp̚			nie	附耳小語又姓
9	牒	直	涉	牀	쩝	dzjʌp̚			zhe	縷切也亦作𤴼
10	獵	力	涉	來	렵	ljʌp̚			lie	田狩摠名又軨獵小車
11	帖	他	協	透	텹	tʰjʌp̚			tie	帛書題又牀前帷也又妥帖定也
12	喋	丁	協	端	뎹	tjʌp̚			die	如淳漢書注曰殺人流血滂沱也字誤當作渫又見下及合韻
13	協	胡	頰	匣	협	ɣjʌp̚			xie	同衆之和也亦作劦古作𠧴从十諧聲也亦作葉汁俗从劦非劦音黎人姓又音戾
14	頰	古	協	見	겹	kjʌp̚			jia	面頰
15	篋	乞	協	溪	켭	kʰjʌp̚			qie	箱屬藏也
16	俠	呼	協	曉	협	xjʌp̚			xie	卑也一曰美也
17	燮	悉	協	心	셥	sjʌp̚			xie	和也熟也說文从言从炎从又監本下从火誤
18	業	魚	怯	疑	엽	ŋjʌp̚			ye	基業事業功業學業藝業凡所攻治者皆業產業生理也又始也業業危貌又事物已爲未成曰業孟子有業履於牖上又已然曰業史業已爲之又筍虡工版詩虡業維樅又築牆版也爾雅大版謂之業又大造曰大業易富有之謂大業建業金陵

葉韵中共有 140 个韵字。

从表 7.9 和 7.10 中可以看出，合韵和叶韵两个大韵的韵尾仍是塞音[p̄]，同时在俗音注音中韵尾的入声塞音也是直接变为喉塞音[ʔ]，并未出现混用的情况。3 个入声大韵的韵尾为[p̄]的皆是直接变为[ʔ]，证明明朝官话音中的入声韵尾[p̄]的结构是较为稳定的，入声的演变中并未出现混用现象。

第四节　入声消失的规律

从入声 3 卷共 10 个大韵的谚文注音可以看到，明朝官话中出现了 3 个入声韵尾[k̄]、[t̄]、[p̄]，这也正是学界公认的。同时，在俗音的谚文注音中亦可以发现入声已经开始消失了。[k̄]韵尾出现了混用为[t̄]或者直接变化为喉塞音[ʔ]的情况，而[t̄]与[p̄]韵尾则是在时音中直接变化成了喉塞音[ʔ]。

明朝官话音中呈现的入声韵尾消失的规律，如图 7.6 所示：

$$[\bar{p}]\,[\bar{t}]\,[\bar{k}] \rightarrow [\bar{p}]\,\{[\bar{t}]\,[\bar{k}]\}[ʔ] \rightarrow [ʔ] \rightarrow [\varnothing]$$

入声　　　　　　　　　　混用　　　　　　替代　　脱落

图 7.6　入声韵尾消失的规律示意图

这一现象说明在明朝融合后的官话音中入声韵尾[k̄]并不稳定，会出现混用和直接读作喉塞音进而消失的现象，入声消失的第一阶段（混用阶段）主要也是[k̄]混用为[t̄]的情况。[t̄]与[p̄]则属于较为稳定的韵尾，并不会出现混用的情况，在发展过程中是直接走向了消失的阶段。

结　语

　　《洪武正韵译训》作为朝鲜时代的经典韵书，由于其中对于明正统年间北方地区、尤其是京城中流传的官话音（正音）及俗音使用了谚文进行注音，所以为后世研究明朝官话音的发展与演变提供了极为重要的语音素材。

　　本书将《洪武正韵译训》的 2223 个小韵的反切字、正俗音的谚文注音及韵字注释进行表格化处理，并用国际音标拼读书中的谚文注音。所用的国际音标拼读是参考多位音韵学者对古音的构拟成果，同时结合韩国国立科研机构及韩国最大百科全书网站公布的朝鲜语国际音标综合得出。文中直接列出了所有转写内容，进而探讨明初新官话这种融合北音及当时的北京话后的语音特点及语言风貌，并通过与现代汉语普通话的对比分析，总结出官话音的演变发展情况。此外，还对比了《洪武正韵译训》与嘉靖版的《洪武正韵》中每个小韵的反切字及注释的异同，在最大限度地避免分析材料中出现讹误的同时梳理和阐述了明初至明中期百年间两版《洪武正韵》中反切字及注释的变化情况。

　　本书通过梳理谚文注音，发现了明朝官话音中南北音融合后的具体变化，印证了前人对明朝官话音演变的论述，也通过对海外记录明朝官话音文献的研究提出了新的观点，主要包括以下几个方面。

　　一是发现明朝官话音的演变中，在韵母读音上整体呈现出了读音简化的趋势。有的是音节中韵头元音的丢失，例如多个大韵中正音[wʌn]简化为[ʌn]，[wɐn]变为[ɐn]，再如正音[jun]在俗音转变为[uŋ]；有的是音节中韵腹的消失，例如庚韵中大量小韵里[uiŋ]音中的[i]已经消失，俗音变化为[uŋ]；还有的是韵尾脱落，例如正音的[je]在俗音中简化为[i]等。这表明了融合进北音后，明朝官话音中的读音简化趋势在扩大。

　　二是认为南北杂糅后的明初官话音中儿化现象已经初见端倪。从上声纸韵的俗音可以看出，正音中"声母+[i]"在当时的俗音或者说作者听到的官话音中产生了儿化音，俗音中的[i]大部分变为[ɯ]，且韵尾多出了一个日母韵尾，读音变为[ɯn]（也可读为[ɯz]）。这种变化后的读音与现在北京话中的儿化读音极为相似。由此也可以推断，正是由于当时北京话中的儿化音进入了官话音中，造成了北京地区的明朝官话音中产生了儿化现象。

　　三是发现明初官话音中出现了疑母、喻母合流的现象，体现在大量的小韵中都出现了疑母在俗音中读作喻母上。但通过其中个别小韵可知，这种合流虽然绝大多数是疑母读作喻母，但并不绝对，同样有疑母保留自身读音以及喻母读作疑母的情况。这也表明疑母、喻母的合流并非仅仅疑母变为了喻母，而是二者的混读。文中的影母并未发生与疑母、喻母合流的情况。因此学界推测的三者合流现象至少在明初官话音中并未发生。

四是印证了学界对于普通话中[m]、[n]混流现象的推测。一些小韵中的正音[m]在俗音中变为[n]，可以看出在当时的官话音中[m]的读音开始出现了些许变化，但并不明显，大规模的官话音[m]混为[n]的现象已初见端倪。

五是印证了明初官话音中浊音清化现象的存在。《洪武正韵译训》中虽然延续了《洪武正韵》保留的全浊音的读法，但在俗音中标注出了浊音清化现象。例如梗母中小韵"挺"的正音声母[d]在俗音中变为[tʰ]，此外还有[ɣ]音与[k]音的互转现象出现。

六是说明了明朝官话音中入声消失遵循了混用到替代直至脱落的渐变过程。从《洪武正韵译训》的谚文注音可以看出，尽管当时的北音中已经没有了入声调，但是官话音由于受到南音的影响较大，仍然存在着入声。通过分析入声诸韵的俗音，可以看出明朝官话音中入声消失的过程是入声韵尾[k̚]读音变化为[t̚]，发生[k̚]、[t̚]混用的现象或者直接读作[ʔ]这一喉塞音，而[t̚]和[p̚]则是在俗音中直接被喉塞音[ʔ]替代。这表明明初官话音中入声韵尾[k̚]并不稳定，而[t̚]与[p̚]则属于较为稳定的韵尾。

七是发现构拟音与实际音的不同。明初官话音中的萧、啸韵诸字，正俗音韵尾谚文注音读音为[ŋ]，与普通话的韵母/iao/ [iau]在传统拟音中推测的[ieu]并不一致，因此当时官话音中更可能是[iʌŋ]或者[jʌŋ]的读音。

除了上述较为明显的发现外，还总结了大量的正音在俗音中产生变化的情况，这些变化后的读音绝大部分都延续至今，在现代汉语普通话中保留下来。这也表明了明朝融合后的官话音对后世的读音的演变有着巨大的影响。

同时，通过对比现存的卷三到卷十六《洪武正韵译训》与嘉靖本《洪武正韵》，发现了125处不同，其中反切字有19处不同。两个版本的小韵部分有42个韵字的差异，嘉靖本中的小韵有37个韵字《洪武正韵译训》不算作小韵；同时有5个韵字《洪武正韵译训》算作小韵，而嘉靖本不算。经统计《洪武正韵译训》共有小韵2223个，而嘉靖本共有小韵2255个。通过两本书的对比分析，亦可看出经过百年的发展，排除抄录中出现的错误和异体字的不同，绝大部分韵字的反切、注释都是相同的，不过个别小韵的反切字仍出现了些许变化。

　　《洪武正韵译训》通过用谚文标注正音与俗音的方法，保留了明朝官话读书音和实际说话音的全貌，也为明朝音韵学研究增添了新的学术探索角度。本书通过对《洪武正韵译训》的研究，勾勒出了明朝官话音的整体读音概况，总结出了语音演变的特点，这些都是极有价值的探讨，也为研究明朝特别是明初融合型官话提供更为翔实的语音材料。

　　本书在研究中也存在力不从心之处，例如对入声韵尾[k̚]在个别俗音中变化为唇齿音[f]韵尾的现象尚存疑点。在研究中对《洪武正韵译训》着力过多，与原版《洪武正韵》的对比不够翔实。此外，本书的研究只是构拟了明初官话的读音，还需要在后续的研究中建立明朝官话音语料数据库，以便于研究的深化。

参考文献

著　作

〔明〕陆容撰，李健莉校点. 菽园杂记[M]. 上海古籍出版社，2012.

〔明〕吕毖辑著. 明朝小史[M]//郑振铎主编. 玄览堂丛书（第 90 册）[M]. 广陵书社，2010.

〔明〕沈德符. 万历野获编[M]. 文化艺术出版社，1998.

〔明〕乐韶凤，宋濂，等. 洪武正韵[M]. 明嘉靖四十年（1561 年）刘以节刊本.

〔明〕乐韶凤，宋濂，等. 洪武正韵（四库全书本）[M]. 上海古籍出版社，2012.

〔明〕于慎行撰. 谷山笔麈[M]. 中华书局，1984.

〔清〕永瑢，等撰. 四库全书总目[M]. 中华书局，1965.

李新魁. 汉语音韵学[M]. 北京出版社，1986.

宁忌浮. 洪武正韵研究[M]. 上海辞书出版社，2003.

邵荣芬. 中原雅音研究[M]. 山东人民出版社，1981.

王力. 汉语音韵学[M]. 中华书局，1956.

王力. 汉语语音史[M]. 中国社会科学出版社，1985.

王力. 中国语言学史[M]. 复旦大学出版社，2006.

叶宝奎. 明清官话音系[M]. 厦门大学出版社，2001.

张民权. 万光泰音韵学稿本整理与研究[M]. 社会科学文献出版社，2017.

张世禄. 中国音韵学史[M]. 上海书店，1984.

张竹梅. 《中州音韵》研究[M]. 中华书局，2008.

〔朝〕申叔舟等. 洪武正韵译训[M]. 高丽大学校出版部，1974.

〔朝〕世宗大王. 训民正音[M]. 辞书出版社，1965.

〔韩〕金武林. 洪武正韵译训[M]. 新丘文化社，2006.

〔韩〕朴炳采.《洪武正韵译训》的新研究[M]. 高丽大学民族文化研究所出版部，1983.

〔韩〕郑然粲.《洪武正韵译训》的研究[M]. 一潮阁，1972.

论　文

高龙奎.《洪武正韵》的研究回顾及前瞻[J]. 临沂师范学院学报，2007（2）.

高龙奎.《洪武正韵》反切校勘记[J]. 安徽文学（下半月），2009（11）.

金基石. 论《洪武正韵译训》与《洪武正韵》的关系及其文献价值[J]//金强一，全莹主编. 东亚的文化交流——延边大学朝鲜韩国研究论集（第7辑）[M]. 社会科学文献出版社，2014.

孔桂花. 朝鲜早期译音文献中正音音系[D]. 苏州大学硕士学位论文，2010.

李得春. 介绍《洪武正韵译训》的韵母译音[J]. 延边大学学报（社会科学版），1990（2）.

李红，岳辉. 从朝鲜对音文献看《洪武正韵》语音基础[J]. 长春师范学院学报，2006（3）.

刘静. 试论《洪武正韵》的语音基础[J]. 陕西师大学报（哲学社会科学版），1984（4）.

刘文锦. 洪武正韵声类考[J]//国立中央研究院历史语言研究所编. 国立中央研究院历史语言研究所集刊（第三本第二分）[M]. 京华印书局，1931.

宁忌浮.《洪武正韵》支微齐灰分并考[J]. 古汉语研究，1998（3）.

宁忌浮.《洪武正韵》质术陌分并考[J]//齐裕焜，郝铭鉴主编. 艺文述林·语言学卷，上海文艺出版社，1999.

童琴.《洪武正韵》小韵校勘札记[J]. 盐城工学院学报（社会科学版），2008（3）.

王平，朴德英. 汉语史研究的异域文献——朝鲜时期汉文辞书[J]. 辞书研究. 2019（06）.

王泉.《洪武正韵》的文字学价值[J]. 中国文字研究，2015（1）.

邢欣，宫媛. "一带一路"倡议下的汉语国际化人才培养模式的转型与发展[J]. 世界汉语教学，2000（1）.

叶宝奎.《洪武正韵》与明初官话音系[J]. 厦门大学学报（哲学社会科学版），1994（1）.

张民权. 万光泰《古韵原本》述评[J]. 中国语文，2008（2）.

张民权. 论传统古音学的历史推进及其相关问题[J]. 古汉语研究，2011（1）.

张玉来. 近代汉语官话韵书音系复杂性成因分析[J]. 山东师大学报（社会科学版），1999（1）.

张志云.《洪武正韵》在明朝的传播及其效用[J]. 中国文化研究，2006（2）.

〔韩〕安奇燮. 朝鲜时代对汉语译音书的正音俗音性格的再考[J]. 中语中文学，1988（10）.

〔韩〕河慧静. 朝鲜韵书的正音观分析[J]. 东洋古典研究，1997（8）.

〔韩〕李崇宁. 洪武正韵译训的研究[J]. 震檀学报，1959（20）.

〔韩〕裴银汉.《洪武正韵》校勘记[J]//北京大学汉语语言学研究中心《语言学论丛》编委会编. 语言学论丛（第27辑）[M]. 商务印书馆，2003.

附录一 《洪武正韵译训》平声卷一转写表

附表 1 一東韵文字转写表

序号	小韵	反切上字	反切下字	字母	谚文注音及国际音标		俗音及国际音标		汉语拼音	注释
1	東	德	紅	端	둥	tuŋ			dong	春方也說文動也从日在木中漢志少陽者東方動也陽氣動於時為春又陽韻俗作東
2	通	佗	紅	透	퉁	tʰuŋ			tong	達也徹也
3	同	徒	紅	定	뚱	duŋ			tong	齊也共也合也通也道書作仝唐有盧仝
4	龍	盧	容	來	륭	ljuŋ	룽	luŋ	long	鱗蟲之長爾雅馬高八尺為龍又通也和也詩何天之龍我龍受之毛如字鄭讀作寵左傳董父擾龍事舜賜氏曰豢龍劉累學擾龍事孔甲賜氏曰御龍句龍為后土氏曰句龍御音迓句音鉤又陽董二韻
5	隆	良	中	來	륭	ljuŋ			long	盛也豐也大也穹隆豐隆玉篇云高也說文作窿
6	蓬	蒲	紅	並	뽕	buŋ			peng	草名山名又盛貌詩其葉蓬蓬凡从艸者今作卄
7	蒙	莫	紅	明	뭉	muŋ			meng	覆也奄也冒也又姓草名卦名山名又承也又爾雅太歲在乙曰旃蒙又欺也左傳昭元年又使圍蒙其先君又逢蒙人名荀子作龐門又陽韻
8	悤	倉	紅	清	충	tsʰuŋ			cong	遽也从囪从心俗作怱忩
9	宗	祖	冬	精	중	tsuŋ			zong	尊也眾也本也又姓漢書注顏師古曰祖始也始受命也宗尊也有德可宗也又流派所出為宗古有大宗小宗又法也論語亦可宗也又繼也主也

序号	小韵	反切上字	反切下字	字母	谚文注音及国际音标		俗音及国际音标		汉语拼音	注释
10	縱	將	容	精	즁	tsjuŋ	즁	tsuŋ	zong	直也亦作從又董送二韻
11	叢	徂	紅	從	쫑	dzuŋ			cong	聚也从举从取举音泥草叢生貌上从四直畫兩長兩短誤从丱
12	從	墻	容	從	쫑	dzjuŋ	쫑	dzuŋ	cong	就也順也言順曰從亦作从
13	洪	胡	公	匣	뽕	ɣuŋ			hong	大也亦姓共工氏之後本姓共後改為洪方言石阻河流為洪
14	烘	呼	洪	曉	흥	xuŋ			hong	烘燎火乾也又送韻
15	空	苦	紅	溪	쿵	kʰuŋ			kong	虛也又董送二韻
16	公	古	紅	見	궁	kuŋ			gong	說文从八从厶八背意也厶即私字韓非曰自營為厶背厶為公公有三公之公有五等之公有公私之公有公家之公有家公之公列子曰家公執席謂家長也凡相呼尊稱亦曰公賈誼曰此六七公又婦謂舅亦曰公賈誼曰與公併倨侯昱候王丹曰家公欲與君結交則子謂父亦曰家公方言凡尊老周晉秦隴謂之公又大事曰公詩王公伊濯又與功同詩以奏膚公又姓晉有成公綏又諸容切爾雅婦謂夫之兄為兄公
17	翁	烏	紅	影	ᅙᅮᆼ	ʔuŋ			weng	老稱方言周晉秦隴謂父曰翁顏師古曰翁猶父也漢高祖答項羽曰吾翁即若翁又鳥頸毛又姓俗作翁又董韻
18	風	方	中	非	붕	fuŋ			feng	天地之使也大塊之噫氣王者之聲教也伏也告也又姓太昊之後又扶風郡名又屏風形如宸又送韻
19	馮	符	中	奉	뿡	vuŋ			feng	姓又庚韻
20	松	息	中	心	숑	sjuŋ	숭	suŋ	song	木名江名說文亦作㮤
21	充	昌	中	穿	츙	tɕʰjuŋ	충	tɕʰuŋ	chong	美也滿也實之也

续表

序号	小韵	反切上字	反切下字	字母	谚文注音及国际音标		俗音及国际音标		汉语拼音	注释
22	中	陟	隆	照	즁	teɕuŋ	즁	tɕuŋ	zhong	極也成也宜也堪也任也列子得亦中亡亦中注半也又滿也漢制中二千石謂滿二千石也又中央盖四方之中也又内也又送韻
23	戎	而	中	日	슝	ȵjuŋ	슝	ȵuŋ	rong	兵也助也又姓又西夷名爾雅相也郭璞曰佐助也詩烝也無戎又纘戎祖考念兹戎功毛傳大也鄭箋戎猶汝也方言宋魯陳衛之間謂大曰戎又庚韻
24	崇	鉏	中	牀	쭁	dzuŋ			chong	高也聚也充也就也又國名古作崈
25	蟲	持	中	牀	쯍	dzjuŋ	쭁	dzuŋ	chong	有足曰蟲無足曰豸俗作虫又送韻
26	融	以	中	喻	융	juŋ			rong	和也明也炊氣上出也方言宋衛荆吳之間謂長曰融又祝融俗作融
27	顒	魚	容	疑	읗	ŋjuŋ			yong	顒顒君德也仰也大頭也
28	弓	居	中	見	궁	kjuŋ	궁	kuŋ	gong	弧也
29	穹	丘	中	溪	쿵	kʰjuŋ	쿵	kʰuŋ	qiong	高也封禪書顒穹注謂天也顒言氣顒汗穹言天穹隆也
30	窮	渠	宮	群	꿍	guŋ			qiong	極也竟也究也窒也有窮國名說文作竆
31	農	奴	宗	泥	눙	nuŋ			nong	炎帝神農又耕田之畎漢志闢土殖穀曰農又厲山氏有子曰農能殖百穀後世因名耕田畎為農又厚也書農用八政又種也左傳其庶人力於農穡杜預曰種曰農斂曰穡
32	舂	書	容	審	슝	ɕjuŋ	슝	ɕuŋ	chong	擣也黃帝臣雍父作舂
33	胷	許	容	曉	흉	xjuŋ			xiong	膺也亦作匈胷
34	邕	於	容	影	융	ʔjuŋ			yong	說文邑四方有水自邕城池者是也又和也
35	雄	胡	容	匣	융	ɣjuŋ			xiong	飛曰雌雄走曰牝牡借為英雄字又以中切

附表2 二支韵文字转写表

序号	小韵	反切上字	反切下字	字母	谚文注音及国际音标		俗音及国际音标		汉语拼音	注释
1	支①	旨	而	照	지	tɕi	징	tɕiŋ	zhi	度也持也出也纎支鮮支縞也析支月支戎國名又姓又支離披貌玉篇載充也又離支自異又本支詩本支百世揚雄傳支葉扶疏又荔支漢書南海獻荔支竝作枝又四支孟子惰其四支漢書武紀民猶支體亦作枝肢胑又支梧亦作枝揗楮又黄支木名實黄可染一名鮮支子虛賦鮮支黄礫師古曰即今支子木也一名蘑葡蘑音膽一名林蘭亦作卮梔古惟支字通用後人加偏旁以別之支枝肢卮梔義異者不妨重押篆文作支今作支支乃篆文文字从十从又今以丈代支而以支代支俗多作支誤支音普卜切又翹移切令支縣名
2	施	申	之	審	시	ɕi	싱	ɕiŋ	shi	用也加也設也戚施面柔不能仰郭璞注爾雅戚施之人不能仰面柔之人似之亦作䙼又余切見下又商移切又紙寘二韻
3	差	叉	兹	穿	ᄎ	tɕʰɯ	ᄎᆼ	tɕʰɯŋ	chai	次也不齊等也又參差說文作縒又皆歌麻泰箇禡韻
4	時	辰	之	禪	씨	zi	씽	ziŋ	shi	辰也是也姓也古文作旹
5	兒	如	支	日	ᅀᅵ	ȵi	ᅀᆼ	ȵiŋ	er	嬰兒象形又齊韻
6	斯	相	咨	心	ᄼ	si	ᄼᆼ	siŋ	si	此也則也即也又語已辭詩恩斯勤斯說文析也詩斧以斯之又模韻
7	雌	此	兹	清	ᅔ	tsʰɯ	ᅔᆼ	tsʰɯŋ	ci	禽鳥雌雄又齊韻
8	貲	津	私	精	ᅎ	tsɯ	ᅎᆼ	tsɯŋ	zi	財也亦作訾
9	疵	才	資	從	ᅏ	dzɯ	ᅏᆼ	dzɯŋ	ci	黑纇疾漢書吹毛求疵又紙韻
10	知	珍	而	照	지	tɕi	징	tɕiŋ	zhi	覺也喻也又寘韻
11	摛	抽	知	穿	치	tɕʰi	칭	tɕʰiŋ	chi	布也舒也搛也

---

① 《洪武正韵译训》中对小韵"支"有附注读音说明"又音징"。

续表

序号	小韵	反切上字	反切下字	字母	谚文注音及国际音标		俗音及国际音标		汉语拼音	注释
12	馳	陳	知	牀	찌	dzi	찡	dziŋ	chi	疾驅也直騁曰馳杜預注左傳車馬曰馳步曰走
13	紕	篇	夷	滂	피	pʰi			pi	繒疏又紕真韻
14	悲	逋	眉	幫	비	pi	븨	puɯi	bei	感也惻也
15	皮	蒲	麋	並	삐	bi			pi	說文剝取獸革者謂之皮又手也生曰皮理之曰革柔之曰韋又皮膚肌表也又狐貉之裘曰皮也又姓出下邳鄭大夫子皮之後古作𤿬
16	麋	忙	皮	明	미	mi			mi	說文鹿屬从鹿米聲釋名澤獸也陸佃曰麋陽獸角始生而後護耳博物志麋聚草澤而食其場成泥名曰麋暖民隨之種稻其收百倍又與眉同荀子面無須麋又與麛同又水麋又羋麋醜人文選吳都賦羋麋之與子都又姓麋竺
17	夷	延	知	喻	이	i			yi	傷也等也滅也平也易也芟也東夷朝鮮箕子所封之地今之高麗是也說文南蠻从虫北狄从犬西羌从羊唯東夷从大从弓俗仁而壽有君子不死之國亦作𡰥又鴟夷酒榼揚雄酒箴鴟夷滑稽腹如大壺吳王夫差取馬革為鴟夷受子胥沈之江范蠡自號鴟夷子禮記在醜夷不爭鄭康成曰醜衆也夷猶等也四皓曰陛下之等夷是也又馮夷河伯馮音凭
18	奇	渠	宜	群	끼	gi			qi	異也詭也又離奇盤戾貌鄒陽傳輪囷離奇
19	羲	虛	宜	曉	히	xi			xi	太昊氏又曰包犧庖犧炮犧莊子作伏戲又重黎之後曰羲和又姓羲仲之後也說文气也从兮从義从兮
20	伊	於	宜	影	히	ʔi			yi	因也水名又惟也又彼也又姓
21	詞	詳	茲	邪	쓰	zɯ	쓩	zɯŋ	ci	言也請也說也告也說文意内而言外也通作辭篆文作䛐

续表

序号	小韵	反切上字	反切下字	字母	谚文注音及国际音标		俗音及国际音标		汉语拼音	注释
22	微	無	非	微	ᄝᅵ	ɱi			wei	細也少也衰也眇也賤也隱也又太微少微星名又無也論語微管仲中从ㅌ从一从几几音人轉作微俗作微
23	肥	符	非	奉	ᄬᅵ	vi			fei	肥腯多肉也爾雅歸異出同曰肥詩我思肥泉又國名左傳晉荀吳滅肥又水名後人加水作淝
24	霏	芳	微	非	ᄫᅵ	fi			fei	雨雪雰貌

附表3　三齐韵文字转写表

序号	小韵	反切上字	反切下字	字母	谚文注音及国际音标		俗音及国际音标		汉语拼音	注释
1	齊[1]	前	西	從	쪠	dzje	찌	dzi	qi	整也莊也等也好也又疾也詩仲山甫徂齊又正也詩人之齊聖鄭云中正通知之人也楊倞曰齊無偏頗也又國名又姓又見下又支皆薺霽四韻
2	西	先	齊	心	셰	sje			xi	說文鳥在巢上日在西方而鳥西故以為東西之西篆作卥象形今作西與西字不同西音亞漢律歷志少陰者西方西遷也陰氣遷落物於時為秋又先韻
3	妻	千	西	清	쳬	$ts^{h}je$			qi	齊也與己齊也亦作婓又霽韻
4	齎	牋	西	精	졔	tsje			ji	待也付也遺也裝也送也俗作賫又歎聲易齎咨涕洟又支韻
5	氐	都	黎	端	뎨	tje			di	宿名又戎種又薺霽二韻
6	梯	天	黎	透	톄	$t^{h}je$			ti	說文木階也又見下
7	題	杜	兮	定	뗴	dje			ti	說文頟也記雕題交趾又書題品題題目又椽頭以玉飾曰琁題玉題一曰璧璫又霽韻
8	泥	年	題	泥	녜	nje			ni	水和土又水名爾雅水潦所止曰泥丘又杇也又薺霽二韻

① 《洪武正韵译训》中对小韵“齊”有附注读音说明“韻中諸字中聲並同”。

续表

序号	小韵	反切上字	反切下字	字母	谚文注音	及国际音标	俗音	及国际音标	汉语拼音	注释
9	倪	研	奚	喻	에	je			ni	端倪又姓亦作兒又弱小孟子反其旄倪又麻真二韻
10	離	鄰	溪	來	레	lje			li	近曰離遠曰別說文倉庚也借為離別字又流離似玉又流離鳥名又流離林離與漓同又長離神名相如賦前長離而後矞皇纖離駿馬李斯傳乘纖離之馬爾雅大琴謂之離又陸離參差雜亂低昂分散相連貌又光輝粲爛貌沈約詩紫燕光陸離又江離草名高漸離人名又附著易離麗也曠離祉詩雉離于羅月離于畢莊子附離不以膠漆又遭也屈原離騷言遭憂而作辭也王哀頌離此患也與罹同又陳也左傳昭元年設服離衛又見霽韻中自然分離則平聲書離心離德孟子離散之類是也彼此相離而去之則去聲中庸道不可須臾離孟子達不離道之類是也
11	雞	堅	溪	見	계	kje			ji	知時畜籀文作鶏
12	谿	牽	奚	溪	켸	kʰje			xi	水注川曰谿亦作溪磎
13	兮	弦	雞	匣	쪠	ɣje			xi	說文兮語有所稽也从丂八象氣越丂也徐曰為有稽考未便言之言兮則語當駐駐則氣越丂也又歌辭
14	迷	綿	兮	明	몌	mje			mi	惑也亂也
15	蓖	邊	迷	幫	볘	pje			bi	竹器
16	洼	淵	畦	影	혜	ʔje			wei	行竈又梗隊韻

附录二 《洪武正韵译训》平声卷二转写表

附表4 四鱼韵文字转写表

序号	小韵	反切上字	反切下字	字母	谚文注音及国际音标		俗音及国际音标		汉语拼音	注释
1	魚	牛	居	疑	㆛	ŋju			yu	鱗物說文水蟲也又姓宋子魚之後又馬二目白詩有驒有魚亦作䱹鱢胹又與漁同左傳公將如棠觀魚者又曰陳魚而觀之杜預曰大設捕魚之備而觀之蓋古字通用後別為漁
2	于	雲	俱	喻	㆕	ju			yu	於也又姓又于于自足貌莊子其臥于于又行貌韓文于于然而來又見下
3	於	衣	虛	影	㆖	ʔju			yu	即也居也代也語辭又姓又模韻
4	虛	休	居	曉	㆗	xju			xu	宿名又空地罄也又丘於切大丘又語韻又从虍从丘丘與业同故俗亦作虚
5	區	丘	於	溪	㆓	kʰju			qu	萌芽屈生也分也小室也又區區小貌又區寓區穴亦作虛墟丘又見尤韻
6	居	斤	於	見	㆔	kju			ju	止也處也卑居鴉也又御韻
7	渠	求	於	群	㆒	gju			qu	大也詩夏屋渠渠又俗語謂他人為渠儂杜甫詩只有不關渠又溝渠勤渠離渠夫渠車渠左思吳都賦戶有犀渠注楯名又云甲也又軒渠教嬰兒學語聲俗謂之軋渠後漢方技傳軒渠笑自若又語韻御韻
8	胥	新	於	心	㆘	sju			xu	皆也相也又姓說文蟹醢也周官庖人注青州之蟹胥又燕胥也公羊傳胥命者何相命也方言東齊謂皆曰胥又莊子蝴蝶胥陸德明曰一名胥也周禮胥徒注胥讀曰謂謂其有才知為什長陸音思余切又追胥注胥捕盜賊也又見模語二韻

续表

序号	小韵	反切上字	反切下字	字母	谚文注音及国际音标	俗音及国际音标	汉语拼音	注释
9	疽	子	余	精	쥬 tsju		ju	癰疽又語韻
10	徐	詳	於	邪	쓔 zju		xu	緩也安也行也說文亦作俆又州名又姓亦作邪
11	書	商	居	審	슈 ɕju		shu	紀也著也凡載籍通謂之書
12	諸	專	於	照	쥬 tɕju		zhu	之也之於也辯也眾凡也又疑辭也禮記內則注以諸和水釋文乾桃乾梅皆曰諸
13	除	長	魚	牀	쭈 dzju		chu	去之也階也又門屛之間曰除又拜官曰除如淳曰凡言除者除故官就新官毛晃曰凡得代亦謂之除韓愈除官赴闕是也又御韻
14	殊	尚	朱	禪	쓔 zju		shu	別也異也斷也左傳斬其木而弗殊注殊絕也漢律殊死謂斬刑
15	如	人	余	日	슈 nju		ru	似也往也又姓又與然同語申申如也易突如又御韻
16	袽	女	居	泥	뉴 nju		ru	絮縕易襦有衣袽
17	樞	抽	居	穿	츄 tɕʰju		shu	戶樞又刺楡木又尤韻
18	閭	凌	如	來	류 lju		lü	里門周禮五比為閭二十五家也又侶也居也并閭木名晁相如賦又曰奄閭軒于張揖曰奄閭蒿也子可治疾
19	趨	逡	須	清	츄 tsʰju		qu	走也鄭康成曰行而張足曰趨亦作趣廣韻俗作趍又御屋二韻

附表 5 五模韵文字转写表

序号	小韵	反切上字	反切下字	字母	谚文注音及国际音标	俗音及国际音标	汉语拼音	注释
1	模	莫	胡	明	무 mu		mo	規範說文法也亦作橅幠摸
2	鋪	滂	模	滂	푸 pʰu		pu	設也陳也布也又門之鋪首所以銜環者作龜蛇之形以銅為之故曰金鋪又見暮韻
3	逋	奔	謨	幫	부 pu		bu	奔謨切逃也欠也顏師古曰欠負官物亡匿不還者皆謂之逋故又訓負
4	租	宗	蘇	精	주 tsu		zu	田稅又魚韻
5	徂	叢	租	從	쭈 dzu		cu	往也亦作且
6	蒲	薄	胡	並	뿌 bu		pu	草名地名亦作菖蒲漢天子臥內以青規地曰青蒲又摴蒲博戲又作蒱

序号	小韵	反切上字	反切下字	字母	谚文注音及国际音标		俗音及国际音标		汉语拼音	注释
7	都	東	徒	端	두	tu			du	天子所宮曰都又十邑曰都周禮四縣為都左傳邑有先君之主曰都又小曰邑大曰都又摠也美也盛也司馬相如傳雍容閒雅甚都又居也東方朔傳都卿相之位
8	徒	同	都	定	뚜	tʰu			tu	徒黨又步行也空也隸也又但也徒善徒法是又空手而敵曰徒搏無舟而濟曰徒涉
9	盧	龍	都	來	루	lu			lu	黑也从虍从由从皿音甾今作盧湛盧劒名韓盧犬名蒲盧螔蠃鹿盧汲機頭盧首骨當盧馬首飾又與鑪同又姓
10	奴	農	都	泥	누	nu			nu	說文奴婢皆古罪人周禮其奴男子入于辠隸女子入于春藁今通謂僕隸為奴
11	胡	洪	孤	匣	후	ɣu			hu	何也頷須也又姓說文牛頷垂也方言東齊秦晉之間謂載之大者曰鍐胡又纛緌無文理者曰曼胡禮記深衣注垂下曰胡又菰米曰彫胡又盧胡笑貌孔叢子盧胡大笑應劭傳掩口盧胡又禮器左傳哀十一年仲尼曰胡簋之事注夏曰胡周曰簋又匈奴
12	孤	攻	乎	見	구	ku			gu	負也獨也又幼而無父曰孤二十不為孤又三少曰孤又寡德曰孤侯王稱孤凡孤恩孤負當用孤字俗作辜非
13	枯	空	胡	溪	쿠	kʰu			ku	朽也槁也
14	呼	荒	胡	曉	후	xu			hu	喚也歎也出息也亦作嘑虖乎戲嗁謼又暮韻凡歎息招呼則平聲小爾雅烏呼吁嗟醫書一呼一吸為一息杜甫詩呼兒問煮魚之類是也叫號而呼則去聲詩式號式呼左傳倉葛呼之類是也
15	吾	訛	胡	疑	우	ŋu			wu	我也又姓昆吾國名山名夷吾人名又音牙允吾隴西谷名允音鉛
16	麤	倉	胡	清	추	tsʰu			cu	說文行超遠也又疏也大也物不精也亦作觕粗麁
17	烏	汪	胡	影	후	ʔu			wu	黑也何也亦作惡小爾雅陽烏鴻雁也又純黑反哺謂之烏小而頸白不反哺者謂之鴉又烏烏秦聲噫烏恚怒聲

序号	小韵	反切上字	反切下字	字母	谚文注音及国际音标		俗音及国际音标		汉语拼音	注释
18	蘇	孫	租	心	수	su			su	草名木名滿也桂荏之屬也亦作穌史記韓信傳樵蘇後爨注蘇取草也莊子蘇者注蘇草也方言蘇草芥也江淮南楚之間曰蘇自關而西或曰草或曰芥又與甦同小爾雅死而復生謂之大蘇又流蘇盤線繪繡之毬五綵錯為之同心而下垂者是也蘇猶鬚也又散貌以其縈下垂故曰蘇今人謂條頭縈為蘇薛瓚注漢書作流遡又氣索貌易震蘇蘇
19	初	楚	徂	穿	추	tᶜʰu			chu	始也舒也从衣从刀
20	蔬	山	徂	審	수	ɕu			shu	菜摠名亦作疏周禮臣妾聚斂疏材鄭康成曰疏材百草根實可食者疏不熟曰饉俗作蔬
21	敷	芳	無	非	부	fu			fu	散也施也布也亦作尃鋪傅从甫从方从攵說文作敷敷
22	扶	逢	夫	奉	부	vu			fu	扶持佐助也又扶疏盛貌廣韻作枎
23	無	微	夫	微	무	ŋu			wu	有無之對篆文作霖今作無當作无亦作无丘武曼佩觿集曰寒無之字是謂隸變其逸駕有如此者案無字本是番霖字變林字爲四點非撇火也

附表6　六皆韵文字转写表

序号	小韵	反切上字	反切下字	字母	谚文注音及国际音标		俗音及国际音标		汉语拼音	注释
1	皆	居	諧	見	개	kjɛ	계	kje	jie	俱也从比从自今作皆俗作皆
2	稭	丘	皆	溪	캐	kʰjɛ	켸	kʰje	kai	文絲
3	諧	雄	皆	匣	햬	ɣjɛ	혜	ɣje	xie	和也合也調也偶也
4	乖	公	懷	見	괘	kwɛ			guai	不和也異也戾也
5	懷	乎	乖	匣	홰	ɣwɛ			huai	思也來也服也安保也胷臆也衷藏也方言至也又抱也和也包也書懷山襄陵漢書裏古作裹

续表

序号	小韵	反切上字	反切下字	字母	谚文注音及国际音标		俗音及国际音标		汉语拼音	注释
6	差①	初	皆	穿	채	tɕʰɛ			chai	擇也簡也又夫差吳子名夫音扶又支歌麻泰箇禡六韻
7	齋	莊	皆	照	재	tɕɛ			zhai	潔也莊也恭也六經多作齊蓋古通用後人於其下加立心以別之耳記齊之為言齊也韓康伯曰洗心曰齋又燕居之室曰齋歐陽脩曰齊之爲言若於此而齋戒也又支韻
8	犲	牀	皆	牀	째	dzɛ			chai	狼屬食羊月令仲秋犲祭獸
9	排	步	皆	並	빼	bɛ			pai	推也擠也斥也又泰韻
10	埋	謨	皆	明	매	mɛ			mai	瘞也亦作薶貍
11	篩	所	皆	審	새	ʂɛ			shai	下物竹器筬籭也古以爲玉柱故字从玉作筬今作篩亦作籭又支薺二韻
12	涯②	宜	皆	喻	애	jɛ			ya	水際又支麻二韻
13	咍	呼	來	曉	해	xɛ			hai	笑聲
14	開	丘	哀	溪	캐	kʰɛ			kai	闢也解也啓他條陳也亦作闛俗作開
15	該	柯	開	見	개	kɛ			gai	備也咸也皆也載也又軍也約也亦作晐賅
16	孩	何	開	匣	빼	ɣɛ			hai	廣韻始生小兒案孩者小兒將學語時能鼓頷也莊子未至乎孩而始誰是也今俗謂頷下亦曰孩韓愈詩提孩巧相如
17	哀	於	開	影	해	ʔɛ			ai	悲哀从衣从口悲傷之見於衣服也
18	皚	魚	開	疑	애	ŋɛ			ai	霜雪白貌
19	胎	湯	來	透	태	tʰɛ			tai	說文婦孕三月凡孕而未生皆曰胎古作台
20	臺	堂	來	定	때	dɛ			tai	四方而高曰臺又興臺左傳僕臣臺又夫須草詩南山有臺又模韻
21	能	囊	來	泥	내	nɛ			nai	鼈三足又熊屬足似鹿又湯來切三能又庚泰二韻
22	來	郎	才	來	래	lɛ			lai	往來及也還也至也麥也亦作麳又招之也亦作徠倈又齊泰二韻
23	顋	桑	才	心	새	sɛ			sai	角中骨
24	猜	倉	才	清	채	tsʰɛ			cai	測也疑也恨也青下从丹非从月也

---

①《洪武正韵译训》中对小韵"差"有附注读音说明"韻内中聲ㅏ音諸字其聲稍深宜以ㅏ·ㅣ之間讀之唯唇音正齒音以ㅏ呼之韻中諸字中聲同"。
②《洪武正韵译训》中对小韵"涯"有附注读音说明"古韻母ㆁ下同"。

续表

序号	小韵	反切上字	反切下字	字母	谚文注音及国际音标		俗音及国际音标		汉语拼音	注释
25	哉	將	來	精	재	tsɛ			zai	始也又歎辭說文言之間也柳宗元曰疑辭也亦作材
26	裁	牆	來	從	쩨	dzɛ			cai	剸也製也又裁度也又泰韻

附表7　七灰韵文字转写表

序号	小韵	反切上字	反切下字	字母	谚文注音及国际音标		俗音及国际音标		汉语拼音	注释
1	灰	呼	回	曉	훠	xwi			hui	火過爲灰
2	恢	枯	回	溪	퀴	kʰwi			hui	大也又大之也
3	煨	烏	魁	影	훠	ʔwi			wei	煨燼說文盆中火也
4	傀	姑	回	見	귀	kwi			kui	偉也說文亦作瑰又賄韻
5	規	居	爲	見	귀	kwi			gui	爲圓器字統云丈夫識用必合規矩故字從夫又規求左傳規求無度唐書規影傜賦又子規鳥
6	回	胡	瑰	匣	훠	ɣwi			hui	轉也違也邪也避也返也亦作囘迴迴又低回紆衍貌揚雄傳大道低回又賄隊二韻
7	危	吾	回	疑	위	ŋwi			wei	險巇也疾也隉也不正也不安也又宿名山名
8	堆	都	回	端	뒤	twi			dui	聚土楚辭陵魁堆以蔽視說文作自班固賓戲注作敦亦作崔碓
9	推	通	回	透	튀	tʰwi			tui	遝也擠也進之也本作推又見下
10	隤	徒	回	定	뛰	dwi			tui	摧也下墜也亦作頹又魋隤病也崔隤蹉跎貌漢廣川王傳曰崔隤亦作傾
11	雷	廬	回	來	뤼	lwi			lei	又姓又黔雷天上造化神之名大人賦左玄冥而右黔雷又隊韻
12	崔	倉	回	清	취	tsʰwi			cui	邑名人名又姓又見下
13	杯	晡	回	幫	뷔	pwi	븨	pɯj	bei	䤒也又飯盂又酒器亦作盃桮
14	丕	鋪	杯	滂	퓌	pʰwi	픠	pʰɯj	pi	大也書嘉乃丕績亦作伾又姓左傳有伾鄭

续表

序号	小韵	反切上字	反切下字	字母	谚文注音及国际音标		俗音及国际音标		汉语拼音	注释
15	枚	謨	杯	明	뮈	mwi	믜	mɯj	mei	聚枝又姓毛詩傳枝曰條幹曰枚左傳南刪枚筮之杜預曰不指其事汎卜吉凶書枚卜功臣周禮有銜枚氏顏師古注漢書枚狀如箸橫銜之纏絜於項繞結礙也絜繞也又馬樞左傳襄十八年以枚數閤
16	垂	直	追	牀	쮜	dzwi			chui	自上縋下又幾也疆也說文遠邊也漢武詔親省邊垂帝紀邊垂長無兵革之事左傳虔劉我邊垂亦作陲又人名書垂共工有兩音又隊韻
17	隨	旬	威	邪	쒸	zwi			sui	從也亦作遺卦名又姓國名左傳漢東之國隨爲大亦作隋
18	佳	朱	惟	照	쥐	tɕwi			zhui	鴟鵻也亦作雛說文鳥之短羽者摠名
19	甤	如	佳	日	쉬	ŋwi			rui	草木實又華垂又賄韻
20	雖	蘇	回	心	쉬	swi			sui	設兩辭又惟也又蟲似蜥蜴
21	爲	于	嬀	喻	위	wi			wei	作造也說文母猴也又姓風俗通漢有南郡太守爲昆唐書韋承慶事繼母爲又隊韻
22	葵	渠	爲	群	뀌	gwi	끼	gi	kui	爾雅揆也詩天子葵之說文菜也常傾葉向日左傳葵猶能衛其足蕪城賦澤葵依井注蓏苔也又終葵椎也考工記大圭終葵首亦作揆
23	嗺	遵	綏	精	쥐	tswi			zui	山高貌亦作崔
24	裴	蒲	枚	並	쀠	bwi	쁴	bɯj	pei	衣長貌又姓又裴回亦作徘徊又支韻
25	衰	所	追	審	쉬	ɕwi	쇄	ɕwɐ	shuai	也減也耗也亦作癐又見上及歌韻
26	痿	儒	佳	日	쉬	ŋwi			wei	濕病又痺也一曰兩足不能相及又見上
27	厜	津	垂	精	쥐	tswi			zui	山顚說文厜羛山貌
28	誰	視	佳	禪	쒸	zwi			shei	孰也何也誰何詰問也漢有大誰卒
29	睢	翾	圭	曉	휘	xwi			sui	睢睢視貌跋扈貌
30	吹	昌	垂	穿	쥐	tɕʰwi			chui	噓類周禮作龡
31	摧	祖	回	從	쮜	dzwi			cui	挫也折也抑也沮也方言至也詩先祖于摧